DENIS JEANT

Moniteur International CMAS ☆☆☆
Brevet d'État d'Éducateur Sportif 2e degré
Moniteur Fédéral 2e degré FFESSM

5e édition

CODE VAGNON PLONGÉE

PRÉPARATI AUX
BREVETS DE NIVEAU 1
PLONGEUR ☆

les éditions du plaisancier
B.P. 27 - 69641 CALUIRE CEDEX - FRANCE
Tel. 04 78 23 31 14 - Fax 04 78 23 48 16 - 36 15 VAGNON

Préface

La priorité absolue de la Confédération Mondiale des Activités Subaquatiques (CMAS) a toujours été de défendre et de promouvoir un enseignement de qualité assurant une sécurité maximale lors de la pratique de la plongée sous-marine.

Depuis près de 40 ans, puisqu'elle fut constituée en 1959, la CMAS a conduit toutes ses actions, en respectant ce principe fondamental, sans jamais céder le pas à la facilité.

Elle peut s'enorgueillir de sa culture, de sa tradition, de son histoire, de sa réputation et de son prestige à travers le monde.

La CMAS est toujours restée fidèle à ses idéaux tout en s'adaptant à la demande d'un marché en constante expansion.

Sans céder à des compromis en matière de qualité, nous désirons offrir aux futurs plongeurs des outils qui leur permettront d'appréhender cette discipline en suivant une préparation adéquate.

Ce livre dans lequel l'auteur a su mettre ses connaissances au service des plongeurs, est un outil indispensable pour tous ceux qui vont entamer leur voyage dans les merveilles du monde subaquatique.

Je tiens donc à féliciter l'auteur et l'éditeur de cet ouvrage pour la qualité de leur travail et souhaiter à tous ceux qui le découvriront, de profiter et de protéger les merveilles extraordinaires que seule la mer peut nous offrir.

Achille Ferrero
Président de la **C**onfédération **M**ondiale des **A**ctivités **S**ubaquatiques

Mot de l'auteur :

Vous rêvez de découvrir un monde merveilleux : le monde sous-marin.

Mais ce rêve, pour devenir réalité, ne doit pas être né de l'improvisation mais d'un apprentissage guidé par un moniteur. Vous deviendrez un plongeur en pratiquant et en étant conscient des risques liés à l'activité. En aucun cas, ce livre ne peut se substituer à l'expérience que vous allez acquérir lors de votre pratique, guidée par votre moniteur qualifié. A l'heure où les échanges s'intensifient en Europe et de part le monde, nous avons voulu cette 5e édition francophone, afin de satisfaire aussi bien nos amis plongeurs français, belges, monégasques, québécois et suisses. Dans la mesure du possible, nous avons abordé les nuances techniques, pédagogiques et réglementaires, en fonction de ces pays. Nous souhaitons que cette initiative contribuera à favoriser la connaissance, la reconnaissance et les échanges entre les plongeurs de nos différentes nations.

Bonnes plongées !

Denis Jeant

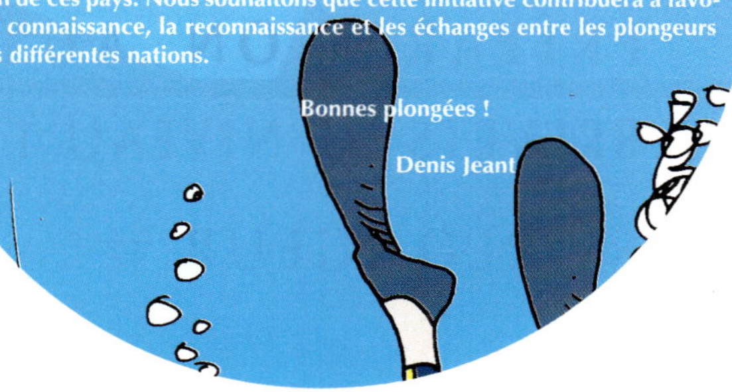

N'hésitez pas à nous faire part de vos suggestions, observations et critiques afin de contribuer à l'amélioration de cet ouvrage en vous adressant directement à l'éditeur qui transmettra à l'auteur ou par e-mail : denis-jeant @ calva.net

ISBN 2 85725 196 3

Au lecteur,

Qui n'a pas rêvé, au bord de la mer, lors de ses vacances estivales, de pénétrer sous le miroir de la surface. De nos jours, ce rêve est réalité. La plongée sous-marine, réservée il y a une trentaine d'années aux pionniers de la conquête des fonds sous-marins, est aujourd'hui accessible à tous. Mais quelles sensations peuvent procurer la découverte de ce nouveau monde ?

Nous vous proposons, sans plus attendre, de vivre une plongée, contée par un passionné.

Ma cocaïne bleue*

Plouf ! Le poids du bloc de la ceinture me creusant les reins, la chaleur oppressante de la combinaison, l'agitation des plongeurs sur le pont, la violence de la lumière, le balancement du bateau, s'effacent en un instant.

Une douce fraîcheur me cerne, m'enveloppe. Léger comme la plume, je flotte dans la clarté feutrée d'une eau bleutée. Plus bas, loin, le fond m'attend. Mais point de chute brutale ou de vertige, tel un spationaute, tête en bas, pieds en l'air, je descends lentement. Les bulles d'air me caressent le ventre. Chaque mouvement modifie ma trajectoire. En me retournant, j'aperçois la coque du bateau, dirigeable figé dans un ciel d'argent.

Sur le fond, je me pose sans bruit, soulevant un cumulus de particules. Puis, gilet équilibré, je décolle doucement, et, sans effort je plane à un mètre du sol. Mes grandes palmes, à la fois ailes et moteurs, me transforment en une pacifique torpille pilotée dont la trajectoire suit le profil des rochers. Un appui un peu plus marqué sur la palme et je remonte pour déboucher au-dessus d'une crevasse. Puis, je plonge entre deux parois et débouche dans un col étroit, flottant, flottant, flottant encore dans la douceur.

La lumière crépusculaire laisse deviner des formes étonnantes. Un coup de torche et les couleurs jaillissent, chaudes, vivantes. A chaque arrêt du faisceau, une star jaillit des coulisses pour enchanter mes yeux.

Du tableau de peinture abstraite à l'objet d'art, en passant par des merveilleuses technologies, tout est possible, tout est présent.

Mais mon détendeur devient dur, passage sur réserve à regret, procédure de remontée, retour à la technique, au monde des hommes et des contraintes.

L'eau chaude qui m'accueille au palier m'enlève un peu de regret. Comptant les minutes en attendant la surface, les colonnes de bulles montant du bleu m'indiquent que d'autres sont en train de se régaler de ce monde d'une richesse et d'une beauté ahurissantes.

A quand le retour ? Et à qui le tour ?

* *Texte original de Michel Sahut.*

SOMMAIRE

LÉGENDE DES SYMBOLES UTILISÉS

OBJECTIFS

Renseignements pratiques

Test

Exercice réalisé les yeux fermés

Exercice réalisé les yeux ouverts

Théorie

Réglementation, législation

Pratique avec bouteille

Pratique sans bouteille

NIVEAU DE DIFFICULTÉ

Dauphin 1

Dauphin 2

Dauphin 3

Dauphin 4

LIEU DE PRATIQUE CONSEILLÉ

Piscine ou milieu naturel aménagé

Milieu naturel

INFORMATIONS IMPORTANTES

Important
A retenir

Remarque importante, mise en garde

ADAPTATIONS NATIONALES

France
☎ : 33

Communauté Francophone Belge
☎ : 32

Principauté de Monaco
☎ : 377

Québec
☎ : 1

Suisse Romande
☎ : 41

1. LA PLONGÉE : UNE DIVERSITÉ DE PRATIQUES

LA PLONGÉE : UNE DIVERSITÉ DE PRATIQUES

La plongée est un moyen d'ouvrir les portes d'un monde merveilleux dès que vous déchirez le voile de la surface. La découverte de ce nouveau monde, accessible à tous, comblera votre curiosité et votre enthousiasme dès les premiers mètres, par l'explosion de vie dont il regorge. Si vous êtes ennuyé par les traditionnelles vacances à la plage, ce loisir est fait pour vous ; il donnera une nouvelle dimension à vos vacances. Mais que faire sous l'eau ?

L'EXPLORATION SOUS-MARINE

L'exploration sous-marine constitue le principal passe-temps du plus grand nombre des plongeurs.

La découverte d'une richesse

Notre planète possède d'importantes étendues d'eau contenant de multiples variétés de faune et de flore sous-marines.

Une aventure vécue

Dans certains cas, vous aurez le privilège de plonger dans des lieux où aucun humain n'aura posé son regard avant vous.

Un même lieu vous procurera des sensations et des impressions différentes au fil des plongées, d'où sa richesse. Un élément n'aura pas attiré votre attention lors d'une plongée précédente. Vous aurez la chance de voir un banc de poissons que vous n'aurez pas vu auparavant.

Un enrichissement

Explorateur privilégié, vous vous sentirez enrichi en observant et en comprenant les habitudes de vie de certains poissons, crustacés…

Vous vous laisserez glisser sur un haut fond, contemplerez des anfractuosités grouillantes de vie et rutilantes de couleurs.

Vous survolerez des épaves, du gros cargo jusqu'au petit chalutier.

Mais quelle sensation de pénétrer sur ces lieux chargés d'histoire !

Vous vous promènerez sur le pont, grimperez vers les superstructures, découvrirez le nouveau propriétaire : le monde sous-marin, qui a pris possession des lieux.

LES SPÉCIALITÉS

Vous pouvez vous intéresser plus particulièrement à l'un des aspects du monde sous-marin en pratiquant des activités spécifiques.

Différentes spécialités peuvent être pratiquées au sein des différentes organisations de plongée (voir pages 40 à 72).

La randonnée palmée ou snorkeling

La randonnée palmée consiste à explorer les petits fonds depuis la surface. Dans cette zone proche de la surface, fortement éclairée, qui grouille de vie, vous trouverez une abondance d'organismes marins riches d'intérêt qui nourriront votre curiosité. Cette pratique nécessite une eau suffisamment transparente pour voir le fond qui sera de préférence rocheux.

Cette activité simple à pratiquer est peu onéreuse.

En effet, équipé de palmes, masque, tuba et éventuellement d'une combinaison selon la température de l'eau, vous êtes parés pour l'aventure.

Sur le plan technique, une simple séance d'initiation est le plus souvent suffisante. Il suffit de savoir palmer et respirer sur un tuba pour pouvoir la pratiquer.

La biologie sous-marine

Suite à votre découverte du monde sous-marin, au-delà de la simple promenade, vous pourrez chercher à satisfaire votre curiosité à l'égard du monde sous-marin en pratiquant la biologie sous-marine.

Vous identifierez des espèces animales et végétales et observerez leurs modes de vie.

La prise de vues sous-marines

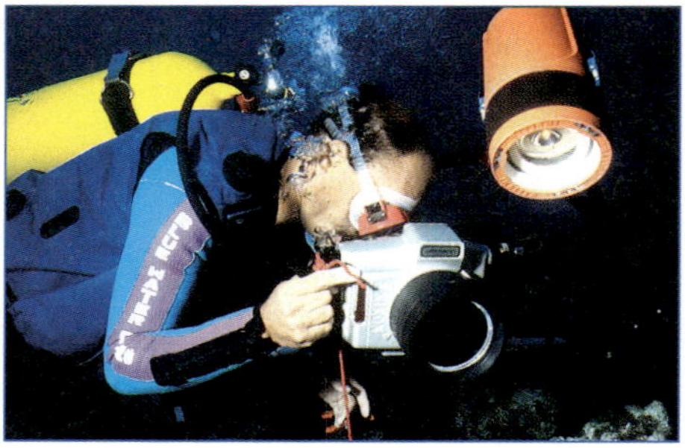

Vous éprouverez le besoin de rapporter un souvenir des aventures, de l'ambiance, des émotions que vous aurez vécues pour les faire partager à vos amis.

La prise de vues sous-marines est un moyen privilégié pour jouir du monde sous-marin sans lui porter atteinte.

La gamme de matériel utilisé en photographie sous-marine va de l'appareil jetable étanche, utilisé à faible profondeur jusqu'à l'appareil réflex étanche par construction, accessible aux amateurs éclairés et fortunés.

Entre ces deux extrêmes existent des appareils compacts ou des caissons étanches permettant d'immerger des appareils réflex "terrestres".

De même, la majorité des caméscopes "terrestres" peuvent être mis en caisson étanche à condition de trouver un produit adapté.

Il est recommandé au néophyte tant en photographie qu'en vidéo sous-marine de suivre une formation avant de franchir le pas.

En effet, bien des déconvenues ont pour origine une mauvaise appréciation de ses besoins lors d'un achat réalisé sur un "coup de tête" et de piètres résultats dûs à un manque d'expérience.

Le fait de suivre un stage vous permettra de vous déterminer dans le choix d'un matériel et d'acquérir les bases afin d'apprécier pleinement cette activité passionnante.

Les principaux organismes de formation en plongée (voir pages 40 à 72) proposent un enseignement structuré sous forme de stages ou de sorties en mer, le plus souvent à partir du Plongeur niveau 2/Plongeur ☆ ☆.

La photographie subaquatique est devenue aujourd'hui une discipline artistique et sportive. Les fédérations nationales de plongée et la CMAS (voir pages 40 à 63) organisent des compétitions de niveau régional, national et international auxquelles participent les meilleurs spécialistes de la discipline.

La plongée de nuit

La plongée de nuit offre une expérience riche en émotion et une autre vision du monde sous-marin.

Lorsque la nuit tombe, une nouvelle vie sous-marine commence.

En effet, certaines espèces animales, telles que les galathées ou les cigales de mer et certains poissons cachés de jour s'aventurent la nuit hors de leur trou.

Les particules planctoniques fluorescentes dansent dans l'obscurité comme les étoiles dans le ciel de la nuit.

De plus, le mystère et l'attrait de la nuit suffisent à créer une atmosphère particulière.

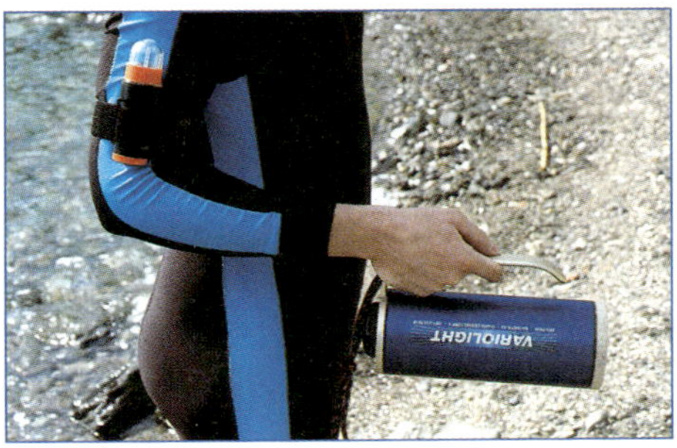

En plus du matériel utilisé de jour, chaque plongeur possède une lampe ou un phare de plongée.

La plongée de nuit doit s'effectuer dans des conditions de sécurité adaptées. Le site, familier de jour et d'accès facile devra être choisi abrité, sans courant et pour sa faible profondeur.

Certaines organisations (voir pages 40 à 72) proposent des formations spécifiques à la plongée de nuit, sous forme de qualifications complémentaires.

La plongée souterraine

L'intérêt du milieu souterrain réside dans la découverte du monde minéral, hydrogéologique, biologique. Chaque plongée spéléo est une aventure renouvelée.

Les sites explorés vont de la source large et claire au réseau noyé, étroit, argileux et profond situé à plusieurs heures de progression de l'entrée du gouffre. Les aspects logistiques et techniques sont indissociables de cette pratique. Le plongeur spéléo est équipé d'un matériel de plongée adapté à la progression en milieu souterrain.

Notamment, les bouteilles et tous les éléments de sécurité qui l'équipent sont doublés pour des raisons de sécurité.

Le spéléonaute évolue dans les cavités noyées, en déployant sur son passage un fil d'ariane qui lui permettra de retrouver le chemin du retour même en cas de visibilité réduite.

Un double éclairage frontal monté sur son casque, lui laissant les mains libres, rend possible sa progression dans l'obscurité qui caractérise le monde souterrain.

Pour débuter dans cette discipline, il faut impérativement être un plongeur expérimenté.

Vous devrez acquérir une technicité adaptée, car ce type de pratique peut être dangereux : un certain nombre d'inconscients l'ont payé de leur vie.

La plongée sous glace

La plongée sous glace nécessite une organisation, un équipement adapté et une gestion scrupuleuse de la sécurité. La technique de progression s'apparente à celle utilisée en plongée souterraine. La glace traversée par la lumière, la beauté de l'eau claire cristalline, sont une féerie qui émerveillera vos yeux.

Ce type de plongée doit être envisagé encadré par des personnes expérimentées.

La plupart des clubs ou des structures professionnelles situés en zone montagneuse pratique cette activité.

L'archéologie sous-marine

Le milieu humide est favorable à la conservation des vestiges archéologiques. Les étendues d'eau constituent un gigantesque musée couvrant des périodes allant de la préhistoire à nos jours. Les trouvailles sont le plus souvent accidentelles, mais parfois le résultat de longues lectures et recherches en archives.

Voir la réglementation sur la protection du patrimoine historique page 304.

La chasse au trésor

La chasse au trésor est un raid aventure vécu par équipe dont l'enjeu est la découverte d'un trésor caché par les organisateurs.

Les équipes en compétition portent les couleurs d'un sponsor : entreprise privée ou publique, administration, collectivité, média...

Les concurrents doivent résoudre une intrigue soigneusement mise au point durant des mois et inspirée le plus souvent de faits historiques. Chaque équipe reçoit au début de la chasse au trésor un dossier contenant des archives, cartes de la région, récits... La bonne exploitation de ces informations permettra à chaque équipe de retrouver d'autres indices immergés qui pourront les conduire sur la piste du mystérieux trésor.

Objectif Atlantide
4 rue des trois étoiles
33700 Mérignac - France
Tel. 05 56 51 42 17 - Fax 05 56 51 42 93

L'association Objectif Atlantide organise une chasse au trésor annuelle qui est unique dans le monde de la plongée. Ses défis rapportent un succès grandissant et sont largement médiatisés en France et à l'étranger. En 1996, la 7e édition regroupait une soixantaine de participants de différentes nationalités lancée dans les eaux de la mer d'Andaman et la jungle thaïlandaise à la recherche d'un trésor d'une valeur de 3000 $ U.S.

La plongée motorisée

Aujourd'hui, des scooters sous-marins évoluant entre trois et cinq km/h, d'une autonomie d'une à deux heures, sont accessibles au grand public.

Ces derniers, propulsés par une hélice, sont alimentés grâce à une batterie électrique.

Ils permettent d'étendre le rayon d'action du plongeur tout en limitant ses efforts.

Par ce moyen de transport original, de plus vastes étendues sous-marines lui sont accessibles au cours de la plongée.

Le nitrox ou surox est un mélange gazeux oxygène/azote qui contient un pourcentage d'oxygène supérieur à celui de l'air. C'est pour cette raison que l'on parle de mélange suroxygéné.

L'utilisation de ce mélange respiratoire est optimale jusqu'à la zone des 40 mètres. Il permet d'allonger considérablement le temps de plongée et de réduire de façon importante la durée de décompression par rapport à la plongée à l'air.

Par contre, la respiration de ce type de mélange est limitée en profondeur, car il devient toxique en fonction de sa composition.

Ce mélange respiratoire coûte encore cher et nécessite un matériel spécifique et adapté.

Il est utilisé depuis longtemps par les militaires et scaphandriers professionnels. Après avoir touché la plongée loisir aux USA, au Royaume-Uni, en Allemagne et en Israël, cette pratique fait son apparition, depuis peu, en Suisse, Belgique et France.

La majorité des organisations (voir pages 40 à 72) propose des formations spécifiques à la plongée Nitrox, sous forme de qualifications complémentaires.

- Les appareils à circuit ouvert

Le plongeur dispose d'un équipement en apparence similaire à la plongée à l'air mais le matériel respiratoire doit être compatible avec l'utilisation d'oxygène à concentration élevée. Il doit être notamment exempt de graisse afin de réduire tout danger d'explosion due à la teneur élevée en oxygène.

Outre l'utilisation d'un matériel spécifique, ce type de pratique nécessite de suivre une formation adaptée qui peut être envisagée à partir du niveau 2/plongeur ☆ ☆.

• Les appareils recycleurs à circuit semi-fermé

Contrairement aux appareils à circuit ouvert (bouteilles de plongée classiques), ces scaphandres récupèrent une bonne partie du mélange gazeux (Nitrox) expiré et le recyclent.

Ceci limite le nombre de bulles émises et permet d'économiser les gaz utilisés. Le gain de consommation peut aller jusqu'à 95 % comparativement aux circuits ouverts.

La composition du mélange est calculée en fonction de la profondeur de plongée projetée, d'où la nécessité de planifier rigoureusement sa plongée.

La société Dräeger® commercialise un appareil de ce type : l'Atlantis I à l'intention des "plongeurs loisir".

L'utilisation de ce type de matériel nécessite impérativement de suivre une formation adaptée afin d'aborder cette pratique spécifique, en toute sécurité.

LA PLONGÉE À "L'OXYGÈNE PUR"

Les appareils à circuit fermé à l'oxygène pur sont principalement utilisés par les nageurs de combat des marines nationales et des armées de terre.

Ces appareils permettent d'évoluer sans bulles, ce qui rend possible dans le cadre de la plongée loisir une nouvelle approche du monde sous-marin.

L'utilisation de ce type de matériel nécessite impérativement de suivre une formation adaptée afin d'aborder cette pratique spécifique, en toute sécurité.

Certains centres de plongée organisent des baptêmes et des stages d'initiation avec ce type d'appareil.

LA PLONGÉE PRO

Vous pourrez plonger à l'aide de scaphandres équipés de masques faciaux ou casques, utilisés par les scaphandriers professionnels dans le cadre du travail sous-marin.

Certains centres de plongée organisent des stages spécifiques de découverte et d'utilisation de ce type de matériel.

LA PLONGÉE À L'ANCIENNE

Vous pourrez découvrir la plongée en pieds lourds comme la pratiquaient les quelques scaphandriers du début de ce siècle.

Certains centres de plongée organisent des baptêmes en pieds lourds.

LES SPORTS SUBAQUATIQUES

Différentes disciplines sportives sont pratiquées au sein des différentes fédérations affiliées à la CMAS : FFESSM, FEBRAS, FMAS, FQAS, FSSS (voir pages 40 à 63).

Elles font appel à l'effort physique et dans certains cas à la précision et à l'habileté.

La nage avec palmes

Cette discipline a été reconnue en 1986, comme discipline olympique par le Comité International Olympique (CIO).

De nos jours, l'utilisation de la monopalme apparue dans les années 70, en fibre de verre ou carbone s'est généralisée chez la majorité des compétiteurs.

Des compétitions sont organisées tant en piscine qu'en milieu naturel.

En piscine, il existe trois types d'épreuves disputées par des nageuses et nageurs sur des distances de 100 à 1500 mètres :

- la nage en surface : 100 m - 200 m - 400 m - 800 m - 1500 m - relais 4x100 m - relais 4x200 m
- la nage en apnée sur une distance de 50 mètres
- la nage en immersion avec scaphandre : 100 m - 400 m - 800 m

En milieu naturel, les compétitions se déroulent sur des distances de 3 à 8 km. A l'échelon local sont organisées des épreuves de Palmathlon, combinant la nage avec palmes et la course à pieds.

Les compétitions de nage avec palmes sont organisées à l'échelon local, régional, national par les différentes fédérations nationales (voir pages 44 à 63) et au niveau européen et mondial par la CMAS (voir pages 40 à 43).

Myriam Villette (France) - Médaille d'argent
Championnat du Monde 1986

L'orientation subaquatique

Elle combine des qualités de nageur, plongeur et des connaissances techniques en orientation et navigation subaquatique.

L'équipement du compétiteur en orientation comprend le matériel classique de plongée et en plus un instrument d'orientation et une bouée de surface tractée. Les systèmes d'orientation fixés sur une bouteille poussée à bout de bras se généralisent en compétition.

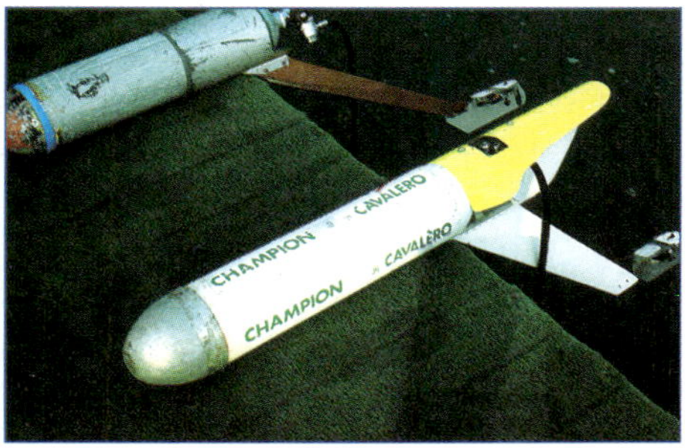

Le compétiteur immergé entre 1,50 et 2 mètres de profondeur avec scaphandre doit effectuer un parcours à l'aide d'instruments, en changeant plusieurs fois de direction avant de rejoindre le point d'arrivée. Le parcours est balisé à l'aide de bouées de virage à contourner ou de bouées de repères à trouver selon le type d'épreuve.

La bouée traînée en surface par le plongeur permet au juge d'évaluer la précision de son parcours. La notation prend en compte la vitesse et la précision d'exécution.

Il existe huit types d'épreuves dont deux principales :

- l'épreuve avec repères

Ce parcours de 650 m est constitué d'une bouée de départ et de 5 bouées "repères" verticales, en bois immergées sur 3 mètres. La dernière bouée du parcours matérialise l'arrivée.

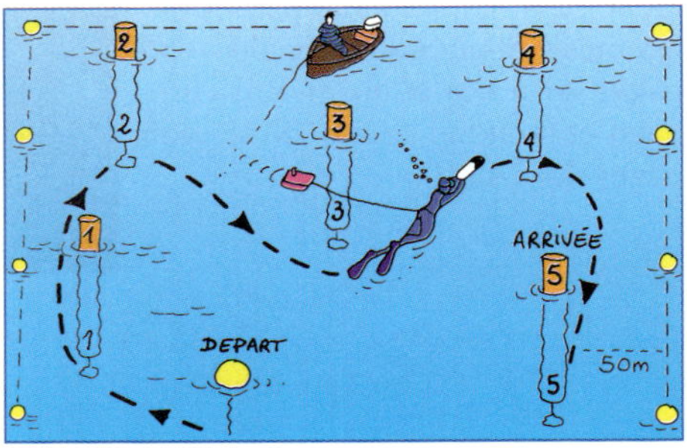

Le plongeur doit trouver chaque repère dans l'ordre des numéros et dans un temps imparti.

- l'épreuve sans repères

Ce parcours de 590 mètres en forme de M est constitué selon la figure, d'une bouée de départ, de 3 bouées de virage et d'une ligne d'arrivée.

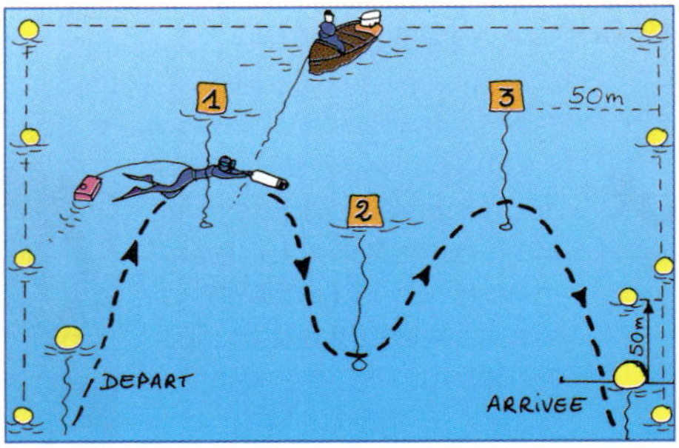

Le plongeur doit contourner les bouées de virage et terminer sur la ligne de précision (ligne d'arrivée).

Un système de pénalités sanctionne le compétiteur à l'arrivée en fonction du temps écoulé et des écarts par rapport au point zéro matérialisé par une bouée.

Équipe de France au championnat d'Europe en 1996, en Estonie

L'APNÉE

Les exploits de Jacques Mayol et "Le Grand Bleu", film mythique de Luc Besson, sont à l'origine de l'engouement pour cette discipline. Ce sport demande une bonne préparation physique, psychique et un cadre de sécurité relativement important.

Pour des raisons de sécurité évidentes, en aucun cas cette discipline ne doit être improvisée et pratiquée isolement.

Des spécialistes de cette discipline organisent régulièrement des stages de formation (voir pages 22 et 44 à 63). En vous inscrivant à une formation à l'apnée, votre progression sera plus rapide et surtout plus sûre du point de vue de la sécurité. Vous apprendrez à maîtriser progressivement la relaxation, la ventilation et les règles de sécurité liées à la pratique de cette activité.

La FFESSM (voir page 44) a mis en place un monitorat fédéral d'apnée et un cursus de formation spécifique qui peut être suivi dans ses clubs. Elle organise aussi ponctuellement des stages en milieu naturel. Ces formations comprennent une partie sécurité, théorique et pratique. Des niveaux ont été mis en place. Ils ne constituent pas des objectifs mais servent seulement de repères afin de situer l'apnéiste dans une progression. Ces derniers ne donnent donc pas lieu à la délivrance d'un diplôme ou d'un brevet.

Extraits du contenu des niveaux d'apnée FFESSM*

	Objectif pratique dominant	Repères pratiques	Contenu lié à la sécurité
Niveau 1 APNÉE	Propulsion	Tenir une apnée statique de 40 secondes, nager 25 mètres sous l'eau, descendre en poids constant à 5 mètres de profondeur.	Surveillance, alerte, initiation pratique au sauvetage
Niveau 2 APNÉE	Respiration	Tenir une apnée statique de 2 minutes, nager 40 mètres sous l'eau, descendre à 15 mètres en poids constant et en poids variable.	Idem niveau 1, repêchage à 10 mètres, reconnaissance des signes extérieurs pré-syncopaux

** réalisé d'après l'article de Georges Oliveras publié dans la revue Subaqua n°147 - Juillet/Août 1996.*

Extraits du contenu des niveaux d'apnée FFESSM (suite)*			
	Objectif pratique dominant	**Repères pratiques**	**Contenu lié à la sécurité**
Niveau 3 APNÉE	Flottabilité	Tenir une apnée statique de 3 minutes, nager 60 mètres sous l'eau, descendre à 25 mètres en poids constant et en poids variable.	Idem niveau 2, repêchage à 15 mètres, réanimation, préparation et obtention du Certificat Fédéral de Premier Secours
Niveau 4 APNÉE	Compensation	Tenir une apnée statique de plus de 3 minutes, nager 60 mètres sous l'eau, descendre à 40 mètres en poids constant et en poids variable.	Idem niveau 3, repêchage à 15 mètres, réanimation, préparation et obtention du Certificat Fédéral de Premier Secours

** réalisé d'après l'article de Georges Oliveras publié dans la revue Subaqua n°147 - Juillet/Août 1996.*

L'AIDA[1] a été créée en 1993 à l'initiative d'apnéistes français de haut niveau. Elle a mis au point une grille de niveaux d'aisance en apnée qui permet également à l'apnéiste de se situer dans une progression pratique :

	Niveaux d'aisance en apnée AIDA[2]			
Niveaux	**Statique**	**Dynamique**	**Constant**	**Variable**
Élémentaire	0 mn 00 à 0 mn 30	0 à 10 mètres	0 à 5 mètres	0 à 5 mètres
Niveau 1	0 mn 30 à 1 mn 30	11 à 30 mètres	6 à 15 mètres	6 à 15 mètres
Niveau 2	1 mn 31 à 2 mn 30	31 à 50 mètres	16 à 25 mètres	16 à 25 mètres
Niveau 3	2 mn 31 à 3 mn 30	51 à 70 mètres	26 à 35 mètres	26 à 35 mètres
Niveau 4	3 mn 31 à 4 mn 30	71 à 90 mètres	36 à 45 mètres	36 à 45 mètres
Niveau 5	4 mn 31 à 5 mn 30	91 à 110 mètres	46 à 55 mètres	46 à 55 mètres
Expert[3]	5 mn 31 et plus	111 mètres et plus	56 mètres et plus	56 mètres et plus

(1) Association Internationale pour le Développement de l'Apnée (A.I.D.A.)
Secrétariat : Thierry Meunier - 51 avenue Georges Pompidou - 35300 Fougères - France
Tel./Fax 02 99 99 29 00
(2) Réalisé d'après le "carnet de plongeur en apnée" - 3e édition - AIDA - Juin 1997
(3) Ce niveau est cité à titre indicatif car les apnéistes experts se classent en participant à des compétitions

L'AIDA qui organise des formations et stages compte parmi ses membres des athlètes de renom tels que Umberto Pelizzari, Deborah Andollo, Andy Le Sauce, Roland Specker et Claude Chapuis.

Le comité apnée de la LIFRAS a mis en place un brevet de moniteur d'apnée pour répondre à la demande de formation à cette discipline. Elle réalise des formations spécifiques à l'apnée et délivre trois brevets en apnée qui sont des brevets de spécialisation de la plongée en scaphandre autonome.

COMMISSION APNÉE LIFRAS - *LICENCE ÉLÉMENTAIRE*

Durée maximale : 1 h 30 **DANS L'ORDRE**		**Exercices**
• 750 mètres nage avec palmes, équipement apnée		(S1-01)
• 1 apnée à **- 5 m**	Durée : 20″	(S1-02)
• 1 apnée à **- 7 m**	Durée : 30″	(S1-03)
• 1 apnée à **- 7 m**	Parcours : **7 m**	(S1-04)
• 1 apnée à **- 10 m**	Durée : 45″	(S1-05)
• 1 apnée à **- 10 m**	Parcours : **10 m**	(S1-06)
• Remonter de **- 7 m sans** masque, **sans** tuba, **sans** ceinture		(S1-07)
• **Remonter** un compagnon de **- 7 m** et le **remorquer** sur **100 mètres**		(S1-08) (S1-09)
• 1 apnée à **- 5 m**	Parcours : 25 m	(S1-10)

COMMISSION APNÉE LIFRAS - *LICENCE MOYENNE*

Durée maximale : 1 h 30 **DANS L'ORDRE**		**Exercices**
• 1000 mètres nage avec palmes, équipement apnée		(S2-01)
• 1 apnée à **- 5 m**	Durée : 30″	(S2-02)
• 1 apnée à **- 7 m**	Durée : 45″	(S2-03)
• 1 apnée à **- 10 m**	Durée : 45″	(S2-04)
• 1 apnée à **- 10 m**	Parcours : **10 m**	(S2-05)
• 1 apnée à **- 15 m**	Parcours : **10 m**	(S2-06)
• Remonter de **- 10 m sans** masque, **sans** tuba, **sans** ceinture		(S2-07)
• **Remonter** un compagnon de **- 10 m** et le **remorquer** sur **150 mètres**		(S2-08) (S2-09)
• 1 apnée à **- 5 m**	Parcours : **35 m**	(S2-10)

COMMISSION APNÉE LIFRAS - *LICENCE SUPÉRIEURE*

Durée maximale : 1 h 30 **DANS L'ORDRE**		**Exercices**
• 1500 mètres nage avec palmes, équipement apnée		(S3-01)
• 1 apnée à **- 7 m**	Durée : 45″	(S3-02)
• 1 apnée à **- 10 m**	Durée : 45″	(S3-03)
• 1 apnée à **- 15 m**	Durée : 60″	(S3-04)
• 1 apnée à **- 15 m**	Parcours : **10 m**	(S3-05)
• 1 apnée à **- 20 m**	Parcours : **10 m**	(S3-06)
• Remonter de **- 15 m sans** masque, **sans** tuba, **sans** ceinture		(S3-07)
• **Remonter** un compagnon de **- 15 m** et le **remorquer** sur **200 mètres**		(S3-08) (S3-09)
• 1 apnée à **- 5 m**	Parcours : **50 m**	(S3-10)

LES DIFFÉRENTES DISCIPLINES EN APNÉE

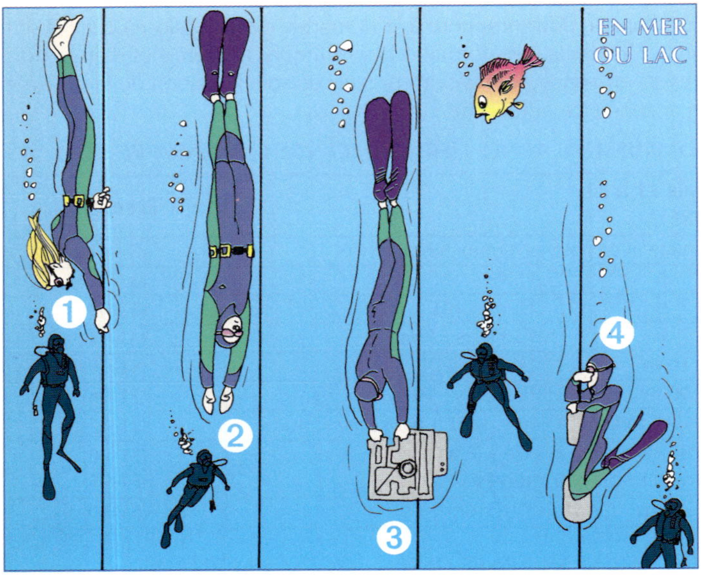

❶ Immersion libre (free apnée) - ❷ Poids constant
❸ Poids variable - ❹ Poids variable "no limits"

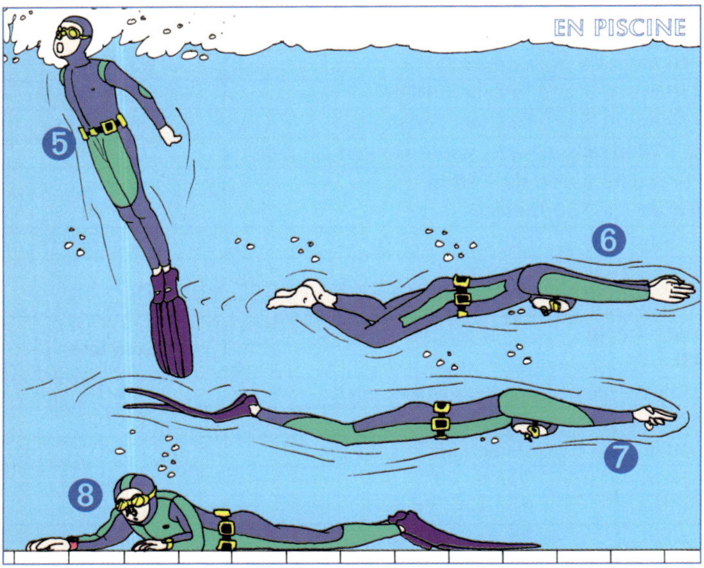

❺ Record de l'heure - ❻ Apnée dynamique sans palmes
❼ Apnée dynamique avec palmes - ❽ Apnée statique

En compétition, il existe différentes épreuves qui ont pour finalité d'établir des records de profondeur ou de durée ou de distance.

• L'apnée en poids variable

Cette épreuve consiste à descendre le long d'un filin à l'aide d'une gueuse freinée de 35 kg maximum.

Au fond, le compétiteur l'abandonne et remonte à la palme.

C'est pour cette raison que cette technique est appelée "en poids variable", le poids de l'apnéiste variant entre la descente et la remontée.

Il est autorisé à remonter en s'aidant du filin. Par contre, tous les autres systèmes de remontée sont interdits.

• L'apnée en poids variable "no limits"

A la différence de l'apnée en poids variable, cette catégorie, la plus spectaculaire de toutes, n'est pas réglementée. Le poids de la gueuse n'est pas limité et le compétiteur s'aide pour remonter d'un ballon ou d'un gilet gonflé d'air qui n'est pas autorisé en poids variable.

Le record est détenu par Francisco Ferreras Rodriguez dit "Pipin" (Cubain) qui a dépassé les profondeurs mythiques du "Grand Bleu", en atteignant la profondeur de 133 mètres le 26 Novembre 1996 au Mexique. Le précédent record était détenu par Umberto Pelizzari qui avait atteint le 16 septembre 1996, la profondeur de 131 mètres en Sardaigne.

Ce type de discipline, vu les profondeurs importantes atteintes demande une logistique très importante et onéreuse : caisson de recompression multiplace, cloche à plongeurs, médecins, plongeurs professionnels... C'est pour cette raison que cette discipline n'est accessible raisonnablement qu'à des athlètes d'exception qui sont sponsorisés et entourés du point de vue de la sécurité.

• L'apnée en poids constant

Cette épreuve, très physique, consiste à descendre et à remonter à la seule force de ses palmes.

Le compétiteur conserve le même lest durant la totalité de l'épreuve. C'est pour cette raison que cette technique est appelée "en poids constant".

• L'immersion libre (free apnée)

Cette discipline particulièrement physique réside dans une descente et une remontée sans palmes, en se tractant sur un filin à l'aide des bras.

• L'apnée dynamique

L'objectif de ce genre d'épreuve est de réaliser un record en distance, en effectuant une apnée à l'horizontale, le plus souvent en piscine.

L'inhalation d'oxygène afin d'accroître ses performances n'est pas autorisée.

Il existe deux catégories au sein de cette épreuve : avec ou sans palmes.

• L'apnée statique

La finalité de ce type de record est de rester le plus longtemps possible sous l'eau.

De même, comme pour l'apnée dynamique, elle se déroule le plus souvent en piscine.

L'inhalation d'oxygène n'est pas autorisée.

• Le record de l'heure

La finalité de cette catégorie de démonstration est d'accomplir le temps total d'apnée le plus important lors d'une série d'apnées réalisées durant une heure de temps, à faible profondeur.

Les records qui ne concernent qu'une poignée d'athlètes hors pairs sont homologués par différents organismes dont la FIPSAS (Fédération Italienne de Pêche sous-marine et d'Activités Subaquatiques), l'AIDA (voir page 22), la FMAS et la CMAS (voir pages 40 à 63).

L'Italie est depuis les toutes premières performances réalisées par Jacques Mayol et Enzo Maïorca le berceau de nombreux records mondiaux en apnée et par la même occasion une pépinière d'athlètes de niveau international.

Chaque organisme a mis en place ses propres standards d'homologation qui prennent en compte des prérequis pratiques, le matériel utilisé, les normes d'organisation, de sécurité et d'homologation.

Notamment, le jour du record, deux commissaires sont délégués par l'organisme d'homologation afin de vérifier la conformité du record et éventuellement l'officialiser.

La performance n'est pas validée si l'apnéiste perd connaissance au cours de sa tentative de record.

L'épreuve en poids variable "No limits" (voir page 25) qui n'est pas réglementée, revêt un caractère de démonstration et d'expérimentation. Cette discipline qui a été largement médiatisée par le film "Le Grand Bleu" n'est plus homologuée officiellement. Par contre, des observateurs de différents organismes et des huissiers sont généralement présents afin de constater la performance.

L'AIDA (voir page 22) homologue tous les types de records présentés précédemment sauf le poids variable "No limits" et le record de l'heure.

La FIPSAS (voir ci-dessus) n'officialise que les performances réalisées en poids variable et poids constant.

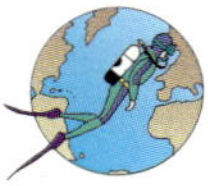

La CMAS (voir pages 40 à 43) enregistre les records en poids constant depuis 1996. Ce choix est dicté par le soucis d'encourager les disciplines qui ne font appel qu'à la seule force ou capacité physique de l'athlète, sans l'aide d'aucun artifice technique.

La FFESSM (voir pages 44 à 47) quant à elle, n'homologue pas à ce jour les records en apnée, elle a fait le choix d'une très grande prudence.

Elle est opposée à la notion d'apnée extrême et ne souhaite pas encourager les apnéistes à se surpasser.

Raymond Sciarli qui est conseiller scientifique à la FFESSM et médecin, argumente la position actuelle de la FFESSM dans un article paru dans Subaqua[1] :

... "Cette mission (la mission de la FFESSM) n'a rien à voir avec une recherche de pointe conjuguée ou non avec la poursuite d'un record atteignant parfois (hélas !) l'intensité d'une prosopopée [2] non souhaitée. Ces obligations fédérales sont trop ignorées à une époque où l'humanisme se perd au profit d'un sensationnel oublieux des effets pervers d'une certaine exemplarité (l'effet Grand Bleu)... En ce qui me concerne, toutes les tentatives flirtant avec les limites de l'organisme relèvent d'une démarche que seule une structure familiarisée avec la recherche et la sécurité opérationnelles est capable de superviser dans l'intérêt de tous, ceci même pour des tentatives moins poussées, paraissant plus anodines mais qui "ne le sont jamais dans un univers irrespirable"... Même si de futures tentatives de record sont susceptibles de trouver une justification, glorieuse ou non, du moins faut-il que la fédération conserve le même cap avec son navire de croisière et laisse à d'autres le soin de réaliser des courses de racers. Il s'agit bien sûr d'une image pour montrer que la recherche de limites, pour compréhensible qu'elle soit constitue une activité qui n'entre pas dans le domaine de compétence qu'elle a choisi. Il suffit pour cela de relire les statuts fédéraux"...

[1] *extraits de l'article : "Apnée : les raisons du cœur, au cœur de la raison"*
Dr Raymond Sciarli - Subaqua n°152 - mai/juin 1997

[2] *Prosopopée : procédé littéraire issu du théâtre grec qui consiste à faire parler les absents ou les morts (ndlr).*

La FMAS (voir pages 56 à 57) enregistre à l'heure actuelle les records en poids constant et envisage dans le futur d'officialiser d'autres types de records.

RECORDS EN APNÉE*

DISCIPLINE	CATÉGORIE DU RECORD	RECORD	MILIEU	RECORDMAN	NATIONALITÉ	DATE	LIEU	HOMOLOGATION
Poids variable	Record du Monde Messieurs	115 m	Mer	Umberto Pelizzari	Italienne	20/09/97	Italie	AIDA
	Record du Monde Dames	90 m	Mer	Deborah Andollo	Cubaine	27/07/97	Sardaigne	AIDA
	Record de France Messieurs	80 m	Mer	Yoram Zekri	Franco-Belge	21/09/97	France	AIDA
	Record du Monde Messieurs	70 m	Lac	Éric Charrier	Française	28/03/97	Québec	FMAS - Observation CMAS
Poids constant	Record du Monde Messieurs	75 m	Mer	Umberto Pelizzari	Italienne	13/09/97	Italie	CMAS - AIDA
	Record du Monde Messieurs	73 m	Mer	Alejandro Ravelo	Cubaine	02/08/97	Italie	CMAS
	Record du Monde Dames	62 m	Mer	Deborah Andollo	Cubaine	05/10/96	Italie	CMAS - AIDA
	Record de France Messieurs	72 m	Mer	Michel Oliva	Française	11/10/96	Corse	AIDA
	Record du Monde Messieurs	53 m	Lac	Frédéric Buyle	Belge	07/09/97	Suisse	AIDA
	Record de Suisse Messieurs	43 m	Lac	Alexander Felix	Suisse	07/09/97	Suisse	AIDA
Immersion libre	Record du Monde Messieurs	71 m	Mer	Isaël Espinosa Mendes	Cubaine	30/10/95	Cuba	AIDA
	Record du Monde Dames	60 m	Mer	Deborah Andollo	Cubaine	26/05/96	Cuba	AIDA
Apnée dynamique avec palmes	Record du Monde Messieurs	164 m	Piscine	Andy Le Sauce	Française	25/05/96	La Réunion	AIDA
	Record du Monde Dames	125 m	Piscine	Rossana Mayorca	Italienne	/	/	/
Apnée dynamique sans palmes	Record du Monde Messieurs	125 m	Piscine	Frédéric Cocuet	Française	10/93	France	AIDA
	Record du Monde Dames	67 m	Piscine	Patty Moll	Suisse	25/02/97	Suisse	AIDA
Apnée statique	Record du Monde Messieurs	7 mn 35 s	Piscine	Andy Le Sauce	Française	04/04/96	La Réunion	AIDA

PERFORMANCES RÉALISÉES LORS DE DÉMONSTRATIONS EN APNÉE*

DISCIPLINE	CATÉGORIE	PERFORMANCE	MILIEU	APNÉISTE	NATIONALITÉ	DATE	LIEU	OBSERVATEURS
No limits	Messieurs	133 m	Mer	Francisco Ferreras Rodriguez (Pipin)	Cubain	26/11/96	Mexique	CMAS - FIPSAS Guiness des records
	Dames	110 m	Mer	Deborah Andollo	Cubaine	16/05/96	Cuba	CMAS - AIDA - FIPSAS
	Messieurs	82 m	Lac	Heimo Hanke	Allemande	02/08/97	Autriche	AIDA
Apnées successives sur 1 heure	Messieurs	59 mn 15 s 76	Piscine	Didier Couve	Française	18/09/92	France	AIDA
	Messieurs	59 mn 25 s	Piscine	Jean-Pol François	Belge	24/11/96	Belgique	LIFRAS

*réalisé d'après une communication de M Roland SPECKER président de l'AIDA et une communication du secrétariat de la CMAS (juin et octobre 1997)

Cette activité pratiquée en apnée, consiste à capturer des poissons à l'aide d'une arbalète équipée de sandows.

Cette discipline, accomplie en apnée, ne doit pas être pratiquée isolement, pour des raisons de sécurité. En effet, le chasseur, même expérimenté, n'est pas à l'abri d'une perte de connaissance qui peut lui être fatale s'il est seul.

La pêche sous-marine est une activité passionnante mais qui doit être pratiquée intelligemment si l'on veut préserver notre environnement sous-marin.

N'est-il pas désolant dans certains cas de voir des chasseurs néophytes tirer sur tout ce qui bouge ?

Malheureusement, toutes les agressions dont la mer est victime : pêche intensive, chaluts, pollution, rendent le poisson de plus en plus rare et méfiant.

Des compétitions sont organisées régulièrement par la FFESSM (voir pages 44 à 47) et la CMAS (voir pages 40 à 43).

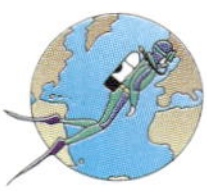

Des compétiteurs de haut niveau tel que Bernard Salvatori plongent de plus en plus profond, dans certains cas à 40 mètres, pour tirer de belles pièces.

Équipe de France de pêche sous-marine
Championnat du Monde 1996 à Gijon (Espagne)

Les compétitions de pêche sous-marine alimentent une polémique qui oppose ses détracteurs qui mettent en avant des arguments écologiques et ses partisans qui se défendent de nuire à l'équilibre écologique. Ce type de débat risque de perdurer encore longtemps.

La réglementation française autorise la pêche sous-marine sans scaphandre à partir de 16 ans.

Elle impose de posséder un permis de pêche délivré par les Affaires Maritimes et une assurance ou une licence FFESSM (voir page 125).

D'autre part, un certain nombre d'espèces sont protégées et il existe des zones interdites à la pêche sous-marine, d'où la nécessité de se renseigner localement auprès du quartier des Affaires Maritimes.

La pratique de la pêche sous-marine est interdite aux membres des clubs affiliés à la FMAS.

Néanmoins, des autorisations individuelles annuelles sont délivrées par la Police Maritime Monégasque aux personnes de 16 ans minimum pouvant justifier de leur résidence en Principauté ou dans les trois communes limitrophes de Monaco (Roquebrune Cap Martin, Beausoleil, Cap d'Ail).

La période autorisée est du 15 mars au 15 octobre. En ce qui concerne les sites autorisés et conditions de pratique, renseignez-vous auprès de la Police Maritime Monégasque.

Au Québec, dans les eaux intérieures, la pêche sous-marine peut être pratiquée dans certaines zones, en bouteille.

De plus, la pêche sous-marine est autorisée de nuit à l'aide de lampe.

Pour vous renseigner sur la réglementation provinciale, procurez-vous la brochure "la pêche sportive au Québec" éditée annuellement par le Ministère de l'environnement et de la faune qui réglemente cette activité.

Les eaux maritimes de l'Est du Canada ne sont pas soumises à la même réglementation, elles relèvent de la juridiction fédérale.

Le Ministère des Pêches et Océans qui réglemente ce domaine interdit toute forme de pêche sous-marine.

Le tir sur cible

Cette discipline qui a débuté dans les années 70 dans les pays de l'Est est actuellement en plein essor.

Elle exige des qualités physiques, de la précision, du calme et de la rapidité.

Cette discipline pratiquée en piscine, peut être envisagée en compétition à partir de 14 ans pour le tir de précision et de 16 ans pour les autres épreuves (voir pages 33 et 34).

Elle consiste à réaliser, en apnée, des tirs sur une ou plusieurs cibles collées sur un plastron distant de 3 ou 5 mètres (selon les pays).

Le pratiquant utilise en général une arbalète munie d'une flèche dépourvue d'ardillon et d'un diamètre maximum de 6,5 mm.

Un pas de tir, sorte de trépied lesté permet de maintenir entre deux eaux le plastron.

Le tireur se maintient en position de tir grâce à un lest qu'il pose sur le fond.

Après avoir tiré, il doit toucher le plastron, retirer sa flèche et revenir au point de départ en apnée.

- Le tir de précision

Il consiste à effectuer en apnée une série de cinq ou dix tirs consécutifs sur des cibles immergées.

Le plastron comporte un total de cinq cibles de six zones concentriques.

Un tir par cible doit être réalisé pour l'épreuve à cinq tirs et deux tirs pour l'épreuve à dix tirs.

Au-delà d'un temps réglementaire de cinq minutes pour cinq tirs et dix minutes pour dix tirs, le compétiteur est disqualifié.

D'autre part, la pointe de la flèche du compétiteur ne doit pas dépasser la fenêtre de tir qui est située à une distance de trois mètres à cinq mètres de la cible (selon les pays). Si cette limite est dépassée, le tireur est pénalisé.

A l'issu du tir, il doit récupérer sa flèche dans l'axe de pénétration de celle-ci et remonter en surface pour recharger son fusil et se préparer au tir suivant.

Les points sont calculés en fonction des zones d'impacts sur les cibles et des pénalités éventuelles.

La mouche pleine est bonifiée de points supplémentaires.

• Le biathlon

Le but est d'enchaîner trois fois le parcours aller et retour de douze mètres et tir, en apnée, le plus rapidement possible.

La zone de tir est située à une distance de trois à cinq mètres de la cible (selon les pays).

Le plastron fixe comporte une cible unique de neuf cercles concentriques.

A l'issu du tir, le tireur doit aller toucher le plastron pour retirer sa flèche et retourner dans la zone de préparation, toujours en apnée.

L'extraction non conforme de la flèche ou le plastron non touché à la main ou un "départ volé" constituent des pénalités.

Le score final est obtenu en tenant compte du temps total de réalisation en secondes multiplié par deux, des points marqués sur la cible et des pénalités éventuelles.

• Le super biathlon

L'épreuve du super biathlon s'apparente à celle du biathlon mais le tireur doit réaliser une série de trois tirs sur cinq impérativement dans la zone des 475 points pour être qualifié pour les tirs suivants.

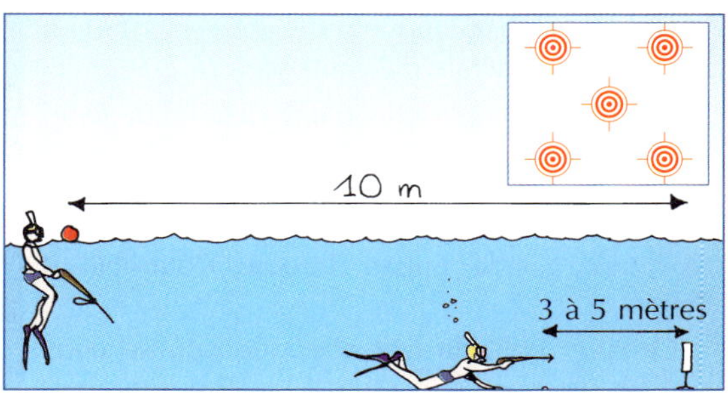

Le résultat est calculé à l'issue des trois tirs à 475 points et tient compte du temps de réalisation écoulé et des pénalisations éventuelles.

Des points de bonification sont attribués par mouche supplémentaire.

• Le relais subaquatique

Cette épreuve toute nouvelle s'apparente à celle du super biathlon mais est réalisée par équipes de quatre compétiteurs d'un même club ou comité.

Chaque équipier effectue en apnée, une série de deux tirs sur sa cible (soit huit tirs par équipe), dans un temps maximum de dix minutes.

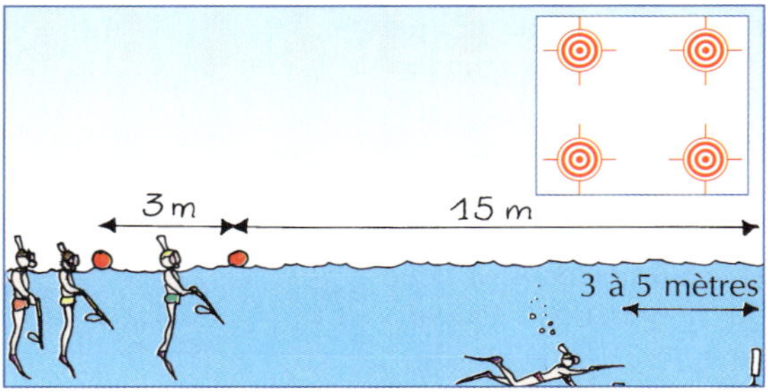

Le plastron utilisé comporte donc quatre cibles de six zones concentriques. Une zone intermédiaire de relais délimitée par la ligne d'eau de départ et une ligne d'eau supplémentaire distante de trois mètres de la première est réservée au passage du relais.

Le relais doit s'effectuer en frappant la main du compétiteur suivant, le bras hors de l'eau.

Un passage de relais non conforme entraîne la disqualification de l'équipe.

L'arrêt du chronomètre intervient sur signe du dernier compétiteur lorsque l'équipe a réalisé son contrat.

Le résultat est calculé à l'arrêt du chronomètre et tient compte du temps de réalisation écoulé et des pénalisations éventuelles.

Des compétitions de tir sur cible sont organisées à l'échelon local, régional, national par la FFESSM (voir pages 44 à 47) et des épreuves européennes commencent à voir le jour sous l'égide de la CMAS (voir pages 40 à 43).

• Le rugby subaquatique

Le rugby subaquatique a débuté vers 1960 en République Fédérale d'Allemagne.

A l'heure actuelle plus d'une dizaine de fédérations affiliées à la CMAS (voir pages 40 à 43) pratiquent cette discipline : Allemagne, Autriche, Finlande, Norvège, République Tchèque, Slovaquie, Suède, Suisse, Turquie, Colombie et Pérou.

Ce sport collectif très physique oppose deux équipes de six joueurs repérables à leurs bonnets distincts et à des marques aux poignets.

Chaque équipe dispose d'un maximum de cinq joueurs remplaçants et de quatre joueurs de réserve.

Les rugbymen subaquatiques jouent à l'aide d'une balle remplie d'eau salée.

L'objectif du jeu qui se joue en apnée dans une piscine d'une profondeur de 3,5 mètres à 5 mètres est de marquer le maximum de buts dans le panier adverse situé à l'extrémité du bassin.

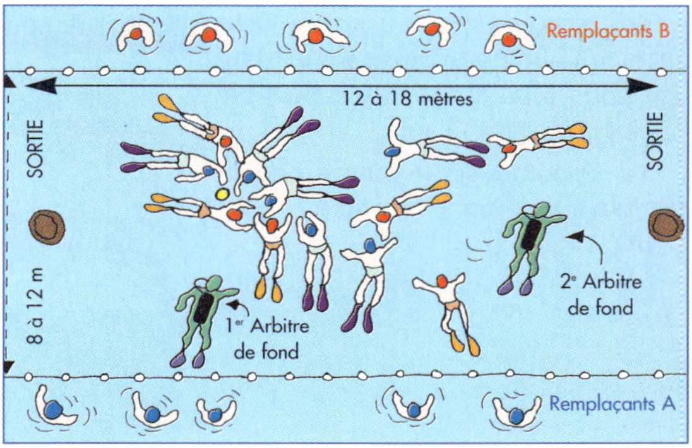

Des corps à corps et des mêlées ont lieu comme pour le rugby terrestre mais tout comportement non sportif est pénalisé par les arbitres.

Seuls le porteur du ballon peut être taclé.

L'un des arbitres observe le jeu en surface, et les deux autres sont immergés en bouteille à proximité des deux buts.

La durée d'un match est limitée à deux parties de quinze minutes, séparées par une mi-temps de cinq minutes en raison de l'intensité du jeu.

Le dernier championnat du monde organisé en 1995 sous l'égide de la CMAS (voir pages 40 à 43) s'est déroulé en Colombie (Cali) où ce sport est très populaire.

Plus de 20.000 spectateurs ont pu assister en direct au championnat grâce aux parois transparentes de la piscine.

Le hockey subaquatique

Le hockey subaquatique est un sport d'équipe, très physique qui demande sens tactique et adresse.

Deux équipes de dix joueurs, repérables à leurs bonnets distincts, jouent en apnée à l'aide d'une crosse.

L'objectif est de pousser le palet dans le but adverse, matérialisé au fond de la piscine.

Sur l'ensemble des dix joueurs, seulement six joueurs sont actifs, les quatre autres sont remplaçants.

Les remplacements peuvent s'effectuer à n'importe quel moment du jeu pourvu qu'il n'y ait pas plus de six joueurs dans l'eau.

La rencontre se déroule sur deux périodes de quinze minutes.

La nage en eaux vives

Cette activité, principalement pratiquée en région montagneuse, est en plein développement.

La nage en eaux vives consiste à se laisser glisser au fil du courant sur des rivières ou torrents, de difficultés plus ou moins importantes, en négociant les obstacles et l'eau tumultueuse.

Le nageur en eaux vives est équipé d'une combinaison isothermique renforcée pour amortir les chocs, d'un casque et d'une paire de palmes sans tuyères. Il est allongé sur un flotteur appelé communément hydrospeed, qui lui permet de se protéger et de naviguer.

Il existe dans cette discipline des compétitions de descente et de slalom. Pour ceux qui seraient intéressés par cette discipline, nous vous conseillons de vous procurer le Code Vagnon "Canoë Kayak et sports d'Eaux Vives".

2. DIFFÉRENTES FORMULES DE FORMATION

DIFFÉRENTES FORMULES DE FORMATION

Vous désirez entreprendre une formation en plongée ; où pouvez-vous vous adresser ?
Chacun a ses particularités : temps disponible, besoins ou attentes différentes...
Quelles structures peuvent répondre aux vôtres ?

LES DIFFÉRENTES SOURCES DE RENSEIGNEMENTS

Vous pourrez vous procurer la liste des organismes locaux ou personnes proposant des formations en plongée en vous adressant :

- à votre revendeur de matériel de plongée.

- aux organismes nationaux regroupant des entités locales enseignant la plongée (voir pages 40 à 72 et la liste pages 359 à 361).

- En France, en vous renseignant auprès de la Direction Départementale de la Jeunesse et des Sports de votre département :

demander les coordonnées à votre préfecture.

- En France, en consultant diverses sources d'informations sur le minitel :

  - 36.15 FFESSM
  - 36.15 PLONGE
  - 36.15 DIVE
  - 36.15 APNÉA

ou dans les pages jaunes de l'annuaire téléphonique : à la rubrique "Plongée sous-marine, sports et loisirs subaquatiques".

En consultant certains sites Internet sur la pratique de la plongée.

Des sites francophones sur la plongée existent sur le Web. Leur importance est relative en Europe, à l'heure actuelle. Mais ce type de média risque de se développer à plus ou moins brève échéance.

LES DIFFÉRENTS ORGANISMES DE FORMATION EN PLONGÉE

LES FÉDÉRATIONS D'ASSOCIATIONS OU GROUPEMENTS FÉDÉRATIFS

Les fédérations regroupent des associations, clubs créés et gérés par des bénévoles.

Le plus souvent, les pratiquants d'une même activité éprouvent le besoin de s'unir, de partager leur passion au sein d'une association.

Ils trouvent en leur sein une certaine convivialité et la possibilité de vivre leur activité avec d'autres passionnés.

On devient membre en adhérant aux statuts de l'association et en payant sa cotisation annuelle, ce qui permet de participer à la vie, aux grandes décisions et au fonctionnement de l'association. L'association possède des moyens matériels propres, plus ou moins importants, qu'elle a acquis au fil des années grâce en partie à la cotisation versée par ses membres et aux diverses subventions. Elle met à la disposition de ses membres, le plus souvent les bouteilles et détendeurs et dans certains cas des vêtements isothermiques.

L'encadrement est très souvent bénévole, parfois salarié dans certaines associations importantes.

La pratique s'effectue une ou deux fois par semaine, le plus souvent en piscine, lors de créneaux horaires précis, négociés avec la municipalité propriétaire du lieu d'entraînement.

Les formations débutent souvent en automne, dans le but de préparer les futurs plongeurs aux sorties de printemps ou d'été.

Des sorties en milieu naturel sont organisées dans la plupart des cas, le week-end et ponctuellement vers des destinations plus ou moins lointaines : Mer Méditerranée, Océan Atlantique, Mer Rouge...

Dans le monde...

CMAS (Confédération Mondiale des Activités Subaquatiques)
Viale Tiziano, 74 - 00196 Rome - Italie
Tel. +39 6 36 85 84 80 - Fax +39 6 36 85 84 90
Internet : http://www.cmas.org

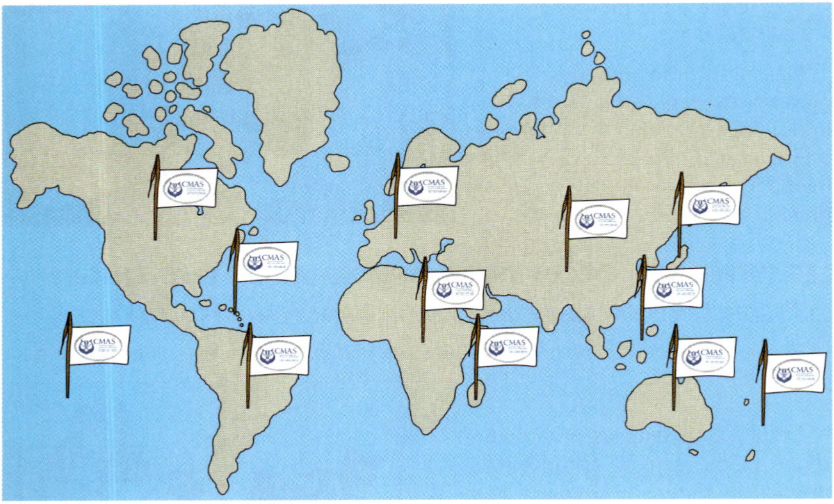

La CMAS a été créée en 1959 par 15 pays, sous l'égide du commandant Jacques-Yves Cousteau. Elle regroupe à l'heure actuelle plus de quatre-vingt dix fédérations sportives ou groupements nationaux répartis sur cinq continents et représente près de trois millions de plongeurs de par le monde.

La CMAS est une organisation non gouvernementale membre de l'U.N.E.S.C.O. (Organisation des Nations Unies pour l'Éducation, la Science et la Culture). Elle est reconnue par différentes organisations internationales et olympiques :

- U.I.C.N. (Union Internationale pour la Conservation de la Nature)
- C.I.O. (Comité International Olympique)
- A.G.F.I.S. (Association Générale des Fédérations Internationales de Sports)
- Organisation des Jeux Mondiaux
- IWGA (International World Games Association)

Cette organisation internationale, indépendante à but non lucratif a pour objectif de développer, normaliser et promouvoir les activités subaquatiques sous toutes leurs formes au niveau mondial.

La CMAS est administrée par un bureau exécutif auquel sont rattachées quatre commissions spéciales :

- discipline
- juridique
- médicale et prévention
- relations publiques

La CMAS œuvre dans les domaines sportif, technique, scientifique, médical et culturel.

Pour organiser ses différentes missions, elle est composée de trois comités qui sont eux-mêmes subdivisés en commissions :

• Comité scientifique

Des spécialistes et scientifiques le composent et réalisent des travaux sur la formation scientifique des plongeurs.

Il regroupe cinq commissions :

- archéologie
- biologie/conservation
- géologie
- technologie
- amateurs/professionnels

• Comité sportif

Il s'occupe de tous les problèmes posés par les compétitions sportives. Il est à l'origine de l'élaboration des règlements des compétitions internationales et officialise les résultats des compétitions mondiales.

La CMAS organise avec le concours des fédérations nationales les championnats sportifs continentaux, de zones et du monde.

Il est composé de six commissions :

- nage avec palmes
- pêche sous-marine
- orientation
- hockey sous-marin
- rugby sous-marin
- tir sur cible

• Comité technique

Il gère essentiellement tous les aspects techniques de la plongée. Il a notamment pour mission d'unifier les règles d'enseignement en plongée et le système d'équivalences des brevets internationaux (voir page 324).

Il a notamment été à l'origine de la standardisation des signes de plongée qui a été adoptée par la CMAS.

Il comprend sept commissions :

- brevets
- O.C.C. (voir ci-dessous)
- moniteurs internationaux
- photo/film/vidéo
- enseignement/technique
- spéléologie
- équipement

Chaque fédération nationale ou organisme national qui est affilié à la CMAS délivre par équivalence des brevets internationaux qui sont reconnus dans le monde entier (voir page 324).

Un certain nombre d'organisations, écoles ou centres de plongée sont conventionnés par la CMAS. Ces entités qui portent le titre d'O.C.C. (Organismes Conventionnés par la CMAS) s'engagent à respecter les règles techniques, de sécurité et les standards de la CMAS.

Ces organismes délivrent des brevets internationaux CMAS sans passer par l'intermédiaire d'une fédération nationale. A leur intention, la CMAS a développé un cursus de formation sous la forme de standards qui correspond aux différents niveaux des brevets internationaux (voir page 43).

FILIÈRE DE FORMATION CMAS*

NIVEAUX DE PLONGEURS

Plongeur ☆

Condition préalable :
- 14 ans minimum

Plongeur ☆☆

Conditions préalables :
- 15 ans minimum et détenir le plongeur ☆
- 20 plongées validées après le plongeur ☆ dont 10 réalisées dans la tranche des 10-30 mètres

Plongeur ☆☆☆

Conditions préalables :
- 16 ans minimum et détenir le plongeur ☆☆
- 40 plongées validées après le plongeur ☆☆ dans la zone des 10-30 mètres dont 20 réalisées à plus de 30 mètres

Plongeur ☆☆☆☆

Conditions préalables :
- Être certifié plongeur ☆☆☆ depuis plus de 2 ans
- Être membre de sa fédération depuis plus de 5 ans
- Avoir réalisé plus de 100 plongées dans des conditions variées depuis l'obtention du plongeur ☆☆☆

SPÉCIALITÉS

- Océanologie
- Photographie sous-marine
- Plongée de nuit
- Plongée Nitrox
- Plongée enfants
- Plongée souterraine
- Plongeur scientifique
- Recherche et relevage

NIVEAUX DE CADRES

Moniteur ☆ → **Moniteur ☆☆** → **Moniteur ☆☆☆**

*Traduit d'après Standards and Requirements - CMAS Édition 1993

En France...

F.F.E.S.S.M. (Fédération Française d'Études et des Sports Sous-Marins)
24, quai de Rive Neuve - 13007 Marseille - France
Tel. 04 91 33 99 31 - Fax 04 91 54 77 43 - Minitel 3615 FFESSM

Le premier club français de plongée sous-marine fut fondé en 1935, époque où le Commandant Le Prieur mettait au point son premier scaphandre autonome.

La FFESSM, fusion de la Fédération de Pêche à la Nage et d'Études Sous-Marines et de la Fédération des Activités Sous-Marines fut fondée en 1955. Elle compte à ce jour près de 152 000 licenciés et 11573 cadres techniques appartenant à plus de 1966 clubs répartis sur l'ensemble du territoire métropolitain et d'outre-mer. Sa philosophie est de rendre la pratique de la plongée et des autres activités subaquatiques accessibles au plus grand nombre. Elle est affiliée à la CMAS (voir pages 40 à 43) et poursuit une action destinée à développer les activités subaquatiques en France.

Dans ce but, elle organise des compétitions subaquatiques, des stages de formation, des manifestations, assure la promotion de l'ensemble des disciplines qu'elle regroupe et informe les clubs qui lui sont affiliés...

Pour faciliter la gestion et la promotion des activités pratiquées en son sein, elle a créé 15 commissions :

- commission technique :
  - pratique de la plongée
- commissions sportives :
  - nage avec palmes
  - pêche sous-marine et plongée en apnée
  - orientation subaquatique
  - hockey subaquatique
  - tir sur cible subaquatique
  - nage en eaux vives
- commissions culturelles :
  - audiovisuelle
  - biologie
  - archéologie
  - plongée souterraine
- commissions de services :
  - médicale
  - sports corporatifs
  - juridique
  - représentation des jeunes

D'autre part, elle a reçu la délégation ministérielle de la Jeunesse et des Sports pour exercer sa tutelle sur la sélection des athlètes et l'organisation des compétitions subaquatiques, à l'issue desquelles sont obtenus des titres du niveau départemental au niveau international.

La FFESSM a nouvellement créé une charte afin de regrouper les différentes structures commerciales de formation qui le souhaitent et qui répondent aux critères de fonctionnement qu'elle a définis.

Elle a mis en place un système de formations et de brevets dans le cadre de l'École Française de Plongée, que vous pouvez suivre et passer dans l'ensemble des associations qui lui sont affiliées ou dans les structures commerciales qui sont agréées (charte FFESSM).

FILIÈRE DE FORMATION FFESSM*

NIVEAUX DE PLONGEURS

Brevet Élémentaire - Niveau 1

Conditions préalables :
- 14 ans minimum (12 ans par dérogation)
- Savoir nager

Plongeur Autonome - Niveau 2

Conditions préalables :
- 16 ans et détenir le brevet élémentaire - Niveau 1
- Aptitude à évoluer dans la zone des 20 mètres

Plongeur Autonome - Niveau 3

Conditions préalables :
- 18 ans et détenir le plongeur autonome - Niveau 2
- Certificat Fédéral de Premiers Secours (CFPS)

Capacitaire - Niveau 4

Conditions préalables :
- 18 ans et détenir le plongeur autonome - Niveau 2 ou 3
- 4 attestations d'aptitude
- Certificat Fédéral de Premiers Secours (CFPS)

Niveau 5 - Directeur de plongée

Conditions préalables :
- 18 ans minimum et détenir le capacitaire - Niveau 4

QUALIFICATIONS TECHNIQUES COMPLÉMENTAIRES

- Certificat Fédéral de Premiers Secours (CFPS)
- Inspection visuelle
- Vêtement sec
- Plongée nitrox

NIVEAUX DE CADRES

Initiateur

Moniteur Fédéral 1er degré (MF1)

Moniteur Fédéral 2e degré (MF2)

TITRES

Instructeur Fédéral
Instructeur National

*Réalisé d'après l'annuaire officiel de la FFESSM - novembre/décembre 1994 et le manuel du moniteur CTN - FFESSM - 31/03/96

Elle publie une revue bimensuelle : SUBAQUA, disponible chez les marchands de journaux ou par abonnement, qui est l'organe de liaison entre ses membres.

LES COMITÉS RÉGIONAUX ET INTER-RÉGIONAUX DE LA F.F.E.S.S.M.*

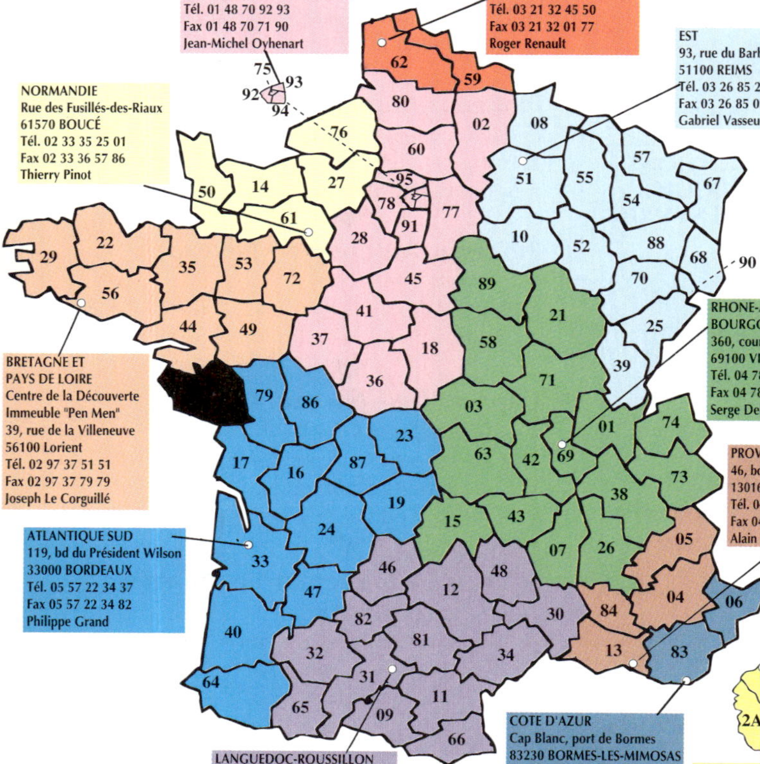

ILE-DE-FRANCE
CENTRE - PICARDIE
21, rue Voltaire
93107 MONTREUIL CEDEX
Tél. 01 48 70 92 93
Fax 01 48 70 71 90
Jean-Michel Oyhenart

NORD - PAS-DE-CALAIS
Chemin des Oies
62930 WIMEREUX
Tél. 03 21 32 45 50
Fax 03 21 32 01 77
Roger Renault

EST
93, rue du Barbatre
51100 REIMS
Tél. 03 26 85 23 55
Fax 03 26 85 05 13
Gabriel Vasseur

NORMANDIE
Rue des Fusillés-des-Riaux
61570 BOUCÉ
Tél. 02 33 35 25 01
Fax 02 33 36 57 86
Thierry Pinot

BRETAGNE ET
PAYS DE LOIRE
Centre de la Découverte
Immeuble "Pen Men"
39, rue de la Villeneuve
56100 Lorient
Tél. 02 97 37 51 51
Fax 02 97 37 79 79
Joseph Le Corguillé

RHONE-ALPES
BOURGOGNE-AUVERGNE
360, cours Émile Zola
69100 VILLEURBANNE
Tél. 04 78 90 63 53
Fax 04 78 90 64 34
Serge Delahaye

PROVENCE
46, bd Fenouil
13016 MARSEILLE
Tél. 04 91 09 36 31
Fax 04 91 46 24 42
Alain Néri

ATLANTIQUE SUD
119, bd du Président Wilson
33000 BORDEAUX
Tél. 05 57 22 34 37
Fax 05 57 22 34 82
Philippe Grand

COTE D'AZUR
Cap Blanc, port de Bormes
83230 BORMES-LES-MIMOSAS
Tél. 04 94 71 63 43
Fax 04 94 15 03 78
Roland Blanc

LANGUEDOC-ROUSSILLON
MIDI-PYRÉNÉES
26, place Marnac
31520 RAMONVILLE-ST AGNE
Tél. 05 61 73 86 46
Fax 05 61 73 86 48
Jean-Paul Farrugia

CORSE
Immeuble Bardeglinu
Lot. Castellaccio
20220 ILE ROUSSE
Tél. 04 95 60 36 85
Fax 04 95 60 45 21
Jean Escales

NOUVELLE-CALÉDONIE
BP 3139 - NOUMÉA
Tél. et Fax 00 (687) 28 83 37

POLYNÉSIE FRANÇAISE
BP 20698 - PAPEETE
Tél. 00 (689) 41 00 62
Fax 00 (689) 42 26 06
Jean-Pierre Leroux

GUADELOUPE
BP 1 - 97132 PIGEON
Tél. 0 590 94 07 46
Fax 0 590 98 86 63
Louis Galbiati

MARTINIQUE
Maison des Sports
Pointe de la Vierge
97200 FORT DE FRANCE
Tél. 0 596 61 09 14
Fax 0 596 59 69 25
Georges Breleur

RÉUNION
19, rue Saint-Laurent
Résidence Amandine Elise
2 - 1er étage - Appartement 18
97434 ST GILLES LES BAINS
Tél. 0 262 33 00 96
Fax 0 262 33 00 96
Lucien Cafafa

*Réalisé d'après la revue Subaqua n°152 - Mai/juin 1997

Il existe trois centres fédéraux FFESSM qui proposent des formations en plongée conduisant aux différents brevets fédéraux et d'État (BEES) :

Centre Fédéral de Tourlaville
Directeur : Patrice Coupey
Centre Nautique
50110 TOURLAVILLE
Tél. 02 33 44 74 70
Fax 02 33 44 62 33

Centre Fédéral d'Hendaye
Directeur : Claude Martin
39, avenue de Lissardy
64700 HENDAYE
Tél. 05 59 48 07 18
Fax 05 59 20 57 69

Centre Fédéral de Niolon
Directeur : Alain Neri
Centre UCPA Niolon
13740 LE ROVE
Tél. 04 91 46 90 16
Fax 04 91 46 94 16

U.C.P.A. (Union des Centres de Plein Air)
62 rue de la Glacière - 75040 Paris Cedex 13 - France
Tel. 01 45 87 45 87 - Fax 01 45 87 45 88 - Minitel 3615 UCPA

Fondée en 1965, l'UCPA est une association nationale qui regroupe sous le mode de la cogestion, plus de cinquante organisations issues des mouvements de jeunesse et sportifs et les pouvoirs publics.

Ouverte à tous, de 12 à 40 ans, elle perpétue dans ses prestations "l'idéal associatif". Son état d'esprit est fondé sur la joie de pratiquer à plusieurs une même activité de loisir ou de détente à des prix abordables et "tout compris".

La plongée est pratiquée depuis 30 ans au sein des structures de l'UCPA et représente plus de 180 000 plongées par an.

Les formations qui sont dispensées dans ses centres sont basées sur le cursus de formation de la FFESSM (voir page 45).

Plusieurs formules évolutives sont proposées toute l'année en fonction de la motivation et du niveau de chacun (débutant à confirmé) :

- Sport passion :
  - formule plongée à plein temps soit deux plongées par jour correspondant à dix plongées par semaine
- Sport détente :
  - formule plongée à plein temps soit 10 plongées par semaine
  - formule plongée à mi-temps soit 6 plongées par semaine

D'autre part, des prestations "club de plongée" ont été élaborées à des prix étudiés pour les groupes constitués auto-encadrés.

Dans toutes les structures, l'encadrement est assuré par des moniteurs diplômés et formés, pour la plupart, par l'UCPA.

Sur chaque site de plongée sont mis à disposition des pratiquants, des gilets de remontée et des manomètres sous-marins.

Des animations extra-sportives viennent compléter les programmes sportifs.

Les 19 centres UCPA sont répartis en métropole, dans les DOM-TOM et à l'étranger et offrent des programmes sportifs pour tous, sous la forme de stage en internat ou externat.

CENTRES DE PLONGÉE UCPA EN FRANCE*

GUADELOUPE (971)

MARTINIQUE (972)

L'UCPA possède aussi des centres à l'étranger :
Égypte - Tunisie - Thaïlande - Philippine.

*Réalisé d'après le catalogue UCPA Hiver/Printemps 1996-1997 et d'après une communication personnelle de M. Richard Pothier, responsable national d'activité en plongée subaquatique à l'UCPA.

F.S.G.T. (Fédération Sportive et Gymnique du Travail)
14-16 rue Scandicci - 93508 Pantin Cedex - France
Tel. 01 49 42 23 19 - Fax 01 49 42 23 60

La F.S.G.T. compte à ce jour environ 50 clubs répartis sur l'ensemble de la France, proposant la plongée comme activité. Elle est une fédération omnisports, c'est-à-dire que la plongée fait partie d'une des activités qu'elle propose parmi d'autres : foot-ball, arts martiaux, ski, haltérophilie, gymnastique sportive et d'entretien, athlétisme, tennis, yoga, VTT, échecs, activité de 3e âge... Pour toutes ces activités, une seule licence suffit.

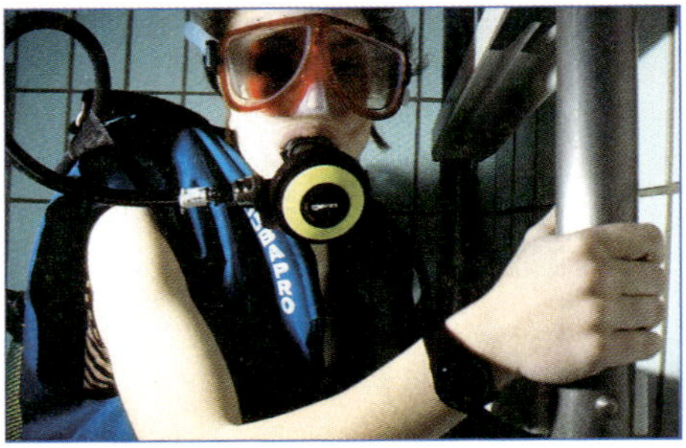

Elle reconnaît toutes les formes de pratiques, qu'elles soient : compétitives, occasionnelles, de loisir, de plein air, d'entretien physique, d'insertion pour les jeunes...

Elle rassemble un large éventail de pratiquants d'âges et d'origines sociales diverses.

Elle a pour but de construire et de promouvoir des activités sportives et de loisir porteuses de valeurs humaines et sociales en développant une vie associative bénévole et militante.

D'autre part elle perpétue le concept de sport travailliste, près de 1400 clubs d'entreprises, toutes disciplines confondues lui sont affiliées.

Elle est membre de la Confédération Sportive Internationale du Travail.

Elle a créé une filière de formation et des brevets que vous pouvez suivre et passer dans l'ensemble des associations qui lui sont affiliées.

Elle édite une revue mensuelle : "Sport et Plein Air" qui est l'organe de liaison entre l'ensemble de ses membres.

FILIÈRE DE FORMATION FSGT*

NIVEAUX DE PLONGEURS

Niveau 0 - Débutant

Conditions préalables :

- Savoir nager

Niveau 1 - Brevet Élémentaire

Conditions préalables :

- 12 ans minimum

Niveau 2 - 1er échelon

Conditions préalables :

- 16 ans min. et détenir le Niveau 1 - brevet élémentaire
- 15 plongées en milieu naturel depuis le Niveau 1 - Brevet Élémentaire dont :
  - 5 plongées réalisées dans la zone des 20 m
  - 5 plongées à caractère technique

Niveau 3 - Autonome

Conditions préalables :

- 18 ans minimum et détenir le Niveau 2 - 1er échelon
- 30 plongées en milieu naturel depuis le Niveau 2 - 1er échelon
- CAFSAN (Certificat d'Aptitude Fédérale de Secourisme aux Activités Nautiques

Niveau 4 - 2e échelon/Chef de Palanquée

- 18 ans minimum et détenir le Niveau 2 - 1er échelon ou le Niveau 3 - plongeur autonome
- 30 plongées en milieu naturel depuis le Niveau 2 - 1er échelon
- CAFSAN

Niveau 5 - Directeur de plongée exploration (DPE)

- 18 ans minimum et détenir le Niveau 4 - 2e échelon

QUALIFICATIONS TECHNIQUES COMPLÉMENTAIRES

- Certificat d'Aptitude Fédérale de Secourisme aux Activités Nautiques (CAFSAN)
- Inspection visuelle

NIVEAUX DE CADRES

Stagiaire pédagogique (SP)

Aspirant Fédéral (AF)

Encadrant Fédéral 1er degré (EF1)

Encadrant Fédéral 2e degré (EF2)

TITRES

Instructeur Fédéral

*Réalisé d'après le recueil individuel des Brevets FSGT - 1995 - et une communication personnelle de M. Jean-Marc Gachenot de la Commission Plongée à la FSGT.

F.F.H. (Fédération Française Handisport)
42 rue Louis Lumière - 75020 Paris - France
Tel. 01 40 31 45 00 - Fax 01 40 31 45 42
Minitel 3615 HANDISPORT

La F.F.H. a reçu la délégation du Ministère de la Jeunesse et des Sports pour promouvoir et organiser la pratique des activités physiques à l'intention des handicapés physiques moteurs et visuels, en France.

Elle est depuis 1973, membre du Comité National Olympique et Sportif Français. Elle propose de multiples activités de loisir et de compétition, dont la plongée, qui permettent à chacun de choisir une activité en fonction de son goût et de son handicap.

Elle regroupe, à ce jour environ 200 pratiquants "handi-plongeurs".

Elle a créé en 1981 une commission fédérale de plongée, spécifique, composée de médecins rééducateurs et de moniteurs de plongée. Son rôle est notamment de mettre au point les bases d'une pédagogie adaptée et de former des moniteurs à la spécificité du handicap physique. En effet, il est indispensable que l'encadrement ait une bonne connaissance des différents handicaps afin de pouvoir adapter son enseignement. De même, le matériel et les consignes de sécurité sont adaptés afin de limiter les risques (voir page 93).

L'objectif principal de formation du "handi-plongeur" est de l'amener progressivement à une autonomie suffisante pour qu'il puisse s'intégrer dans les stages et séjours ouverts à tous.

La F.F.H. propose sa propre filière de formation avec ses propres brevets de plongeurs.

La F.F.H. et la F.F.E.S.S.M. ont signé en 1994 une convention nationale afin de mener des actions communes de formations et de promotion de la plongée à l'intention des handicapés physiques (voir page 94).

De plus, ils reconnaissent mutuellement leurs brevets et licences, ce qui permet à leurs licenciés respectifs d'appartenir aux clubs des deux fédérations.

La FFH édite une revue "Handisport Magazine" sur l'ensemble de ses activités et la commission fédérale de plongée un fascicule d'informations internes qui informe ses membres "handi-plongeurs".

En Belgique francophone...

F.E.B.R.A.S. (Fédération Belge de Recherche et d'Activités Subaquatiques)
Rue Jules Broeren 40/42 - 1070 Bruxelles - Belgique
Tel. 02 521 70 21 - Fax 02 521 25 67

L.I.F.R.A.S. (Ligue Francophone de Recherches et d'Activités Sous-Marines)
Rue Jules Broeren 40/42 - 1070 Bruxelles - Belgique
Tel. 02 521 70 21 - Fax 02 521 25 67

Internet : http://titan.glo.be/~gi30835/index.htm

La FEBRAS est la fédération belge d'activités subaquatiques. Elle est divisée en deux entités linguistiques :

- la NELOS : ligue néerlandophone qui compte plus de 9000 membres
- la LIFRAS : ligue francophone qui regroupe environ 9000 membres

La LIFRAS est composée de 126 clubs sur la région de Bruxelles et la Wallonie. Elle est membre fondateur de la Confédération Mondiale des Activités Subaquatiques : CMAS (voir pages 40 à 43).

Elle est reconnue et subsidiée par l'ADEPS (Administration de l'Éducation Physique, des Sports et du Tourisme).

Elle poursuit une action de développement des activités subaquatiques en Belgique.

Afin de gérer ses différentes activités, la LIFRAS comporte sept commissions :

• Commission enseignement :

Elle regroupe les moniteurs, étudie les nouvelles techniques, le matériel et informe ses plongeurs.

Plus de cinq cent trente sept monitrices ou moniteurs enseignent la plongée dans le cadre de la filière de formation de la LIFRAS :

- 260 moniteurs club (moniteurs CMAS ☆)
- 219 moniteurs fédéraux (moniteurs CMAS ☆ ☆)
- 58 moniteurs nationaux (moniteurs CMAS ☆ ☆ ☆)

• Commission médicale :

Elle est constituée de médecins plongeurs qui s'occupent du domaine médical lié à la plongée.

• Commission des techniques audiovisuelles :

Elle est chargée de l'enseignement des techniques photo, vidéo, cinéma ; elle participe aux concours nationaux et internationaux.

• Commission des techniques subaquatiques :

Elle organise des jeux et concours d'orientation en piscine et en eaux libres.

• Commission sportive :

Elle est chargée de la nage avec palmes de compétition, en surface et en immersion, développe dans certaines structures le hockey et le rugby subaquatique.

• Commission apnée :

Elle organise la formation et l'écolage de la plongée en apnée.

• Commission scientifique :

Elle est chargée des différents aspects scientifiques du monde subaquatique : biologie, archéologie, environnement, technologie, géologie, navigation, météo, physique, spéléo, etc.

La LIFRAS édite une revue bimensuelle "Hippocampe" qui informe ses membres de l'actualité de la plongée.

NIVEAUX DE PLONGEURS

Plongeur ☆

Condition préalable :

- 14 ans minimum

Plongeur ☆☆

Conditions préalables :

- 15 ans minimum et détenir le plongeur ☆

Plongeur ☆☆☆

Conditions préalables :

- 18 ans minimum et détenir le plongeur ☆ ☆
- Etre membre d'un club affilié à la LIFRAS et ayant le statut d'école
- Totaliser au moins 40 plongées, dont 20 à plus de 30 mètres et 20 plongées en mer depuis le plongeur ☆☆
- Totaliser 30 heures de plongée

Plongeur ☆☆☆☆

Conditions préalables :

- 18 ans minimum et détenir le plongeur ☆ ☆ ☆
- Etre membre d'un club affilié à la LIFRAS et ayant le statut d'école
- Avoir une affiliation ligue[1] depuis le plongeur ☆ ☆ ☆
- Totaliser 50 plongées depuis le plongeur ☆☆☆ dont :
  - 40 à 30 m
  - 10 à 40 m
  - 30 en mer
  - 10 en mer avec courant
  - 10 en mer depuis une embarcation
  - 10 en carrière

QUALIFICATIONS TECHNIQUES COMPLÉMENTAIRES

- Plongée nitrox
- Vêtement sec
- Secouriste plongeur
- Apnée

[1] *affiliation ligue : cachet de cotisation annuelle apposé sur la carte*

NIVEAUX DE CADRES

Moniteur Club ☆

Moniteur Fédéral ☆☆

Moniteur National ☆☆☆

*Réalisé d'après dossiers Brevets de 1 à 4 étoiles - Collège des Moniteurs Nationaux - LIFRAS - 23/09/96 et une communication personnelle de M. Jean Rondia, responsable de l'enseignement à la LIFRAS.

A Monaco...

F.M.A.S. (Fédération Monégasque des Activités Subaquatiques)
14, avenue des Castelans - 98000 Monaco - Principauté de Monaco
Tel. 92 05 91 78

La FMAS a été fondée en 1962 par le Club de Chasse et d'Exploration Sous-Marine (C.C.E.S.M.), membre fondateur de la C.M.A.S. (voir pages 40 à 43) et la section "exploration sous-marine" du Yacht Club de Monaco. Le président de cette dernière était alors le Commandant Jacques-Yves Cousteau.

La FMAS regroupe à ce jour plus de 110 membres et a breveté plus de 200 plongeurs et monitrices ou moniteurs ces cinq dernières années.

Affiliée à la CMAS (voir pages 40 à 43), elle se donne pour objectif le développement et la promotion de toutes les activités subaquatiques.

A cette fin, elle a créé en son sein, quatre comités :

- Comité technique :

Il est chargé de la réglementation des plongées, de l'enseignement et de la pédagogie, des relations avec la CMAS (voir pages 40 à 43).

Il a mis en place, en collaboration avec le CCESM, une école de plongée en piscine et en mer qui forme scolaires et adultes.

Cette école de plongée possède un catamaran de plongée le "Mona III", basé à Monaco, d'une capacité de 30 plongeurs, afin de satisfaire durant la saison estivale les nombreux amateurs des fonds sous-marins.

- Comité scientifique :

Il a pour objet l'étude de la pollution et de la vie marine au niveau national et international et par extension l'archéologie sous-marine.

Le président de ce comité a été nommé par la CMAS (voir pages 40 à 43) et le CEBROM, coordonnateur du projet INFRAMED qui vise à faire le bilan de la pollution marine en Méditerranée.

A ce titre, la FMAS fournit des plongeurs afin de réaliser des prélèvements et observations dans les eaux monégasques.

- Comité médical :

Il assure le suivi médical des plongeurs des clubs affiliés à la fédération et définit la procédure d'examen médical. De plus, il réalise des études sur la physiologie hyperbare et diffuse des communications au niveau international.

• Comité sportif :

Il a en charge le développement de la nage avec palmes en mer, la photo et vidéo sous-marine.

La FMAS devrait diffuser dès 1998 un bulletin de liaison entre ses membres.

La FMAS a mis en place un système de formation inspiré du système de formation français de la FFESSM (voir page 45).

FILIÈRE DE FORMATION FMAS*

FMAS MONACO

NIVEAUX DE PLONGEURS

Plongeur ☆

Conditions préalables :

- 14 ans minimum (12 ans par dérogation)
- Savoir nager

Plongeur ☆☆

Conditions préalables :

- 16 ans et détenir le plongeur ☆
- Aptitude à évoluer dans la zone des 20 mètres

Plongeur ☆☆☆

Condition préalable :

- 18 ans et détenir le plongeur ☆ ☆

NIVEAUX DE CADRES

Moniteur ☆

Moniteur ☆☆

Moniteur ☆☆☆

*Réalisé d'après une communication personnelle de M. Eric Calbayrac, secrétaire général de la FMAS 28/10/96

Au Québec...

F.Q.A.S. (Fédération Québécoise des Activités Subaquatiques)
4545, Pierre de Coubertin - C.P. 1000 - Succursale M
Montréal H1V 3R2 Québec
Tel. 514 252 30 09 - Fax 514 254 13 63

La FQAS est un organisme à but non lucratif fondé en 1970 sous l'appellation de "Fédération des Clubs de Plongée du Québec".

Elle regroupe à ce jour plus de 1500 membres dont plus de 250 sont monitrices ou moniteurs de plongée et une centaine de structures.

Elle a pour principale mission de promouvoir les activités subaquatiques, de veiller à la sécurité de ceux qui les pratiquent et de permettre une plus grande accessibilité au territoire. La Fédération s'implique également dans l'information et l'éducation du grand public.

Elle assure une représentation aux niveaux provincial, canadien et international. Elle est affiliée à la CMAS (voir pages 40 à 43) et est reconnue et subventionnée en partie par le ministère des affaires municipales du Québec.

La FQAS, c'est aussi un réseau de plus de deux cents intervenants multidisciplinaires en plongée et à travers le Québec : clubs, écoles, boutiques, stations de gonflage...

Elle diffuse annuellement, un annuaire de la plongée au Québec qui regroupe l'ensemble des coordonnées de ces prestataires de services.

La FQAS a mis en place des commissions sportives qui ont en charge la pratique du hockey subaquatique, de la nage palmée, de la plongée libre...

Des activités culturelles telles que l'archéologie et la biologie subaquatique sont organisées en collaboration avec des organismes provinciaux ou gouvernementaux.

La FQAS offre un système de formation des plongeurs basé sur des programmes construits sous forme d'objectifs à atteindre.

Ses contenus de formation sont les seuls au Québec à avoir reçu les attestations du Ministère du Loisir, de la Chasse et de la Pêche (M.L.C.P.) et de la Régie de la Sécurité dans les Sports du Québec (R.S.S.Q.).

Elle édite un bulletin officiel "En profondeur" à raison de quatre numéros par an. Ce journal se veut être un moyen de communication pour l'ensemble de ses membres et partenaires.

FILIÈRE DE FORMATION FQAS*

NIVEAUX DE PLONGEURS

Élémentaire

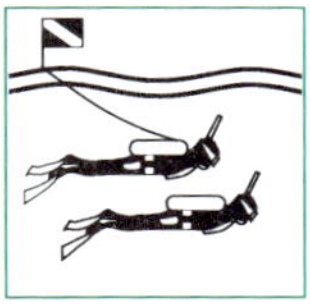

Conditions préalables :

- Être âgé d'au moins 14 ans
- Savoir nager (50 m, suivi de 3 minutes de "sur place")

Intermédiaire

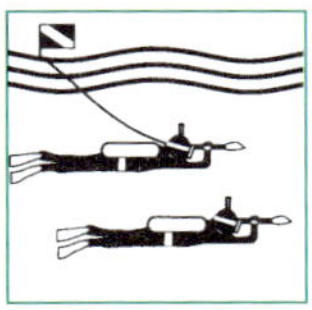

Conditions préalables :

- Détenir une licence "plongeur élémentaire" valide
- Avoir effectué au moins 6 plongées bouteille depuis la délivrance de la licence élémentaire et les avoir enregistrées dans son passeport

Supérieur

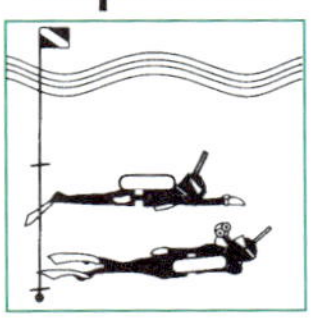

Conditions préalables :

- Détenir une licence plongeur intermédiaire valide
- Avoir effectué au moins 6 plongées bouteille depuis la délivrance de la licence intermédiaire et les avoir enregistrées dans son passeport

QUALIFICATIONS TECHNIQUES COMPLÉMENTAIRES

- Vêtement sec
- Plongée sous glace
- Nitrox
- Inspection visuelle

*Réalisé d'après le dépliant "le système de formation FQAS" - version révisée - Janvier 1990

FILIÈRE DE FORMATION FQAS*

NIVEAUX DE CADRES

Certifiant

Moniteur

Moniteur National

Moniteur Fédéré

*Réalisé d'après le dépliant "Le système de formation FQAS" version révisée - Janvier 1990

En Suisse Romande...

F.S.S.S. (Fédération Suisse des Sports Subaquatiques)
Pavillonweg 3 - 3012 Bern - Suisse
Tel. 031 301 43 43 - Fax 031 301 43 93
Internet : http://www.fsss.ch

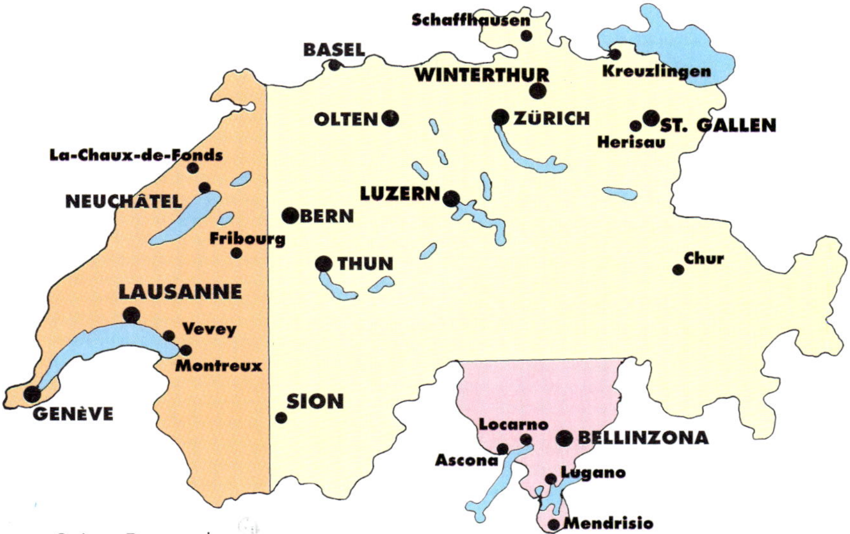

Suisse Romande
Comité Régional ROM (4 sections)

Tessin - Comité Régional TI

Suisse Alémanique
Comité Régional DRS (7 sections)

La FSSS est la fédération faîtière suisse de plongée sportive. Fondée en 1957, elle compte aujourd'hui plus de 12000 membres appartenant à plus de 150 clubs ou affiliés à titre individuel (2/5 des membres).

Elle est structurée en trois régions fédérales qui correspondent aux différentes régions linguistiques :

- DRS (Suisse Allemande) : 7 sections, 90 clubs, 66 % des membres
- ROM (Suisse Romande Francophone) : 4 sections, 40 clubs, 26 % des membres
- TI (Tessin) : 1 région, 17 clubs, 8 % des membres

La FSSS est membre de :

- la Confédération Mondiale des Activités Subaquatiques : CMAS (voir pages 40 à 43)
- l'association Olympique Suisse (AOS)
- l'Interassociation pour le sauvetage (IAS)
- l'Interassociation pour la natation (IAN)

La FSSS poursuit une action de développement des activités subaquatiques en Suisse.

Elle regroupe cinq commissions correspondant aux différentes activités qu'elle propose :

• Commission technique :

Cette commission qui a en charge l'enseignement de la plongée a mis en place une filière de formation et de brevets.

L'enseignement est dispensé par plus de 450 moniteurs et monitrices FSSS actifs au sein de plus de 55 écoles de plongée FSSS, en partie professionnelles.

La FSSS reconnaît toutes les autres formations de plongeurs issues d'autres organisations.

Elle collabore avec la Société Suisse de Médecine Hyperbare et Subaquatique (SSMHS). Un organe spécifique collecte et analyse les accidents de plongée et met en place des actions de prévention.

• Commission de l'environnement :

Cette commission vise à contribuer au respect de l'environnement et du patrimoine culturel, notamment en informant et en formant les plongeurs. Elle recouvre l'écologie, la biologie et l'archéologie sous-marine.

• Commission sportive :

- natation
- nage avec palmes
- plongée avec Palmes Masque Tuba
- nage avec Palmes Masque Tuba
- jeux subaquatiques

Ces différentes activités sportives sont organisées en collaboration avec la Société Suisse de Sauvetage (SSS).

• Commission photo/cinéma/vidéo :

Elle a mis en place des cours spéciaux qui débouchent sur un brevet et propose des formations continues. Elle organise des concours nationaux et internationaux de photographie sous-marine.

• Commission des relations publiques :

La commission des relations publiques a pour but de promouvoir à l'extérieur les activités subaquatiques en leur donnant une image positive et de faire connaître la FSSS à un large public. De plus, elle a pour mission d'informer ses différentes représentations régionales, locales et membres.

A cette fin, elle édite une revue trilingue et mensuelle "Nereus", qui est l'organe officiel de la FSSS. Elle est disponible chez les marchands de journaux ou par abonnement.

FILIÈRE DE FORMATION FSSS*

NIVEAUX DE PLONGEURS

Jeunesse

Conditions préalables :

- 10 ans minimum

Élémentaire

Conditions préalables :

- 12 ans minimum

Plongeur ☆

(P☆ SUSV/CMAS)

Conditions préalables :

- 14 ans minimum
- 6 plongées
- 150 mn temps de plongée

Plongeur ☆☆

(P☆☆ FSSS/CMAS)

Conditions préalables :

- 15 ans minimum et détenir le plongeur ☆
- 20 plongées dès le Plongeur ☆

Plongeur ☆☆☆

(P☆☆☆ FSSS/CMAS)

Conditions préalables :

- 16 ans minimum et détenir le plongeur ☆ ☆
- 100 plongées dès le Plongeur ☆

COURS SPÉCIAUX

Formation ☆
- Plongée à la boussole
- Techniques de sauvetage

Formation continue ☆
- Plongée de nuit
- Pl. en lac de montagne
- Pl. en combinaison étanche
- Matériel de plongée
- Photo sous-marine
- Environnement
- Archéologie subaquatique
- Plongée sous la glace
- Plongée en rivière
- Plongée sur épaves

Formation ☆☆
- Assistant-Moniteur aux cours Plongeur ☆

Formation continue ☆☆
- P2 PLUS
- (Autres en préparation)

NIVEAUX DE CADRES

Moniteur ☆

Moniteur ☆☆

Moniteur ☆☆☆

TITRES

Instructeur

*D'après les conditions générales de cours et d'examens - Commission technique FSSS - 01/01/95

LES ASSOCIATIONS, SYNDICATS OU GROUPEMENTS PROFESSIONNELS

Ils regroupent des enseignants professionnels, travailleurs indépendants ou salariés et dans certains cas des membres associés non professionnels. Le plus souvent, ils s'incluent dans une politique commerciale, de concert avec les fabricants et revendeurs.

> En France, la loi du 16 juillet 1984 impose de posséder un Brevet d'État d'Éducateur Sportif (BEES) ou un diplôme étranger admis en équivalence par l'État Français pour enseigner la plongée contre rémunération.

Ces cadres professionnels proposent un enseignement progressif et efficace, "à la carte", des horaires aménagés, des cours particuliers ou semi-collectifs, suivant vos possibilités.

Vous êtes un client, leur but est de satisfaire vos besoins contre rémunération et de faire de vous des plongeurs heureux.

Ils s'occupent de tout, se chargent de réserver un créneau horaire en piscine, vous équipent des pieds jusqu'à la tête du matériel dernier cri...

De plus, ils vous proposent le plus souvent de vous accompagner lors de "séjours à la carte", sous les tropiques, en croisière dans le monde entier.

Dans le meilleur des cas, ils parlent une ou deux langues étrangères complémentaires.

En Europe...

C.E.D.I.P. (European Committee of Professional Diving Instructors)
62, avenue des Pins du Cap - 06160 Antibes / Juan les Pins - France
Tel. 04 93 61 45 45 - Fax 04 93 67 34 93
Siège social : Beatrijslaan, 25 - 2050 Antwerpen - Belgique
Tel. 032 19 69 67 - Fax 032 19 77 00

Le CEDIP fondé en 1992 à Düsseldorf est un organisme professionnel européen qui regroupe, à ce jour, dix organisations européennes de moniteurs professionnels de plongée, dont :

- ANMP (France)
- VDTL (Allemagne)
- FIT (Allemagne)
- OBV (Autriche)
- ANIS (Italie)
- BTLV (Suisse)
- VVW (Belgique)
- DAY (ex Yougoslavie)
- IDD (Pays Bas)
- UDI (Ukraine)

Le CEDIP a pour objectif de défendre et de promouvoir la profession de moniteur de plongée, de faire évoluer les méthodes d'enseignement au niveau européen. Le CEDIP rassemble plus de 2500 monitrices et moniteurs professionnels et plus de 10000 brevetés.

Il organise tous les deux ans un colloque européen qui réunit des moniteurs de plongée professionnels pour débattre des problèmes liés à la profession et à la pédagogie de la plongée.

Le CEDIP délivre par le biais de ses organisations nationales, une carte brevet qui atteste des compétences techniques des plongeurs qualifiés et qui est reconnue dans les écoles de plongée (voir page 325).

Il édite un annuaire regroupant l'ensemble de ses membres actifs qui sont plus de sept cent moniteurs professionnels en exercice, présents dans plus de vingt-cinq pays.

En France...

A.N.M.P. "Guides de la Mer" (Association Nationale des Moniteurs de Plongée)
62 avenue des Pins du Cap - 06160 Antibes / Juan les Pins - France
Tel. 04 93 61 45 45 - Fax 04 93 67 34 93
Minitel : 36.15 DIVE code ANMP

Cette organisation professionnelle regroupe à ce jour plus de 650 monitrices et moniteurs professionnels titulaires d'un Brevet d'État d'Éducateur Sportif (BEES) en plongée subaquatique et plus de 97 centres de plongée professionnels en métropole et dans les DOM-TOM. Elle a pour objectif notamment d'organiser, d'assurer la défense de la profession, d'assurer et d'informer ses membres.

Elle a créé un label d'enseignants professionnels : "Les Guides de la Mer" qui ont été sensibilisés aux nécessités de leur métier de professionnels de la plongée, à l'image des guides de haute montagne.

A ce jour, plus de 243 monitrices ou moniteurs de plongée sont "Guides de la mer".

La philosophie des "Guides de la mer" repose sur un abord très "relations publiques" et un enseignement personnalisé et privilégié dont bénéficie un individuel ou un petit collectif amical ou familial.

L'ANMP est affiliée au CEDIP (voir page 65), membre de la CNES (Confédération Nationale des Éducateurs Sportifs) et du SPAS (Syndicat Professionnel des Activités Subaquatiques).

Elle propose sa propre filière de formation avec ses propres brevets de plongeur.

Elle propose une ligne de produits pédagogiques pour ses moniteurs et leurs élèves : diplômes, carnets, passeports de plongée, tee-shirts, chemisettes...

Elle édite une revue trimestrielle : le "Guide de la Mer" qui informe ses membres sur ses activités et la profession de moniteur de plongée.

FILIÈRE DE FORMATION ANMP*

NIVEAUX DE PLONGEURS

Le début

- Module 1
- Module 2 : Débutant
- Module 3 :

à partir de 12 ans
Niveau 1 - Plongeur ☆

Le perfectionnement

- Module 4
- Module 5 : Attestation niveau 2
- Module 6 :

à partir de 16 ans
Niveau 2 - Plongeur ☆☆

L'autonomie

- Module 7
- Module 8
- Module 9 :

à partir de 18 ans
Niveau 3 - Plongeur ☆☆☆

L'encadrement

- Module 10
- Module 11
- Module 12 :

à partir de 18 ans
Niveau 4 - Plongeur ☆☆☆☆

QUALIFICATIONS TECHNIQUES COMPLÉMENTAIRES

Randonnée aquatique
- Vie sous-marine
- Vêtement sec
- Matériel
- Technologie
- V.H.F.
- Plongée sous glace
- Photo
- Vidéo
- Plongée de nuit
- Épaves

FILIERE DES BREVETS D'ÉTAT D'ÉDUCATEURS SPORTIFS | FILIÈRE D'ENCADREMENT ANMP/CEDIP

NIVEAUX DE CADRES

Stagiaire pédagogique

BEES 1er degré ► **Moniteur ☆ ☆ ANMP/CEDIP**

BEES 2e degré ► **Moniteur ☆ ☆ ☆ ANMP/CEDIP**

BEES 3e degré ► **Moniteur ☆ ☆ ☆ ☆ ANMP/CEDIP**

TITRE ANMP ► **Guide de la Mer**

*Réalisé d'après le guide de formation ANMP : passeport de plongeur - 10/96

SNMP (Syndicat National des Moniteurs de Plongée)
CIPP (Compagnie des Instructeurs Professionnels de Plongée)
Centre Commercial 2002
45100 Orléans - France
Tel. 02 38 56 16 88 - Fax 02 38 56 16 99

Cette organisation syndicale regroupe plus de 417 membres qui sont :

- des moniteurs titulaires d'un BEES en plongée subaquatique : membres actifs (230)
- des moniteurs fédéraux : membres associés (120)
- des plongeurs de niveau 4 et des instructeurs des organisations étrangères reconnues : membres stagiaires (60)
- membres d'honneur (7)

Le SNMP a pour objet de défendre, d'assurer, d'informer ses membres dans l'exercice de leur activité.

Sa philosophie prône la plongée loisir, accessible à tout un chacun par un enseignement personnalisé.

Le SNMP a développé son propre cursus pédagogique, des brevets et des outils pédagogiques dans le cadre de l'École Française de Plongée du SNMP.

Ses diplômes sont reconnus par des organisations internationales telles que NAUI et PADI.

Il édite une revue trimestrielle "Enseigner sous la mer" qui informe ses membres sur l'enseignement de la plongée et son activité.

NIVEAUX DE PLONGEURS

Débutant
Conditions préalables :
- 8 ans minimum
- Savoir nager

Niveau 1
Plongeur certifié / Plongeur équipier
Conditions préalables :
- 12 ans minimum

Niveau 2 - Plongeur confirmé
Conditions préalables :
- 15 ans minimum
- 18 plongées / 8 heures d'immersion

Plongeur sauveteur
Conditions préalables :
- 18 ans minimum et détenir le plongeur niveau 2 / plongeur confirmé
- AFPS (premiers secours)
- Secourisme en mer
- Secourisme en plongée

Niveau 3 - Plongeur autonome
Conditions préalables :
- 18 ans minimum et détenir le plongeur sauveteur
- AFCPSAM
- 27 plongées / 9 heures d'immersion

Niveau 4 - Plongeur capacitaire
Conditions préalables :
- 18 ans minimum et détenir le plongeur niveau 3 / plongeur autonome
- 20 plongées en milieu naturel dont 15 dans la zone des 40 mètres avec 6 conduites de palanquée / 7 heures d'immersion

Niveau 5
Directeur de plongée en exploration
- 18 ans minimum et détenir le plongeur niveau 4 / plongeur capacitaire
- Permis bateau mer

*Réalisé d'après le "Cursus de Formation" - SNMP/CIPP - 1996 et une communication personnelle de M. Thierry Doll, président du SNMP.

FILIÈRE DES BREVETS D'ÉTAT D'ÉDUCATEURS SPORTIFS

NIVEAUX DE CADRES

Stagiaire pédagogique

▼

BEES 1er degré

▼

BEES 2e degré

▼

BEES 3e degré

En Belgique...

VVW (Vlaamse Vereniging Voor Watersport/association flamande des sports de l'eau réunis) - Beatrijslaan, 25 - 2050 Antwerpen - Belgique
Tel. 032 19 69 67 - Fax 032 19 77 00

Le VVW est une organisation néerlandophone multi-sports qui propose différentes activités nautiques : voile, navigation de plaisance, jet ski, surf, ski nautique, canoë, plongée.

Elle regroupe 30000 membres qui pratiquent une activité nautique dans le cadre de ses structures.

La section plongée créée en 1981 regroupe trente deux écoles et quatre vingt instructeurs de plongée qui délivrent environ trois cents brevets de plongée par an.

Le VVW est membre du CEDIP (voir page 65).

En Suisse...

B.T.L.V./U.P.M.P. (Union Professionnelle des Moniteurs de Plongée Suisse)
Bifangstrasse, 67 - 4663 Aarburg - Suisse
Tel. 062 791 67 31 ou 022 340 40 58 - Fax 062 791 67 31

L'Union Professionnelle des Moniteurs de Plongée Suisse regroupe des monitrices et moniteurs de plongée brevetés et exerçant la profession d'enseignant en plongée.

Elle œuvre en faveur de la reconnaissance réciproque des monitrices et moniteurs de plongée des différentes organisations suisses.

Elle représente ses membres auprès des autorités suisses, en défendant leurs droits professionnels.

Elle réalise des formations et examens de moniteurs et soutient ses membres dans leurs activités de perfectionnement.

L'UPMP est membre de la FSSS (voir pages 61 à 63) et du CEDIP (voir page 65) et à ce titre soutient leurs actions.

Elle a mis en place un système de formation en plongée qui est dispensé en Suisse par plus de dix-neuf membres actifs au sein de sept principales écoles de plongée professionnelles.

FILIÈRE DE FORMATION BTLV/UPMP*

NIVEAUX DE PLONGEURS

Skin Diver

Conditions préalables :

- Dès 12 ans

Pool Diver

Conditions préalables :

- Dès 12 ans et détenir le Skin Diver

Open Diver ☆

Conditions préalables :

- Dès 12 ans et détenir le Pool Diver

Advanced Open Water Diver/☆☆ Diver

Conditions préalables :

- Dès 14 ans et détenir l'Open Diver
- Au moins 25 plongées depuis l'Open Diver

Special Diver/☆☆☆ Diver

Conditions préalables :

- Dès 16 ans et détenir l'Advanced Open Water Diver
- Au moins 60 plongées depuis l'Advanced Open Water Diver

Special Guide Diver/☆☆☆☆ Diver

- Dès 18 ans et détenir le Spécial Diver
- Au moins 80 plongées depuis le Special Diver

QUALIFICATIONS TECHNIQUES COMPLÉMENTAIRES

- Plongée depuis un bateau
- Premiers secours
- Navigation sous-marine
- Plongée en altitude
- Plongée de nuit
- Plongée sur épaves
- Plongée dans le courant
- Matériel

NIVEAUX DE CADRES

Assistant Instructeur

Instructeur National / Instructeur ☆

Instructeur International / Instructeur ☆☆

Staff Instructeur / Instructeur ☆☆☆

*Réalisé d'après le contenu de formation du BTLV - 1996

3. LA PLONGÉE ET LES ENFANTS

3 LA PLONGÉE ET LES ENFANTS

Il n'y a pas d'âge pour découvrir et apprécier le milieu aquatique. Il existe un engouement de plus en plus important pour commencer la plongée de plus en plus jeune. La plongée enfant devient même médiatique, de plus en plus de médias se font l'écho d'expériences éducatives mises en place. Ce chapitre s'adresse aux parents afin de les informer de cette pratique précoce qui doit être adaptée aux spécificités de l'enfant.

UN ÉVEIL AQUATIQUE POUR LES PLUS JEUNES

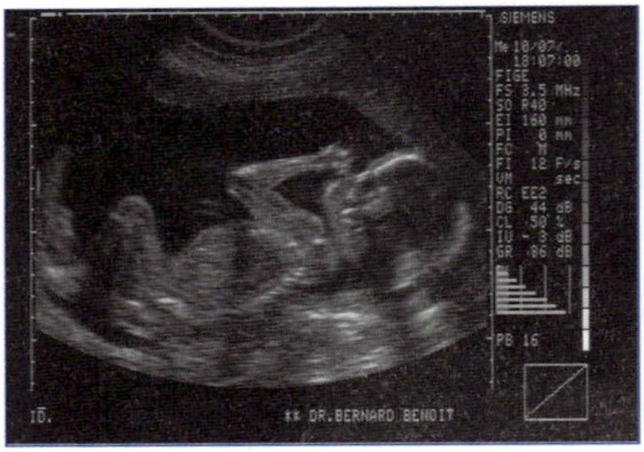

Embryon, nous vivons une vie aquatique dans le ventre de notre mère, nous flottons dans un liquide protecteur : le liquide amniotique qui a sensiblement les mêmes propriétés physiques que l'eau de mer. A la naissance, à la rupture de la poche des eaux, nous découvrons une nouvelle vie : la vie terrestre.

Au plus profond de nous-même, nous gardons sûrement inconsciemment le souvenir de cette étape aquatique intra-utérine.

D'instinct, le nourrisson bloque sa glotte. Pour mettre en évidence ce réflexe d'apnée, il suffit simplement d'asperger le visage d'un bébé.

Le milieu aquatique n'est pas étranger au nouveau-né. Il est donc aisé d'imaginer le rapport intime qui le lie à l'eau.

Le nourrisson redécouvre le plaisir d'être dans l'élément liquide lors de ses premiers bains.

Ils constituent le plus souvent pour lui un instant privilégié de jeu et de découverte.

Depuis 1969, des expériences d'éveil aquatique ont vu le jour un peu partout en France, en Europe et dans le Monde.

Le plus souvent, cette activité est dénommée à tort : "bébés nageurs". En effet, le but n'est pas d'apprendre à nager aux bébés mais de les éveiller au milieu aquatique.

L'une des références en la matière est Guy Azemar qui est médecin et professeur d'Éducation Physique et Sportive. Chargé de recherches à l'INSEP (Institut National du Sport et de l'Éducation Physique), à Paris, il a consacré plus de dix années d'études à la familiarisation précoce de l'enfant avec l'eau.

Cette découverte ou plutôt redécouverte de l'élément liquide doit être réalisée dans des conditions satisfaisantes de sécurité, d'encadrement, de confort physique et affectif.

Un avis médical est fortement recommandé, avant d'aborder cette pratique.

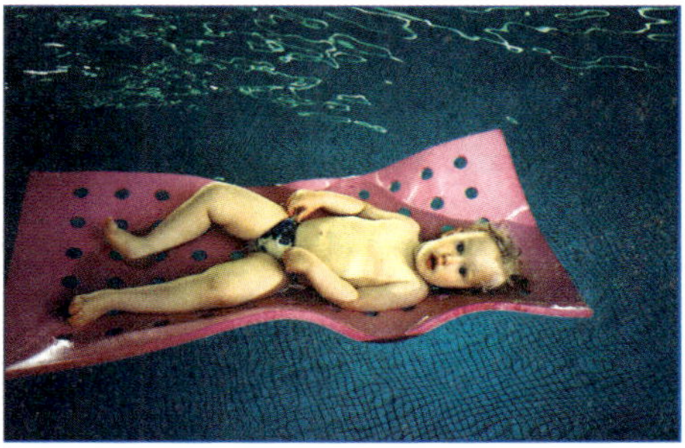

Le médecin, de préférence pédiatre, déterminera l'aptitude de l'enfant.

L'équipe pédagogique constituée d'éducateurs qualifiés doit être formée à cette pratique particulière. Les éducateurs ne sont présents que pour conseiller les parents et assurer la sécurité du groupe.

Des moyens pédagogiques (tapis de mousse flottants, jouets, cerceaux...) en nombre suffisant doivent être présents pour favoriser l'éveil de l'enfant : le bassin doit être transformé en véritable salle de jeu.

La température de l'eau et la durée de baignade doivent être appropriées à l'âge afin de palier la difficulté qu'a l'enfant à réguler efficacement sa température corporelle. La faible profondeur du bassin doit permettre à l'encadrement d'avoir pied.

Le lieu de pratique doit être aménagé à proximité du bassin, afin de pouvoir habiller rapidement les enfants (mise à disposition de plans à langer).

Pour ses premiers contacts avec l'eau, l'enfant a besoin de la présence rassurante de ses parents et plus particulièrement de sa mère.

Il a été mis en évidence leurs rôles déterminant dans cet éveil.

Les réactions de l'enfant sont étroitement influencées par l'intervention des parents.

Ces derniers ont un rôle fondamental à jouer pour favoriser sa motricité et son autonomie.

Il est important qu'ils s'attachent à observer l'enfant plutôt que de vouloir intervenir, ceci afin de favoriser ses conduites exploratoires.

Guy Azemar donnait comme consigne aux parents des enfants dont il avait la charge : "si votre bébé tombe à l'eau, allez le récupérer mais sans vous précipiter, car il y a un réflexe d'apnée qui l'empêche d'inhaler de l'eau...".

Et il rapporte que cela s'est toujours très bien passé, beaucoup mieux que lorsque les enfants devaient subir passivement une immersion provoquée par un adulte. En effet, l'apprentissage par "essais et erreurs" est préférentiellement utilisé par les enfants jusqu'à l'âge de 7-8 ans environ.

Dans cette approche, le milieu est aménagé à l'aide de tapis de mousse, jouets... et l'enfant est libre de prendre des initiatives, les parents ne sont présents que pour assurer sa sécurité et partager le plaisir d'être dans l'eau.

Les travaux de Guy Azemar qui ont porté sur environ 1500 enfants de 3 à 6 mois ont débouché sur une approche pédagogique reprise par de nombreux enseignants qui tient compte du développement de l'enfant.

Dans de nombreuses piscines, des "baby clubs" proposent une activité d'éveil aquatique, le plus souvent à partir de 6 mois quand l'enfant a eu ses premières vaccinations.

Les bébés qui ont pris part à ce type d'expérience, dans de bonnes conditions ont acquis une certaine aisance dans l'eau qui ne pourra que favoriser par la suite, l'apprentissage des activités aquatiques ou subaquatiques.

Ils ont dépassé le stade de l'appréhension du milieu et ont développé un début de motricité aquatique. A partir de 4 à 6 ans, en fonction de la maturité de l'enfant, l'apprentissage de la natation peut être raisonnablement envisagé.

LA PLONGÉE "ENFANT"

A QUEL ÂGE PEUT-ON DÉBUTER LA PLONGÉE EN SCAPHANDRE AUTONOME ?

Il est difficile d'avoir une position tranchée sur le sujet car l'enfant est en constante évolution et d'importantes différences peuvent exister entre des enfants de même âge.

En effet, il faut relativiser l'âge chronologique en fonction du développement anatomique et psychologique de l'enfant.

Bien qu'il n'y ait pas consensus en la matière, il est considéré par un certain nombre de médecins[1] que la plongée avec scaphandre autonome ne peut être raisonnablement pratiquée qu'à partir de 7-8 ans.

D'après ces derniers, avant 7-8 ans, l'appareil pulmonaire est en pleine maturation et il existe des risques d'essoufflement, d'hypoxie[2] et de piégeage gazeux pouvant conduire à un accident grave de conséquence : la surpression pulmonaire (voir page 206).

D'autre part, l'immaturité psychoaffective et l'instabilité émotionnelle qui caractérise cette tranche d'âge confortent ces spécialistes dans le fait de recommander la plongée appareillée seulement à partir de 7-8 ans.

Cette limite pourra être augmentée en cas de retard important de croissance.

[1] *La plongée autonome chez l'enfant - Dr Philippe Izard et Dr Jean-Louis Ducassé - Les Dossiers de CTN Info - FFESSM - 1994*
[2] *Diminution de l'oxygène dans les cellules de l'organisme qui peut entraîner un état asphyxique.*

LES DIFFÉRENTES ORGANISATIONS PROPOSANT LA PLONGÉE ENFANT

En France...

Au sein de la **FFESSM** qui est la fédération délégataire (voir pages 44 à 47), la plongée peut être pratiquée dans les clubs à partir de 8 ans. L'enfant doit être capable de nager 25 mètres sans s'arrêter pour débuter.

La FFESSM organise tous les ans une rencontre internationale sur la plongée enfant (RIPE). Quatre vingt quinze enfants étaient présents à ces rencontres qui se déroulèrent, en 1996, à Banyuls. Ils ont réalisé des plongées en fonction de leur âge qui leur ont permis notamment de découvrir la photographie et biologie sous-marine. De plus, la FFESSM organise un congrès annuel qui regroupe des spécialistes et des délégués régionaux "plongée enfant" qui font part de leurs expériences de terrain et qui réfléchissent aux spécificités de la "plongée enfant". La fédération a mis en place un référentiel de formation pour les enfants jusqu'à l'âge de 12 ans qui correspond à des niveaux et qualifications :

NIVEAUX ET QUALIFICATIONS PLONGÉE ENFANT FFESSM*

NIVEAUX ENFANTS

Plongeur de bronze
- Dès 8 ans

Plongeur d'argent
- Dès 8 ans

Plongeur d'or
- Dès 8 ans

QUALIFICATIONS ENFANTS

Palanquée
Bateau 1
Bateau 2
Gilet

Réalisé d'après l'annuaire officiel de la FFESSM - Novembre/décembre 1994, le manuel du moniteur - CTN FFESSM - 31/03/96, la revue Subaqua n°150 (Janvier/Février 1997).

A partir de 12 ans (dérogation), l'enfant peut suivre le cursus classique en préparant le niveau 1 de plongeur.

Afin de faciliter un suivi technique et pédagogique de l'enfant, la commission technique nationale de la FFESSM propose un passeport spécifique "La plongée à partir de 8 ans".

Une labellisation des structures de plongée est à l'étude.

Pour connaître la liste des clubs de "Plongée enfant", composer le 36.15 FFESSM ou contacter le siège national (voir page 44 ou 359).

A la **FSGT** (voir pages 50 à 51), aucune limite d'âge ou de pratique n'est fixée.

L'aptitude à la pratique est déterminée au cas par cas en fonction de la maturité de l'enfant, la FSGT considérant l'activité comme un des axes du développement de l'individu dans son ensemble.

L'**ANMP** (voir pages 66 à 67) n'a envisagé aucune limite d'âge de pratique.

Elle pense qu'il est possible de proposer une forme de plongée adaptée en fonction du développement et des besoins de l'enfant.

Elle laisse le moniteur libre et responsable de ses choix, en liaison avec les parents et le médecin de famille.

Au **SNMP** (voir pages 68 à 70), la plongée est proposée à partir de 8 ans. A l'avenir cette limite d'âge pourrait être réétudiée. En effet, le SNMP en collaboration avec l'ARPE[1] est en train d'élaborer un cursus de formation enfant.

L'**ARPE**[1] créée en 1986 est une association qui a pour but de développer la "plongée enfant".

Elle regroupe des moniteurs de plongée, dirigeants sportifs, enseignants et chercheurs autour d'une même passion : la plongée subaquatique enseignée aux enfants.

[1] ARPE (Association de réflexion pour la Plongée Enfant) - 87, rue Brantone - 24000 Périgueux - France
Tel./Fax 05 53 08 54 97 - Minitel : 36.15 PLONGE code ARPE - Internet : http://www.aquanaute.com/arpe

Elle oriente son action dans trois directions :
- la formation de cadres spécialisés : elle organise tous les ans un stage national sur l'enseignement de la plongée aux enfants.
- la recherche dans le domaine de la plongée enfant : elle met sur pied des études spécifiques en collaboration avec le corps médical et les fabricants de matériel de plongée.
- l'information du grand public et l'organisation de rencontres telles que les Journées Européennes de la Plongée Enfant (JEPE) qui regroupent chaque année de jeunes plongeurs européens.

L'ARPE se refuse à définir un cursus rigide, qu'elle considère inadapté aux diversités et aux évolutions irrégulières des enfants. En particulier, elle n'a jamais créé de brevets. Elle insiste sur l'attitude nécessairement active des moniteurs, attentive et souple, en phase avec les envies et les facultés des enfants. Dans la mesure où elle propose une activité qui est adaptée aux capacités de l'enfant, l'ARPE n'impose pas de limite d'âge.

En Belgique francophone...

La **LIFRAS** (voir pages 53 à 55) propose la "plongée enfant" à partir de l'âge de 8 ans.

Elle organise des séminaires de formation de moniteurs avec qualification enfant.

Elle a élaboré un cursus de formation à l'intention des enfants :

NIVEAUX ET QUALIFICATIONS PLONGÉE ENFANT LIFRAS*

NIVEAUX ENFANTS 	**Dauphin de bronze** • Dès 8 ans **Dauphin d'argent** • Dès 8 ans **Dauphin d'or** • Dès 8 ans
QUALIFICATIONS ENFANTS 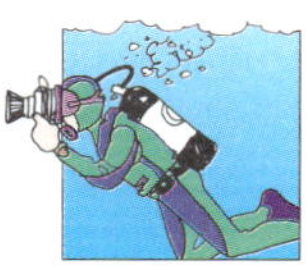	**Palanquée** **Bateau 1** **Bateau 2** **Gilet** **Archéologie** **Biologie** **Photographie sous-marine**

Réalisé d'après une communication personnelle de M. Jean Rondia, responsable de l'enseignement à la LIFRAS.

Il a été conçu à l'intention de l'enfant un carnet de plongée afin qu'il y consigne ses observations et qu'il dessine ses plongées.

A Monaco...

La **FMAS** (voir pages 56 à 57) mène des actions de formation à l'intention de jeunes scolaires en collaboration avec l'éducation nationale monégasque et les écoles de Menton. Elle leur propose trois séances en piscine et un baptême en mer dans la réserve de Larvotto.

De plus, elle organise des baptêmes de plongée notamment à l'intention des enfants aux mois de juillet et d'août à la plage de Larvotto et toute l'année à la jetée du Port de Monaco.

Au Québec...

La plongée enfant au sein de la **FQAS** (voir pages 58 à 60) n'est réalisée pour l'instant qu'à titre expérimental dans certaines de ses structures, en collaboration avec des spécialistes.

En Suisse romande...

La **FSSS** (voir pages 61 à 63) accueille les enfants à partir de 7-8 ans.

Les enfants sont recrutés sur la base d'un parcours de 25 mètres qu'ils doivent être capables de réaliser sans arrêt et sans s'essouffler.

Sept niveaux définissant des capacités vont jalonner et sanctionner la progression de l'enfant jusqu'à l'âge de 12 ans.

NIVEAUX PLONGÉE ENFANT FSSS*

NIVEAUX ENFANTS

Canard
Attribué à l'inscription

Castor
Attribué après une année de cours assidus

Otarie

Dauphin

Poisson-clown

Poisson-ange

Poisson-empereur

*D'après une communication de M. Édi Lochbronner, directeur de la FSSS et d'après l'étude : "la plongée des enfants" de M. Guy Tourade - juin 1996 - Club Calypso de Genève.

DES CONDITIONS DE PRATIQUE ADAPTÉES

- Un suivi médical

Le rôle du médecin est primordial, il appréciera l'aptitude de l'enfant après un examen médical approfondi et une discussion avec l'enfant et ses parents.

L'entretien de l'enfant accompagné de ses parents est souhaitable afin de rechercher ses véritables motivations.

Il assurera aussi un suivi médical de l'enfant en relation avec l'équipe d'éducateurs et les parents.

Un certain nombre de pièces administratives seront demandées à l'enfant en plus du certificat médical : il s'agit de l'autorisation parentale et de la licence ou assurance (voir pages 125 à 128).

Lire en complément "la visite médicale" pages 120 à 123.

En France...

Au sein de la **FFESSM** (voir pages 44 à 47), l'enfant doit passer une visite médicale initiale en consultant un médecin spécialiste O.R.L. et un médecin fédéral ou hyperbare.

Ces derniers délivreront conjointement, selon le cas, un certificat médical de non contre-indication à la pratique de la plongée en scaphandre autonome.

Par la suite, l'enfant devra passer une visite médicale d'une périodicité variable de six ou douze mois jusqu'à 12 ans (selon l'avis du médecin examinateur). Cette visite médicale sera effectuée par un médecin fédéral ou hyperbare.

La commission nationale médicale de la FFESSM diffuse un livret médical à l'intention des parents et enfants afin de faciliter le suivi médical de l'enfant.

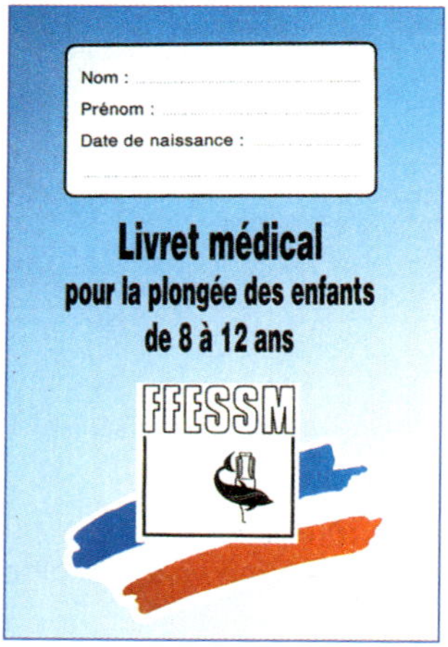

La **FSGT** (voir pages 50 à 51) demande à l'enfant de passer une visite médicale annuelle et s'attache à ce qu'un véritable suivi médical de l'enfant soit réalisé en collaboration avec le moniteur, la structure et les parents.

L'**ARPE** (voir pages 78 à 79) préconise une visite médicale annuelle, de préférence réalisée par un médecin du sport ayant des compétences ORL.

Elle recommande aussi la réalisation d'un audiogramme de dépistage surtout lors de la première visite et chaque fois que cela s'avère nécessaire : douleurs d'oreilles, problèmes d'audition ...

En Belgique francophone...

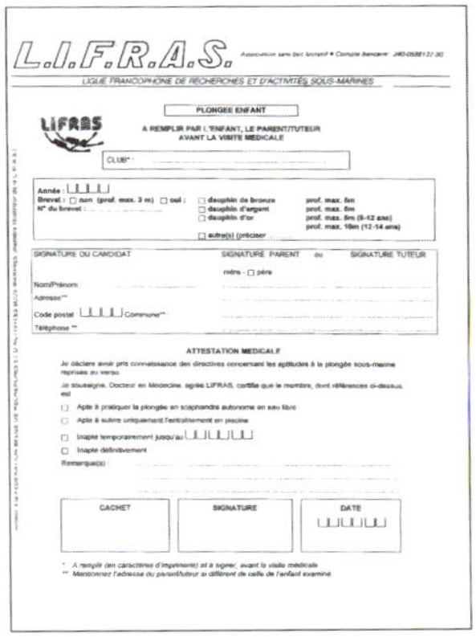
L.I.F.R.A.S.

LIGUE FRANCOPHONE DE RECHERCHES ET D'ACTIVITÉS SOUS-MARINES

PLONGEE ENFANT

A REMPLIR PAR L'ENFANT, LE PARENT/TUTEUR AVANT LA VISITE MEDICALE

CLUB* :

Année :
Brevet : ☐ non (prof. max. 3 m) ☐ oui : ☐ dauphin de bronze prof. max. 5m
N° du brevet : ☐ dauphin d'argent prof. max. 5m
☐ dauphin d'or prof. max. 5m (8-12 ans) prof. max. 10m (12-14 ans)
☐ autre(s) (préciser

SIGNATURE DU CANDIDAT — SIGNATURE PARENT ou SIGNATURE TUTEUR
mère - ☐ père
Nom/Prénom :
Adresse**
Code postal Commune**
Téléphone **

ATTESTATION MEDICALE

Je déclare avoir pris connaissance des directives concernant les aptitudes à la plongée sous-marine reprises au verso.

Je soussigné, Docteur en Médecine, agréé LIFRAS, certifie que le membre, dont références ci-dessus, est

☐ Apte à pratiquer la plongée en scaphandre autonome en eau libre
☐ Apte à suivre uniquement l'entraînement en piscine
☐ Inapte temporairement jusqu'au
☐ Inapte définitivement

Remarque(s) :

CACHET	SIGNATURE	DATE

* A remplir (en caractères d'imprimerie) et à signer, avant la visite médicale
** Mentionnez l'adresse du parent/tuteur si différent de celle de l'enfant examiné

Au niveau de la **LIFRAS** (voir pages 53 à 55), les jeunes plongeurs doivent passer une visite médicale annuelle d'aptitude à la pratique. Les parents de l'enfant sont invités à répondre à un questionnaire, relatif aux différentes contre-indications, qu'ils pourront être amenés à contresigner.

En Suisse Romande...

La **FSSS** (voir pages 61 à 63) recommande à l'enfant de passer une fois par an une visite médicale de non contre-indication pour pratiquer en piscine. Elle précise que le médecin généraliste devra être de préférence plongeur lui-même.

Par contre, le certificat médical devient obligatoire pour la plongée en milieu naturel.

- Un matériel adapté

Il est important que le matériel qu'utilisent les enfants soit adapté à leurs morphologie et physiologie.

Il existe notamment un risque pour la colonne vertébrale du jeune enfant qui porterait une charge lourde telle qu'une bouteille pour adulte. De nos jours, de nombreux fabricants proposent un matériel qui tient compte de ce cahier des charges, même si certains équipements peuvent être encore améliorés.

Les bouteilles seront légères et de petites tailles, équipées d'un manomètre. Un narguilé[1] pourra être aussi utilisé.

Le détendeur léger en bouche devra si possible posséder un embout silicone adapté à la bouche de l'enfant.

Le gilet stabilisateur devra être ajusté à sa morphologie. Les palmes seront légères, courtes et à sa taille. Le masque devra être parfaitement adapté et permettre de se pincer facilement le nez.

La taille du tuba devra être appropriée afin de limiter les risques d'essoufflement. Il devra tenir facilement en bouche, sans blesser les gencives.

Pour finir, l'enfant possède dans l'eau une moins bonne protection contre le froid que l'adulte. Pour cette raison, la protection isothermique revêt une grande importance sous nos latitudes. L'enfant devra porter une combinaison complète (gants et chaussons compris) adaptée à sa taille, bien ajustée et suffisamment épaisse.

- Une équipe pédagogique formée aux spécificités de la plongée enfant

Les moniteurs qualifiés devront être formés à la "plongée enfant" et mettre en place un programme éducatif qui tient compte du développement de l'enfant.

Même si la présence des parents, pour certains, n'est plus indispensable à partir de 7-8 ans, d'autres éprouveront le besoin de leur présence afin de calmer les petites angoisses du début.

Il est primordial qu'un contexte affectif réconfortant soit créé avec ou sans les parents afin de renforcer la motivation et favoriser l'apprentissage.

Au minimum, un dialogue doit s'établir entre l'équipe pédagogique et les parents afin d'assurer un suivi affectif de l'enfant.

L'enfant n'est pas un adulte en réduction, donc une pédagogie destinée aux adultes n'est pas adaptée. La plongée enfant n'a pas pour finalité de former un enfant à la plongée. Elle doit plutôt être considérée comme un moyen socio-éducatif, de découverte et de jeu afin d'accoutumer l'enfant à l'eau.

[1] *Narguilé : deuxième détendeur avec un long tuyau permettant à l'enfant de respirer sous l'eau tout en étant rattaché au moniteur et lui évitant le port d'une bouteille de plongée.*

La pédagogie retenue doit être progressive et tenir compte des spécificités de l'enfant en situation d'apprentissage.

Si l'adulte intellectualise, l'enfant, lui, est à la recherche d'une grande variété de situations amusantes pour pratiquer avec plaisir et progresser dans la découverte de l'élément aquatique. Un ensemble d'aides pédagogiques (cerceaux, ballons, tapis, photographies plastifiées et lestées...) sera utilisé pour aménager le milieu afin de mettre en place les situations éducatives.

L'enfant ne supporte pas les explications ou démonstrations fastidieuses qui l'ennuient et qui ne répondent pas à sa motivation.

Le moniteur devra être à l'écoute de l'enfant, sa motivation sera un indicateur précieux pour mesurer l'adéquation entre l'enseignement et les besoins de l'enfant.

Ce type d'expérience bien menée ne pourra en outre que créer chez l'enfant un renforcement positif de sa motivation vis-à-vis de l'activité et développer son aisance aquatique.

A partir de 12-14 ans, il pourra poursuivre sa découverte de l'activité en préparant le niveau 1 / plongeur ☆.

• Une sécurité adaptée

Les particularités cardio-vasculaires et pulmonaires de l'enfant n'étant pas les mêmes que celles de l'adulte, l'utilisation des tables de plongée conçues pour les adultes est dangereuse.

Pour cette raison, la profondeur d'évolution de l'enfant devra être limitée en fonction de l'âge. D'autre part, le temps d'immersion devra être réduit en fonction des conditions de température.

Le site en milieu naturel devra être choisi avec la plus grande attention car il conditionne la sécurité et le plaisir de l'enfant.

L'endroit devra être facile d'accès, calme, de faible profondeur avec une eau claire et de préférence riche en faune.

L'effectif des enfants confié au moniteur devra être réduit.

En France...

Il n'existe pas de réglementation spécifique "plongée enfant", par contre chaque organisme a défini des conditions de pratique.

La **FFESSM** (voir pages 44 à 47) a défini des consignes de sécurité et des normes de pratique enfant :

CONSIGNES DE SÉCURITÉ ENFANTS FFESSM*

1. Il faut être capable de nager, sans équipement, une distance de 25 mètres.
2. **Le baptême** :
   - le baptême s'effectue avec un moniteur pour un élève. La durée de l'immersion pourra être d'environ une vingtaine de minutes.
3. La plongée **en milieu naturel et fosse** :
   - La plongée s'effectue avec un moniteur pour un élève.
   - La plongée peut s'effectuer avec un moniteur et deux élèves, si les deux élèves possèdent la qualification "palanquée" (voir page 77).
4. La plongée **en milieu artificiel** :
   - La plongée peut s'effectuer avec un moniteur pour trois élèves au plus.
5. Si la **température** de l'eau est inférieure à 25°C, une protection thermique appropriée est obligatoire.
6. La plongée dans une eau de température inférieure à 12°C est interdite. A 12°C, le temps de plongée ne pourra excéder 10 minutes.
7. En fonction des conditions de température et du contexte, la durée de la plongée ne pourra excéder 25 minutes.
8. Jusqu'à 12 ans, l'enfant n'effectue qu'une seule plongée par jour.
9. En cas d'incursion au-delà de l'espace proche (zone de 0 à 5 mètres), il est conseillé de ne pas effectuer toute la durée de la plongée à la profondeur maximum.
10. **Encadrement** nécessaire en fonction de la zone d'évolution :
    - Encadrement niveau 1, pour la zone des moins de 5 mètres.
    - Encadrement niveau 2, pour la zone supérieure à 5 mètres.

** D'après "La plongée à partir de 8 ans" FFESSM - 1996*

NORMES DE PRATIQUE ENFANTS FFESSM*

ÂGE	BAPTÊME	PLONGEUR Bronze/Argent	PLONGEUR Or	BREVET ÉLÉMENTAIRE
8-9 ans	Zone des 2 mètres	Zone des 5 mètres	-	-
9-10 ans	Zone des 2 mètres	Zone des 5 mètres	-	-
10-12 ans	Zone des 3 mètres	Zone des 5 mètres	Zone des 5 mètres	-
12-14 ans	Zone des 3 mètres	Zone des 5 mètres	Zone des 10 mètres Qualification Palanquée obligatoire	Voir les prérogatives du niveau 1. Selon l'appréciation du moniteur

* Extrait de "la plongée à partir de 8 ans" - FFESSM - 1996

L'ARPE et la FSGT (voir pages 50 à 51 et 78 à 79) préconisent de prendre en compte des conditions de pratique en fonction de l'âge de l'enfant :

CONDITIONS DE PRATIQUE ENFANTS ARPE-FSGT*

Âge	Profondeur maximale	Durée maximale	Nombre de plongée par jour
6-8 ans	3 mètres	10 minutes	1
8-10 ans	5 mètres	15 minutes	1
11-12 ans	8 mètres	20 minutes	1
12-14 ans	10 mètres	25 minutes	1 à 2
adolescent avant puberté	15 mètres	30 minutes	2 Avec temps et profondeur réduits pour la 2e plongée
adolescent après puberté	20 mètres		

* Réalisées par le Club Intercommunal des Sports Nautiques du Val d'Oise (CISN), extraites du livre "L'enfant et la plongée", de Jean-Jacques Gauthier, éditions Amphora et publiées dans la revue Sport et Plein air - n° 418 - avril 1997.

En Suisse Romande...

La **FSSS** (voir pages 61 à 63) préconise des règles impératives de sécurité. Il s'agit là des règles que l'on se doit d'appliquer systématiquement et sans exception.

RÈGLES DE SÉCURITÉ ENFANTS FSSS*

1. **Jusqu'à 12 ans**, une seule plongée par jour.
2. **Jusqu'à 12 ans**, un seul enfant par moniteur.
3. **Après 12 ans**, possible : deux plongées par jour, deux enfants par moniteur.
4. **En lac** : • Appliquer la règle : 1 mètre et 1 minute par année d'âge. (soit pour un enfant de 8 ans : 8 mètres et 8 minutes).
5. **En Méditerranée :** • Appliquer la règle : 1 mètre et 1' 30" à 2' par année d'âge.
6. **En mer chaude :** • Appliquer la règle : 1 mètre et 2' à 2' 30" par année d'âge.

Ce sont là des maxima à ne pas dépasser. Il n'est pas non plus obligatoire de les atteindre systématiquement : surtout, ne pas valoriser la profondeur !

* d'après une communication personnelle de M. Édi Lochbronner, directeur de la FSSS et l'étude de M. Guy Tourade : "la plongée des enfants" - Juin 1996 - Club Calypso de Genève.

4. LA PLONGÉE HANDISPORT

4 LA PLONGÉE HANDISPORT

Le handicap ne constitue pas une barrière à la pratique de la plongée, les personnes handicapées peuvent s'adonner à ce loisir en fonction de leur handicap et dans des conditions de pratique adaptées. Nous n'évoquerons à la suite que le cas des handicapés moteurs, le handicap dit mental étant incompatible avec une pratique suivie de la plongée qui constitue dans ce cas précis une activité à risques.

LES BIENFAITS DE LA PLONGÉE CHEZ LES HANDICAPÉS

La plongée n'est pas un sport de compétition mais un loisir de pleine nature. Il n'est pas question de se mesurer aux autres mais de progresser soi-même dans sa propre maîtrise.

La plongée constitue pour la personne handicapée une activité récréative valorisante qui peut concourir à son épanouissement.

Elle peut lui permettre de surmonter en partie son handicap, de progresser, en accédant à une plus grande autonomie, source de satisfaction personnelle.

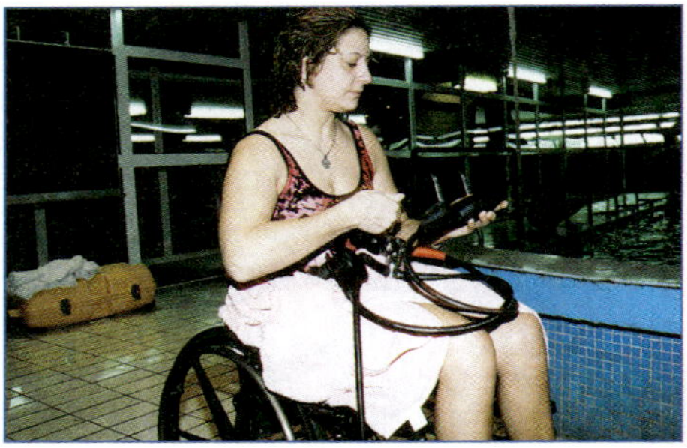

En effet, sous l'eau, comme par magie, les contraintes du déplacement terrestre n'existent plus. Le fait d'évoluer dans les trois dimensions de l'espace aquatique avec cette sensation de flottement comme si le corps ne pesait plus procure une formidable sensation de liberté retrouvée.

La plongée rend l'handi-plongeur acteur comme le valide dans la découverte de sensations nouvelles et d'un monde nouveau riche d'intérêts.

Les échanges avec d'autres pratiquants valides ou non qui partagent une passion commune dans un climat relationnel particulier constituent un moyen d'intégration sociale qui permet de redonner une certaine confiance en soi et le plaisir d'appartenir à une même famille, celle des plongeurs.

Comme le dit si bien Gabriel Larondelle, Directeur Technique Fédéral à la FFH (voir page 52), "il n'y a pas de plongée pour les valides ou handicapés, mais des plongeurs tous différents les uns des autres".

La passion chez certains est si forte qu'elle les pousse même à la faire partager à d'autres.

Quelques-uns deviennent même moniteurs et enseignent la plongée aux plongeurs valides.

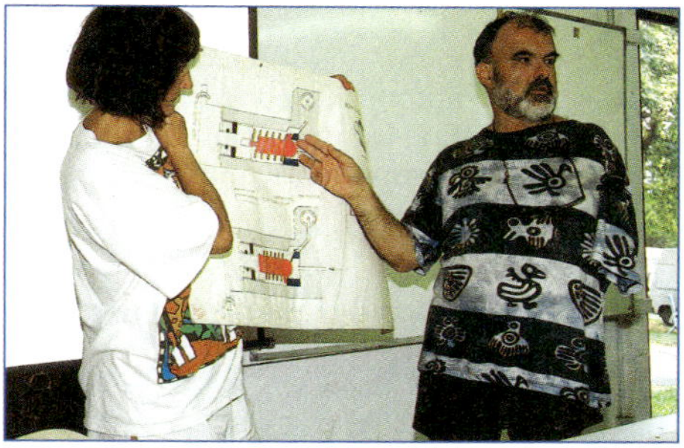

LES PRINCIPAUX HANDICAPS MOTEURS

Les paraplégiques

Ce handicap correspond à une paralysie plus ou moins étendue des membres inférieurs. Il s'accompagne le plus souvent d'un déficit sensitif de la région paralysée. Des troubles sphynctériens source d'incontinence sont associés.

Le paraplégique qui n'a plus de sensibilité est particulièrement exposé aux blessures (escarres) qui mettent du temps à cicatriser.

Pour cette raison, ses membres inférieurs doivent être absolument protégés.

D'autre part, la circulation est moins bonne dans les territoires situés sous la lésion et la déperdition calorifique est accrue.

Le déplacement terrestre de ces personnes nécessite l'utilisation d'un fauteuil roulant.

Les tétraplégiques

Ce handicap correspond à une paralysie des quatre membres. En plus des remarques déjà formulées pour le paraplégique, il faut souligner la plus grande dépendance conséquente à ce type de handicap.

La poliomyélite

Elle se caractérise par des déficits musculaires accompagnés d'une atrophie de certains muscles.

Cette atrophie s'accompagne le plus souvent de déformations : scoliose, pied équin... Il n'y a pas de troubles de la sensibilité ou sphinctériens.

Le plus souvent, les personnes atteintes de ce handicap ont une excellente autonomie.

Les maladies musculaires ou neuro-musculaires

Les myopathies et polymyosites se caractérisent par une atteinte du muscle.

Les myopathies dont l'apparition, l'évolution et la localisation sont variables provoquent un déficit moteur important qui limite considérablement l'autonomie dans la vie de tous les jours.

Les polymyosites sont des maladies inflammatoires qui entraînent une faiblesse musculaire au niveau de la racine des muscles.

Les amputés

L'amputation qui peut concerner les différents membres peut être congénitale ou acquise. L'autonomie fonctionnelle dépend des membres atteints :

- amputations simples ou multiples
- membres supérieurs, inférieurs ou une association des deux.

Les mal voyants

Ils ne présentent pas de problèmes moteurs mais possèdent un déficit de la perception visuelle.

LA VISITE MÉDICALE ET LES CONTRE-INDICATIONS MÉDICALES

La visite médicale sera effectuée par un médecin fédéral de plongée ou handisport ou du sport. Elle sera la même que pour les gens valides (voir pages 120 à 123) mais devra prendre en compte les contre-indications ou restrictions propres au handicap.

Vous trouverez à la suite à titre d'exemple, la classification en cinq catégories en vigueur au niveau de la F.F.H. et de la FFESSM (voir pages 44 à 47 et 52). En fonction de son handicap et de son autonomie fonctionnelle, la personne handicapée correspond à une catégorie de pratique :

CLASSIFICATION EN 5 CATÉGORIES

réalisée par le Docteur GASCOU (F.F.H.) et le docteur SEYER (FFESSM)

Catégorie A	**Plongeur sachant assurer sa sécurité, celle des autres sans modification de matériel.** • amputé tibial • amputé unilatéral membre supérieur (main) • polio (certains) • paracétique (paraplégique récupéré) "limité 20 m"
Catégorie A 1	**Plongeur sachant assurer sa sécurité, celle des autres avec modification du matériel.** • amputé fémoral unilatéral • paraplégique bas • polio • plexus • bi-amputé tibial • amputé unilatéral membre supérieur (avant bras) • infirme moteur cérébral little
Catégorie B	**Plongeur sachant assurer sa sécurité, sans modification de matériel.** • amputé fémoral d'un côté et tibial de l'autre • paraplégique haut (D2 - D12)
Catégorie B 1	**Plongeur sachant assurer sa sécurité, avec modification de matériel.** • amputé bi-fémoraux • mal voyant • amputé bi avant-bras
Catégorie C	**Le plongeur connaît les techniques de base mais ne peut assurer seul sa sécurité.** • amputé membre supérieur bilatéral • amputé membre inférieur + supérieur (homo ou bilatéral) • tétraplégique • non voyant

Les contre-indications seraient : myopathies, traumatismes crâniens, sclérose, hémiplégies (restrictions limitées), autres formes d'Insuffisance Motrice d'Origine Cérébral (athétosique...) sous traitement médical et avec retard mental, comitialité, handicap mental.

UN ENCADREMENT ET UNE PRATIQUE ADAPTÉE

L'encadrement doit être impérativement formé aux spécificités de la plongée handisport.

Le lieu d'embarquement ou de mise à l'eau doit être accessible aux handicapés qui se déplacent en fauteuil roulant.

Bien que l'handi-plongeur se fasse un point d'honneur à s'équiper seul, une certaine aide est parfois nécessaire.

Les paraplégiques et tétraplégiques qui n'ont plus de sensibilité sont particulièrement exposés aux blessures et au refroidissement d'où l'importance qu'ils soient équipés d'une combinaison de plongée même en piscine.

Leur sensibilité au froid et leur physiologie circulatoire spécifique nécessitent d'adapter le temps et la profondeur de plongée :

- paraplégiques : plongées limitées à 20 minutes et à une profondeur de 20 mètres
- tétraplégiques : plongées limitées à 10-15 minutes et à une profondeur de 10 mètres.

Les conditions de plongée liées au milieu devront être adaptées du point de vue de la sécurité en tenant compte du handicap et du niveau du plongeur. En fonction de son handicap et de son autonomie (voir page 92), l'handi-plongeur doit être encadré en plongée par un à deux (cas du tétraplégique) accompagnateurs compétents.

La sortie de l'eau, en fonction du type de bateau et du handicap demande, selon le cas, l'aide d'un tiers.

LES DIFFÉRENTS ORGANISMES DE FORMATION A LA PLONGÉE HANDISPORT

En France...

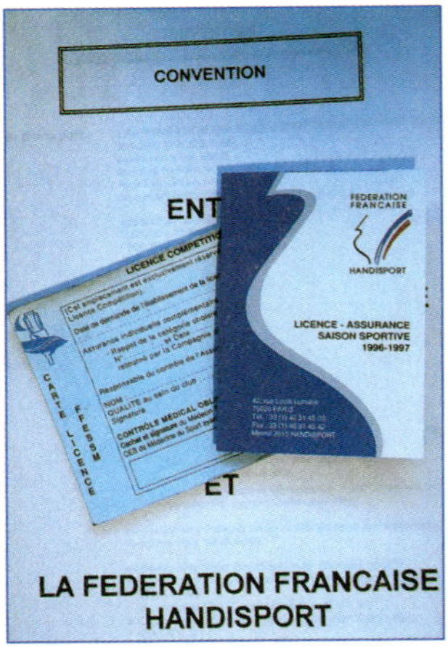

La FFH et la FFESSM (voir pages 52 et 44 à 47) ont signé une convention en 1994 qui permet à l'handi-plongeur de ne prendre qu'une licence FFH ou FFESSM pour pratiquer dans une structure de l'une des deux fédérations.

Pour se former, l'handi-plongeur dispose de deux alternatives :

- un moniteur possédant la qualification handisport est présent dans sa structure et le forme à la pratique et à la théorie de la plongée.
- aucun moniteur qualifié n'est présent dans sa structure, dans ce cas précis, il doit s'inscrire à un stage spécialisé "plongée handi-sport" qui a lieu 2 à 3 fois par an[1].

Ces stages ne sont pas ouverts qu'aux plongeurs isolés mais s'adressent à tous. Ils permettent de se retrouver et d'échanger réflexions et expériences.

[1] *Contacter à ce sujet M. Gabriel Larondelle, Directeur Technique Fédéral (DTF) en plongée à la FFH : 11 bis rue des Portes Rouges - 35400 ST-MALO - France - Tel. 02 98 82 33 66*

En Belgique francophone...

La LIFRAS, ligue francophone (voir pages 53 à 55) ne propose pas pour l'instant la plongée aux handicapés, par contre la NELOS (voir page 53), ligue néerlandophone accueille les plongeurs handicapés et organise des formations pour l'encadrement et les plongeurs.

A Monaco...

La FMAS (voir pages 56 à 57) ne propose pas la plongée à l'intention des handicapés mais l'envisage pour l'avenir.

Au Québec...

La FQAS (voir pages 58 à 60) intègre les handicapés dans le cadre de ses formations classiques (voir page 59) mais détermine en fonction des capacités du plongeur un cadre de pratique et des prérogatives adaptées.

Le plongeur rentre dans des catégories A/B/C qui correspondent à des restrictions aux prérogatives correspondantes à un niveau de pratique.

Par contre, les formateurs qui dispensent ces cours mixtes sont sensibilisés et formés aux spécificités du handicap en plongée.

En Suisse Romande...

En Suisse, la FSSS (voir pages 61 à 63) a passé un accord avec l'IAHD™ (International Association for Handicapped Divers) qui forme les handi-plongeurs et l'encadrement aux spécificités de la plongée handisport.

Cette organisation propose trois niveaux de formation de plongeur :

NIVEAUX	CAPACITÉS
Plongeur en milieu naturel : niveau 1	**Plongeur capable de réaliser des performances physiques en relation avec ce niveau et capable de porter assistance en plongée à son partenaire.** Ce plongeur peut plonger avec n'importe quel autre plongeur certifié.
Plongeur en milieu naturel : niveau 2	**Plongeur capable de réaliser des performances physiques en relation avec ce niveau et capable d'assurer sa propre sécurité en plongée.** Ce plongeur peut plonger avec n'importe quel autre plongeur certifié à condition d'être accompagné lors de ses plongées de deux plongeurs assistants.
Plongeur en milieu naturel : niveau 3	**Plongeur qui a réalisé le cours de plongeur en milieu naturel et qui a démontré qu'il savait utiliser son matériel en plongée, en sécurité.** Incapable de porter assistance à un partenaire, il devra être accompagné lors de ses plongées de deux plongeurs brevetés dont l'un au moins aura réalisé une formation IAHD™.

5. UNE ADAPTATION NÉCESSAIRE

5 UNE ADAPTATION NÉCESSAIRE

Nous vivons dans un milieu spécifique appelé : milieu terrestre. Nous respirons un mélange gazeux, l'air qui nous environne. Nous subissons la force de gravité et la pression atmosphérique*. L'énergie solaire, dont une partie est absorbée par la couche d'ozone de l'atmosphère, nous fournit la lumière et la chaleur nécessaires à la vie, rythmée par l'alternance des jours et des nuits. Il existe un autre milieu qui occupe les 4/5 de la surface du globe terrestre : le milieu aquatique. Ne vivant pas dans ce milieu, nous sommes obligés de nous y adapter.*

LE MILIEU AQUATIQUE

En eau douce ou salée, le plongeur est soumis à de multiples contraintes : la pression exercée par l'eau (pression hydrostatique), la poussée d'Archimède (poussée verticale dirigée de bas en haut, agissant sur un corps immergé, en fonction du volume déplacé). Les vents laissent place aux courants, aux vagues, à la houle, au rythme des marées. Plus on pénètre ce milieu, plus la chaleur et la lumière diminuent. On a tendance à ne prendre en compte que la profondeur pour estimer la difficulté d'une plongée. Il existe d'autres paramètres énumérés ci-après.

** Force de gravité : elle résulte de l'attraction terrestre, exercée sur un corps. Quand vous lâchez un objet d'une certaine hauteur, il tombe.*
Pression atmosphérique : pression résultant de l'action de la couche atmosphérique entourant la terre (voir page 158).

VISIBILITÉ

–

Eau claire
(visibilité égale à la profondeur)

+

Eau trouble

Lumière

–

Plongée de jour

+

Plongée de nuit

Température

–

Eau chaude

+

Eau froide
(plongée sous glace)

Espace d'évolution

–

Proximité de la surface

+

Profondeur adaptée
à votre niveau de plongée

Contours du milieu

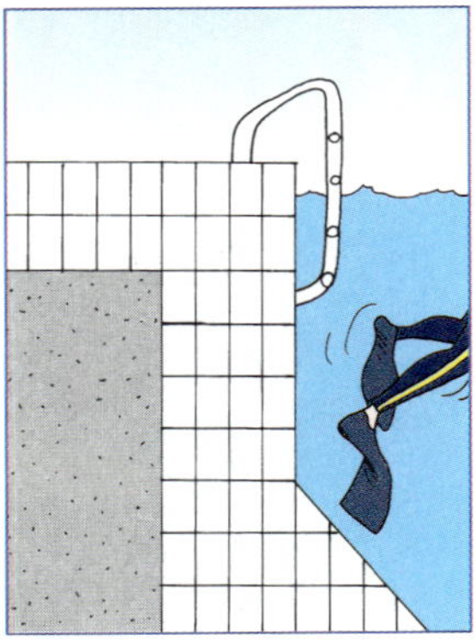

–

Contours visibles (piscine)

+

Contours non visibles (pleine eau)

Accès à la surface

–

Accès direct (plongée en eau libre)

+

Accès indirect (plongée spéléo)

Agitation

–

Eau calme, plate

+

Eau agitée, creusée

–
Pas de courant

+
Courant opposé à la progression

Ces paramètres caractérisent des milieux différents :

- **le milieu artificiel** est peu variable et plus facile à maîtriser. Il est idéal pour vos débuts car vous vous y adapterez plus facilement (piscine, fosse...) ;
- **le milieu naturel**, très variable selon le lieu, est plus ou moins difficile à maîtriser. Il devra être choisi judicieusement suivant votre niveau.

Il est préférable de vivre sa première plongée en piscine où l'eau est chaude, calme, claire, délimitée par des bords plutôt que dans un lac où l'eau stagnante est trouble et froide.

Par ailleurs, le savoir-faire que vous aurez acquis au début dans un milieu peu difficile (piscine ou milieu naturel aménagé), sera constamment remis en question au fur et à mesure que votre moniteur vous confrontera à un milieu de plus en plus contraignant (milieu naturel).

Plonger signifie que nous devons vivre plus ou moins longtemps dans cet élément, ce qui implique de nous adapter à ce nouveau milieu.

LES PRINCIPALES ADAPTATIONS

Les principales adaptations que nous devrons subir en étant sous l'eau seront de trois types.

PHYSIOLOGIQUE

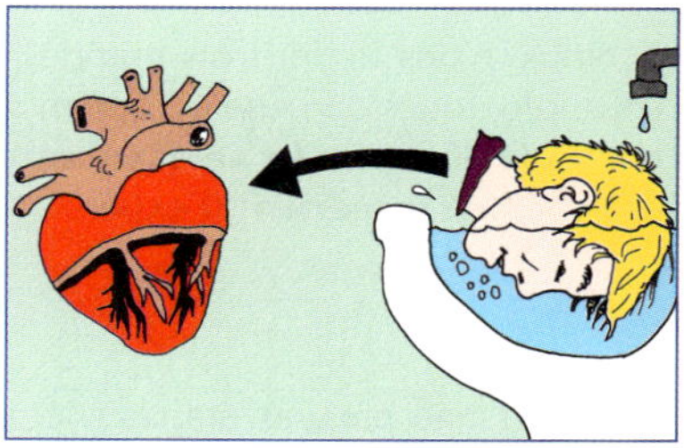

La plupart des processus relatifs à l'adaptation physiologique sont inconscients, réflexes. Mais la bonne santé de l'individu facilitera cette adaptation : d'où le rôle de dépistage de l'examen médical (voir pages 120 à 123).

La prise de conscience des limites de son organisme évitera des accidents.

Matérielle

L'adaptation matérielle sera conditionnée par le choix et l'utilisation d'un matériel adéquat (voir pages 129 à 136).

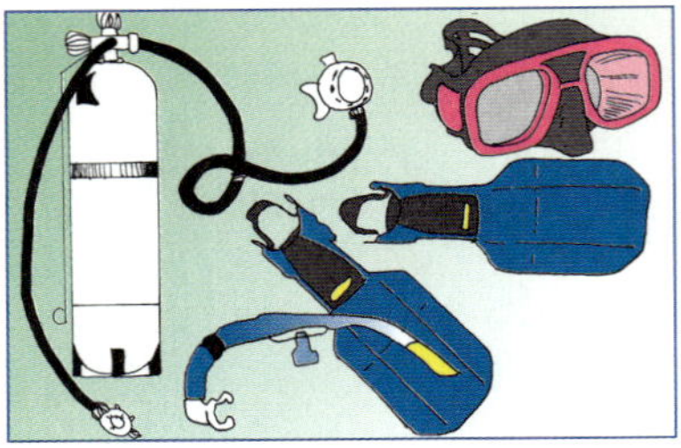

Comportementale

C'est l'adaptation la plus importante d'un point de vue éducatif ; elle est liée au comportement à acquérir pour vivre sous l'eau, résultat de l'apprentissage, d'où le rôle essentiel du moniteur et de ce livre comme guide.

LES DIFFÉRENTES ÉTAPES

Le débutant possède parfois un certain vécu aquatique (natation...). Il va devoir néanmoins adapter son comportement au milieu pour tendre à l'extrême, vers le stade d'expert.

Cette adaptation n'est pas spontanée et immédiate. Tout au long de son apprentissage, le plongeur va passer par différents stades d'évolution. Il pourra même régresser s'il abandonne la pratique pendant un certain temps.

Nous avons défini trois grandes étapes chronologiques de cette évolution : **le terrien** (débutant), **le terrien immergé** (débrouillé), **le mérien*** (l'expert).

Le passage par ces étapes successives est associé à des repères caractéristiques du comportement et du savoir-faire du plongeur.

** mérien : expression empruntée à Jacques Rougerie.*

6. LE BAPTÊME EN SCAPHANDRE AUTONOME

6 LE BAPTÊME EN SCAPHANDRE AUTONOME

Vous allez vivre votre première incursion sous l'eau avec un scaphandre autonome ; par la suite, vous déciderez d'apprendre ou non à plonger. Votre moniteur est là pour répondre à l'ensemble de vos interrogations en ce qui concerne l'activité et sa pratique.

POUR RÉUSSIR VOTRE BAPTÊME : vous devez être capable de rester immergé une dizaine de minutes sous l'eau, sans refaire surface, et d'évoluer au fond.

VOUS DEVEZ RÉALISER CET EXERCICE : de jour, en eau calme, avec une visibilité égale à la profondeur, inférieure ou égale à 3 mètres, avec de nombreux points d'appuis.

- Vous êtes équipé si possible d'un gilet de remontée, gonflé à l'aide d'un direct-system, contrôlé par votre moniteur.

- Descendez à l'échelle après votre moniteur et mettez votre bouteille dans l'eau.

- Respirez normalement durant l'ensemble de la plongée.

- Ne retirez votre détendeur que lorsque vous êtes sur la terre ferme.

LA COMMUNICATION : LES SIGNES DE BASE

Pour communiquer sous l'eau, on utilise les signes comme langage.

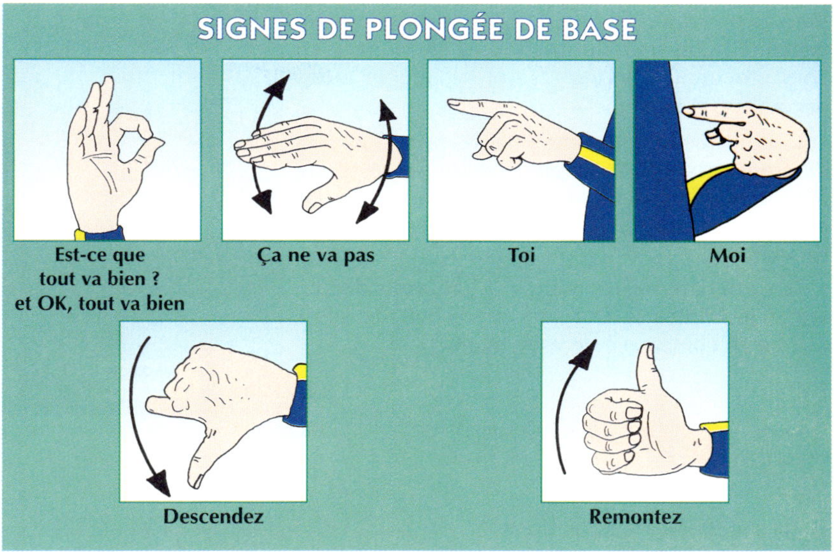

Vous devez connaître et utiliser ces quelques signes de base, qui vous serviront par la suite. Plus tard, nous verrons d'autres signes élémentaires (voir page 233 à 234).

A LA DESCENTE

Équilibrez vos oreilles (voir page 205) dès les premiers mètres, régulièrement, chaque fois que vous ressentez une légère gêne au niveau des oreilles.

Soufflez régulièrement dans votre masque.

A LA REMONTÉE

Insistez légèrement sur l'expiration.

DIFFICULTÉS

- **Si vous avez des difficultés à équilibrer vos oreilles**

Après avoir réalisé une manœuvre de Valsalva, n'hésitez pas à demander à votre moniteur de remonter et de remettre votre baptême à plus tard.

- **Si vous ressentez une douleur au front ou sous les yeux**

Renoncez à plonger ce jour-là, remettez à plus tard votre baptême.

UNE DÉCOUVERTE DE LA PLONGÉE EN VIDÉO

Vous pourrez découvrir en images le monde sous-marin et la diversité des pratiques en plongée en vous procurant la vidéo : "La plongée pour tous : découverte et baptême".

Cette cassette vous permettra d'approfondir les différents aspects de la plongée sous-marine, en répondant à l'ensemble des questions que vous pouvez vous poser pour vous initier à ce loisir passionnant.

D'autre part, sur les traces d'Alizé, vous découvrirez le baptême, votre première ballade sous-marine en compagnie de votre moniteur.

Où se procurer les vidéos "La plongée pour tous" ?

- chez votre revendeur de matériel de plongée habituel
- aux Éditions du Plaisancier - BP 27 - 69641 CALUIRE Cedex - France Tel. 04 78 23 31 14 - Fax 04 78 23 48 16

7. LA PRÉPARATION AU NIVEAU 1 - PLONGEUR ☆

7 LA PRÉPARATION AU NIVEAU 1 PLONGEUR ☆

Vous avez réussi votre baptême et vous désirez poursuivre votre apprentissage de la plongée par une formation conduisant au niveau 1/plongeur ☆. Pour cet apprentissage, vous pourrez choisir la formation qui vous conviendra le mieux parmi celles qui vous sont proposées dans le chapitre 2 "Différentes formules de formation" pages 37 à 72.

Qu'est-ce qu'un plongeur de niveau 1/plongeur ☆ ?

L'appellation de plongeur niveau 1 est principalement utilisée en France ; dans les autres pays, on se référera au plongeur ☆. Ce niveau de plongée correspond le plus souvent à celui d'un plongeur assisté possédant les capacités suffisantes pour pouvoir s'intégrer à une palanquée (groupe de plongeurs) et effectuant des plongées entre 0 et 20 mètres (voir tableaux pages 115 à 119). Dans certains pays, ce niveau de plongeur est autorisé à plonger en autonomie sous certaines conditions (voir l'objectif n°1 pages 115 à 119).

Un guide ou chef de palanquée contrôle le déroulement de la plongée et assure la sécurité collective au sein du groupe.

Chaque individu possède une maîtrise minimum de sa sécurité individuelle qui lui permet d'apprécier ses plongées dans cet espace d'évolution (0 à 20 mètres).

Cette maîtrise minimale est le but à atteindre par la préparation au niveau 1/plongeur ☆.

Des capacités attestées par un brevet

Ce niveau est certifié par la délivrance d'un brevet à la suite d'une formation conduite par un cadre.

Le brevet n'est que la "photographie souvenir" de certains savoirs, savoir-faire et savoir être à un instant donné. Par exemple, un niveau 1/plongeur ☆ qui n'a pas pratiqué depuis un certain temps a intérêt à se remettre à niveau avant d'envisager de nouvelles plongées.

De plus la possession d'un brevet ne doit pas être une fin en soi. Ce que doit viser un plongeur, ce sont des capacités et un vécu lui permettant de vivre pleinement son activité, dans les conditions fixées par ses prérogatives.

La possession d'un brevet n'immunise pas contre les incidents ou les accidents.

Mode de délivrance et contenu des brevets de niveau 1/plongeur ☆

Plusieurs organismes sont habilités à délivrer les brevets de niveau 1/plongeur ☆. Leur contenu varie d'ailleurs quelque peu d'un organisme à l'autre. Ils attestent néanmoins tous d'aptitudes et de comportements liés à l'activité plongée, de capacités pratiques et de connaissances théoriques.

Nous avons détaillé le contenu des brevets des différents organismes au chapitre 12 (voir pages 329 à 351). Le passage de ces brevets s'effectue en formation continue ou en examen ponctuel.

Pour préparer votre brevet de niveau 1/plongeur ☆, nous vous proposons une succession de 37 objectifs pratiques et théoriques à réaliser.

L'ensemble de ces objectifs peut être décomposé en 3 sous-ensembles correspondants à des niveaux de difficultés croissantes :

• Dauphin 1	Objectifs 1 à 14	pages 115 à 214
• Dauphin 2	Objectifs 15 à 27	pages 217 à 284
• Dauphin 3	Objectifs 28 à 37	pages 287 à 327
• Dauphin 4	Objectifs 1 à 37	pages 115 à 327

QUELQUES CONSEILS D'UTILISATION DE LA MÉTHODE LORS DE VOTRE PRATIQUE

Pendant la réalisation d'un exercice

- Essayez de prendre conscience des sensations ou informations qui guident vos actions. Cherchez à comprendre ce qui se passe.
- Observez les autres élèves réaliser l'exercice proposé. Une telle observation vous permet souvent de saisir les problèmes à résoudre pour réussir l'exercice. Essayez de trouver les raisons de leur réussite ou de leur échec.

Après l'exercice

- Utilisez l'évocation mentale, si vous éprouvez des difficultés suite à votre première réalisation. Les yeux fermés, représentez-vous mentalement l'exercice dans votre contexte d'apprentissage, en décrivant simultanément, tout haut, vos actions. Essayez d'être le plus précis possible dans vos évocations visuelle et verbale. Pour cela, utilisez les indications fournies par votre moniteur, ainsi que celles découvertes lors de votre réalisation.
- Faites un lien entre les exercices réalisés et leur intérêt pratique lors de vos futures plongées.
- Essayez de faire la relation entre ce que vous vivez lors de votre pratique et vos connaissances théoriques.

En fin de séance

- Répondez à la question "Qu'est-ce que j'ai appris lors de cette séance ?"
- Avec l'aide de votre moniteur, formulez-vous un projet à réaliser lors de votre prochaine séance.

QUELQUES CONSEILS D'UTILISATION DE LA MÉTHODE A LA SUITE DE VOTRE PRATIQUE

Lecture des éléments pratiques :

- Situez-vous dans la progression (voir pages 353 à 358) en constatant le chemin parcouru, les objectifs acquis et à acquérir.
- Consultez les chapitres en fonction de vos progrès, compulsez-les en alternance avec la pratique.
- Mémorisez les repères qui ont guidé votre réussite, utilisez l'évocation visuelle et verbale.

- **Dans le seul cas** où vous rencontrez des difficultés, lisez les conseils qui s'y rapportent et essayez de comprendre pourquoi on vous propose d'agir de telle manière.
- Ne regardez **en aucun cas** la réponse aux difficultés des exercices futurs. Il est primordial de vivre ces situations et d'essayer de comprendre le pourquoi et le comment de votre performance.

- Pour certains **apprentissages** tels que les consignes de sécurité, les signes, etc., réalisez-les sous forme de jeux de rôle entre coéquipiers : l'un questionne, l'autre répond. Observez et critiquez à la fin du jeu.

Lecture des éléments théoriques

- Dans un premier temps, avant de lire complètement et précisément un élément théorique, ne lisez et relevez par écrit que le thème et le plan du contenu théorique que vous envisagez de lire.
- Dans un deuxième temps, écrivez vos connaissances, même minimes, sur le sujet puis émettez des hypothèses (vous avez le droit à l'erreur) et posez-vous le maximum de questions sur le sujet.
- Dans un troisième temps, lisez le contenu, vous pourrez ainsi confirmer vos hypothèses et constater si le contenu répond à l'ensemble de vos questions.

Suite à la lecture des éléments théoriques

- Réalisez un résumé par écrit chaque fois que vous avez lu un contenu théorique.
- Trouvez par écrit des synonymes et une définition à chaque mot nouveau appris.
- Utilisez l'évocation visuelle et verbale, mais représentez-vous l'idée dégagée et son contexte.
- Faites la relation entre vos connaissances théoriques et ce que vous avez vécu lors de vos séances passées.
- Essayez de comparer, de trouver des similitudes entre ce que vous avez appris et des expériences que vous avez vécues dans la vie de tous les jours.
- Essayez d'expliquer ce que vous avez appris à l'un de vos coéquipiers.

UTILISATION DE LA VIDÉO :

"La plongée pour tous : préparation aux brevets de Niveau 1."

Utilisez la vidéo, en alternance avec la lecture de votre livre.

Les éléments pratiques

Visualisez en images les différents objectifs que vous avez vu lors de votre pratique.

N'hésitez pas à repasser plusieurs fois les objectifs pratiques qui vous ont posé des difficultés.

Essayez de vous centrer sur les différents repères de réussite des objectifs, une telle observation vous permettra de saisir les problèmes à résoudre.

Situez-vous dans la progression, en visualisant de nouveau le chemin parcouru.

Regardez les critères de réussite des futurs objectifs pratiques à acquérir lors de vos prochaines séances.

Les éléments théoriques

Visualisez les objectifs théoriques vous permettra de compléter votre lecture en assimilant facilement les notions indispensables.

4 QUESTIONS LIÉES À L'UTILISATION DE LA MÉTHODE

DANS QUELLES CONDITIONS DE RÉALISATION ENVISAGER LES EXERCICES ?

Les exercices seront réalisés au préalable dans un milieu peu contraignant. Ensuite, dans le but d'augmenter vos capacités d'adaptation à un milieu variable, vous devrez les exécuter en perfectionnement 4 dans un milieu progressivement plus contraignant. Avant d'envisager chaque niveau de difficulté, il vous est présenté dans quelles conditions ceux-ci doivent être travaillés.

QUAND PEUT-ON RÉALISER LES VARIANTES ?

Il est conseillé de réaliser quelques variantes après avoir réussi l'exercice s'y rattachant. Les autres seront effectuées par la suite, à la discrétion du moniteur, afin de renforcer l'acquisition de l'objectif.

QUAND PEUT-ON PASSER À L'EXERCICE SUIVANT ?

Il est important de réaliser les exercices dans l'ordre chronologique proposé. Vous ne pouvez envisager l'exercice suivant que lorsque vous avez au moins réussi l'exercice présent.

QUAND VÉRIFIE-T-ON L'ACQUISITION DE L'OBJECTIF ? (VOIR PAGES 353 À 358)

A la suite de la réussite de quelques ou plusieurs variantes, votre moniteur va vous évaluer :

Dans un premier temps, dans l'un des trois premiers dauphins (1 2 3), dans des conditions faciles de réalisation (piscine ou milieu naturel aménagé).

Dans un deuxième temps, dans le dauphin 4 (4), dans un milieu voulu de plus en plus contraignant (milieu naturel) et se rapprochant de vos conditions futures de pratique.

Dans ce cas précis, des critères de réussite et des conditions de réalisation sont précisées pour chaque objectif.

8. DAUPHIN 1

8 DAUPHIN 1

TYPE	OBJECTIFS	EXERCICES PRÉPARANT À L'OBJECTIF	CONDITIONS DE RÉALISATION
	1 - page 115	Les prérogatives des plongeurs en milieu naturel et en exploration	
	page 120	La visite médicale annuelle.	
	page 124	La carte individuelle d'identification en cas d'accident de plongée.	
	page 125	L'assurance, la licence.	
	2 - page 129	La description et l'entretien du matériel de plongée.	
	page 137	Le matériel individuel de base.	
	3 - page 143	La mise à l'eau en se laissant glisser du bord.	De jour. Profondeur ≈ 2 mètres. Visibilité égale ou supérieure à la profondeur. Eau calme. Pas de courant. De nombreux points d'appuis à proximité (échelle).
	4 - page 145	Le vidage du tuba.	Exercices n°1 et n°2 à terre. Pour l'exercice 3, mêmes conditions que pour l'objectif 3.
	5 - page 148	Le palmage en surface.	Mêmes conditions que pour l'objectif 3 mais profondeur proche de 3 mètres.
	page 155	Les crampes dues au palmage.	
	6 - page 156	La pression.	
	7 - page 160	Le scaphandre autonome.	
	8 - page 175	Le gilet de remontée.	
	9 - page 188	La préparation et le rangement de la bouteille ; le montage et le démontage du scaphandre autonome.	Réalisation à terre.
	10 - page 200	La mise à l'eau par une échelle.	Mêmes conditions que pour l'objectif 5.
	11 - page 201	Le lâché et reprise d'embout.	Mêmes conditions que pour l'objectif 3 dans un premier temps.
	12 - page 205	La prévention des accidents barotraumatiques.	
	13 - page 207	L'expiration contrôlée à la remontée.	Mêmes conditions que pour l'objectif 3 dans un premier temps.
	14 - page 211	Le palmage en immersion.	
	page 213	Test de contrôle	

OBJECTIF N° 1

Les prérogatives des plongeurs en milieu naturel et en exploration

INTÉRÊT PRATIQUE

En tant que plongeur, vous devez respecter les prérogatives en relation avec votre niveau de plongée qui sont définies par la loi ou recommandées par votre organisme de formation, en fonction de votre pays.

Critères de réussite acceptables : vous devez être capable de préciser vos prérogatives de plongeur niveau 1/plongeur ☆ en fonction de votre pays et de les respecter dans le cadre de votre pratique.

En France...

En France, la pratique et l'enseignement organisés de la plongée autonome à l'air sont régis par l'arrêté du 17 juillet 1992 modifiant l'arrêté du 20 septembre 1991.

Normes d'encadrement en milieu naturel et en exploration

L'espace aquatique se décompose en plusieurs niveaux d'évolution :

- **l'espace proche,** compris entre la surface et 5 mètres ;
- **l'espace médian,** compris entre la surface et 20 mètres ;
- **l'espace lointain,** compris entre la surface et 40 mètres.

Chaque niveau de plongeur est caractérisé par des capacités d'évolution en **exploration** dans un espace déterminé, en assistance ou en autonomie.

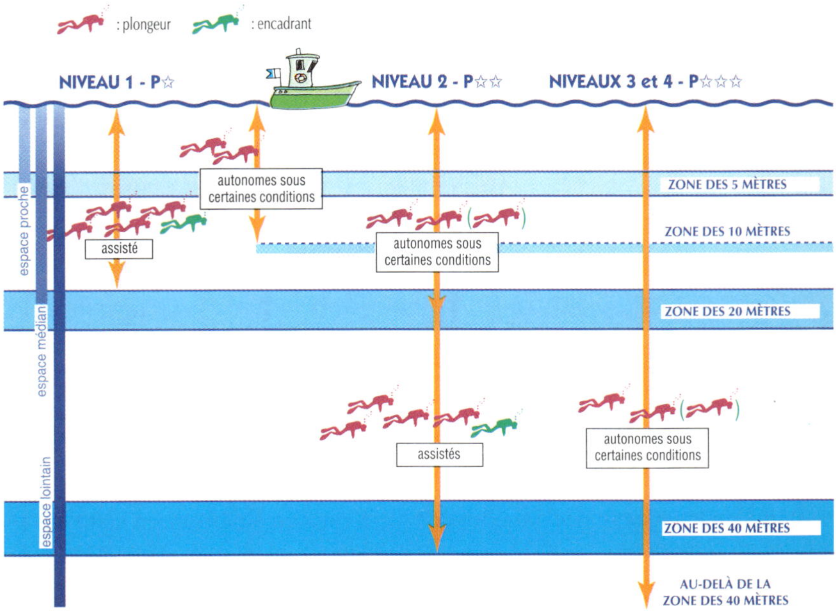

Le plongeur niveau 1 est un plongeur assisté qui ne peut évoluer au-delà de l'espace médian (zone de 0 à 20 mètres).

A l'issue d'une formation adaptée et dans des conditions particulières qui sont exceptionnelles, des plongeurs de niveau 1 peuvent être autorisés par le directeur de plongée à plonger par équipe (2 plongeurs maximum) dans une zone n'excédant pas dix mètres de profondeur (voir à ce sujet la page 333).

En Belgique francophone...

En Belgique, il n'existe pas de loi sur la pratique et l'enseignement de la plongée. Par contre, la ligue francophone (LIFRAS) de la fédération Belge demande à ses plongeurs de respecter des normes de pratique en milieu naturel :

Normes d'encadrement LIFRAS en milieu naturel et en exploration*

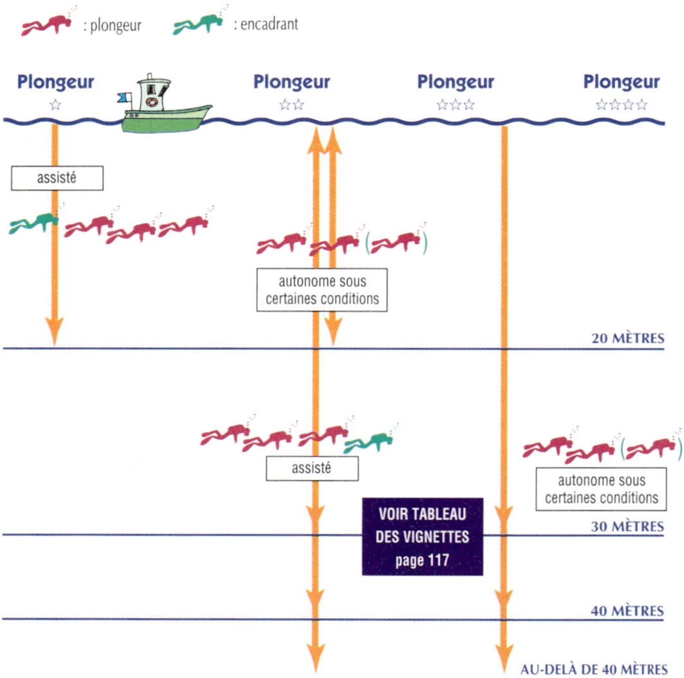

Le plongeur ☆ LIFRAS est autorisé à plonger assisté jusqu'à 20 mètres maximum.

Dès l'obtention du brevet de plongeur ☆ ☆ LIFRAS, le plongeur entre dans le "système de la vignette des profondeurs" qui l'autorise à plonger en étant encadré, ou en autonomie, en fonction de son expérience en plongée (voir page 117) :

** D'après dossier Brevets de 1 à 4 étoiles - Mise à jour 23/09/96 LIFRAS et une communication personnelle de M. Jean Rondia, responsable de l'enseignement à la LIFRAS - 01/97*

VIGNETTE DES PROFONDEURS DE PLONGÉE (LIFRAS)	
CONDITIONS REQUISES	**LE PLONGEUR PEUT PLONGER A :**
validation de la compétence par un chef d'école de la LIFRAS	**30 MÈTRES MAXIMUM**
après 20 plongées à 30 mètres validées par un chef d'école de la LIFRAS	**40 MÈTRES MAXIMUM**
après 20 plongées à 40 mètres validées par un chef d'école de la LIFRAS	**AU-DELÀ DE 40 MÈTRES**

A Monaco...

Afin de plonger dans les eaux de souveraineté monégasque, il est nécessaire d'obtenir une autorisation annuelle délivrée par la police maritime monégasque.

Cette autorisation peut être individuelle ou collective.

A titre individuel, le plongeur pour obtenir cette autorisation doit être âgé au minimum de 14 ans et être titulaire d'un diplôme de plongeur ☆ CMAS ou équivalent (équivalence délivrée par la FMAS).

Aucune réglementation n'existe en Principauté de Monaco, en ce qui concerne les normes d'encadrement, par contre la Fédération Monégasque (FMAS) en accord avec le gouvernement monégasque, émet des recommandations à l'intention de ses plongeurs :

Recommandations de la FMAS pour plonger en milieu naturel et en exploration *

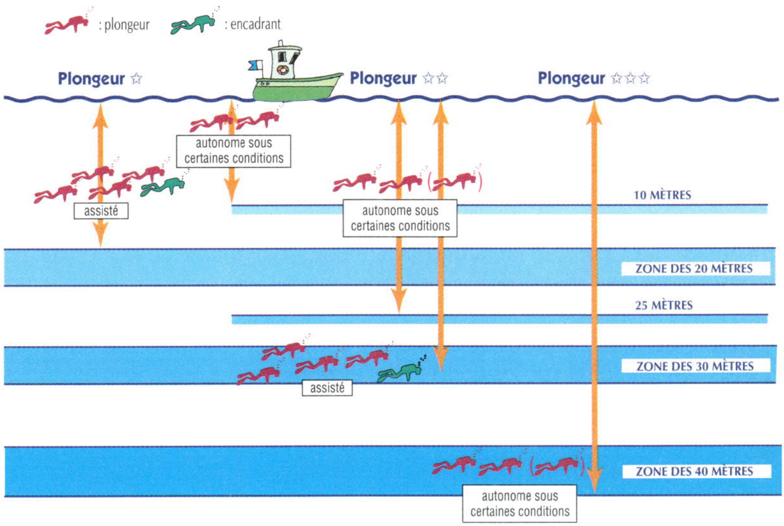

** D'après une communication personnelle de M. Eric Calbayrac, Secrétaire Général de la FMAS - 01/97*

La FMAS recommande au plongeur ☆ FMAS de plonger assisté dans la zone des 20 mètres. Dans des conditions qui sont très particulières, des plongeurs ☆ peuvent être autorisés par le directeur de plongée à plonger par équipe de deux plongeurs maximum, sans dépasser dix mètres de profondeur.

Au Québec...

Attention : Au Québec, suite à un certain nombre d'accidents en plongée et aux enquêtes publiques et au rapport du Coroner Denis Boudrias qui suivirent, le gouvernement du Québec est en train de réglementer la pratique de la plongée.

Un projet de loi (n°140) modifiant la loi sur la sécurité dans les sports a été présenté le 15 mai 1997 à l'assemblée nationale par M. Rémy Trudel, ministre québécois des Affaires municipales et responsable du loisir, du sport et du plein air et adopté le 10 juin 1997.

Le ministère des Affaires municipales en collaboration avec la Fédération Québécoise des Activités Subaquatiques (FQAS), le Service National de Sauvetage et la Régie de la Sécurité dans les Sports du Québec (RSSQ) a élaboré ce projet de loi destiné à responsabiliser les pratiquants afin de réduire le nombre d'accidents en plongée.

Ce projet de loi prévoit d'insérer un nouveau chapitre visant à améliorer la sécurité entourant la pratique de la plongée subaquatique récréative au Québec.

Il oblige notamment toute personne qui fait de la plongée subaquatique récréative à l'aide d'air comprimé ou qui dispense des services d'enseignement de ce type de plongée, à être titulaire d'un certificat attestant son niveau de qualification.

De plus ce projet de loi autorise le ministre des Affaires municipales à habiliter un organisme à but non lucratif, œuvrant dans le domaine de la plongée subaquatique, à exercer divers pouvoirs et responsabilités reliés à la qualification des moniteurs et adeptes de cette activité.

A l'heure où nous écrivons ces lignes, nous n'avons pas plus d'informations sur cette nouvelle loi et sur ses conséquences pratiques.

Nous vous conseillons de prendre contact à ce sujet avec la FQAS (voir pages 58 à 60).

En Suisse Romande...

En Suisse, il n'existe pas de loi sur la pratique et l'enseignement de la plongée. Par contre, la fédération Suisse (FSSS) émet des recommandations à l'intention de ses pratiquants :

Recommandations de la FSSS pour plonger en milieu naturel et en exploration*

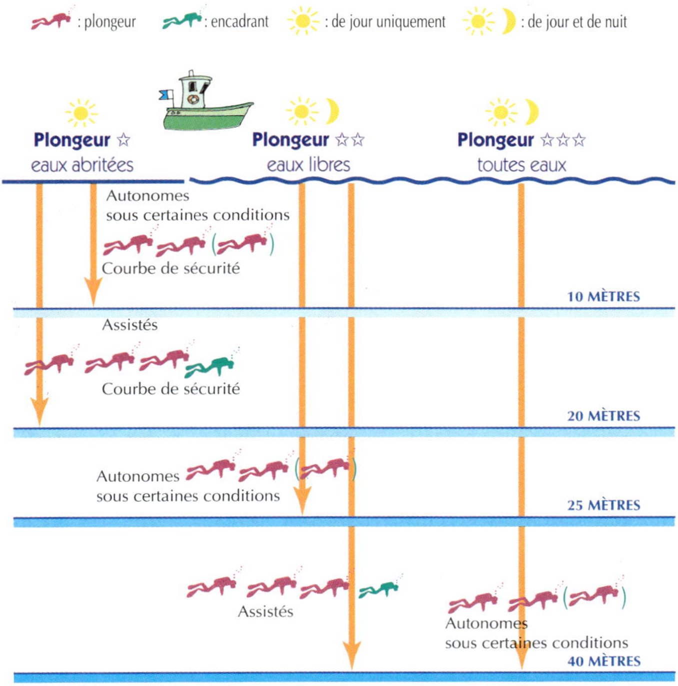

Il est conseillé au plongeur ☆ FSSS de plonger en eaux abritées et dans la courbe de sécurité. Il plongera assisté dans la zone de 0 à 20 mètres. En autonomie, il lui est recommandé de plonger avec un ou deux coéquipiers maximum dans la zone de 0 à 10 mètres.

** D'après une communication personnelle de M. Edi Lochbronner, directeur de la FSSS - 01/97.*

La visite médicale

INTÉRÊT PRATIQUE

Une des premières préventions des accidents de plongée consiste à passer une visite médicale après votre baptême et ensuite de façon régulière.

Cette visite devra aussi avoir lieu à chaque fois que vous aurez des problèmes de santé importants : interventions chirurgicales, maladies graves, accidents...

A QUI S'ADRESSER

Médecin de plongée professionnelle
Il est spécialisé dans le suivi médical des plongeurs professionnels.

Médecin hyperbare
Il est spécialisé dans le traitement des accidents de plongée et connaît donc parfaitement bien le domaine médical lié à la plongée.

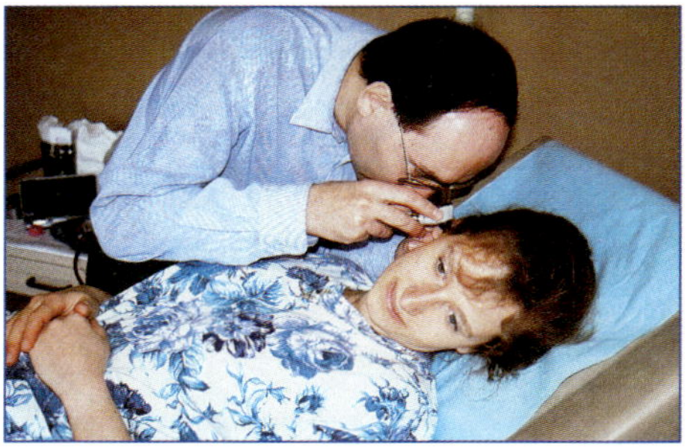

Médecin fédéral de plongée
Il est médecin et agréé par la Commission Nationale Médicale. Il pratique la plongée sous-marine et est au courant des risques spécifiques liés à la pratique de la plongée.

Centre médico-sportif
La plupart des villes sont dotées de ces centres qui ont l'avantage d'être dotés d'appareillages spécifiques, permettant des investigations approfondies et d'avoir un personnel qualifié dans le domaine du sport.

Médecin du sport
Il est spécialisé dans le suivi médical des sportifs en général. Il ne pratique pas nécessairement la plongée.

Médecin généraliste
Le plus souvent, vous êtes suivi régulièrement par un même médecin, pour vos problèmes de santé. Il vous connaît parfaitement mais n'est pas forcément au courant des risques liés à la pratique de votre activité.

LA VISITE MÉDICALE

Nous vous conseillons d'apporter votre passeport de plongée (voir page 323), dossier médical, carnet de santé, rapports médicaux d'hospitalisation, radiographie des poumons si vous en possédez une... L'ensemble de ces informations médicales pourra faciliter l'appréciation du médecin.

Le dialogue avec le médecin

Le médecin vous interrogera sur :

- votre pratique sportive : cadre, fréquence...
- votre motivation à pratiquer
- vos antécédents médicaux personnels et familiaux
- vos problèmes de santé actuels éventuels et vos traitements médicaux en cours
- votre hygiène de vie : tabac, alcool, stress...
- les interventions chirurgicales que vous avez subies.

L'examen médical

Il porte généralement sur :

- la morphologie : taille, poids...
- l'appareil locomoteur : invalidité possible...
- le système nerveux : équilibre, coordination motrice, réflexes...
- la sphère O.R.L. : gorge, sinus, état des tympans, facilité à équilibrer, audition
- l'appareil pulmonaire : capacité vitale...
- l'appareil cardio-vasculaire : pouls, tension artérielle, test d'effort, électrocardiogramme, récupération cardiaque...
- l'acuité visuelle.

En cas de doute, et dans votre intérêt, le médecin peut éventuellement vous demander de subir des examens spécialisés complémentaires auprès d'un médecin spécialisé dans le domaine concerné.

Le médecin est le seul habilité à délivrer un certificat médical, au vu des examens et de votre cas particulier. Il pourra vous autoriser à plonger ou non et avec ou sans restrictions.

En cas de litige ou désaccord qui pourraient survenir, le médecin examinateur et le candidat peuvent soumettre le dossier médical à la commission médicale s'il s'agit d'une fédération ou à un médecin spécialiste dans le domaine incriminé dans les autres cas. Ces experts statueront en dernier ressort après étude du dossier médical de l'intéressé.

Pour les personnes handicapées, veuillez consulter en plus le chapitre "La Plongée Handisport" pages 90 à 96. En ce qui concerne la visite médicale de l'enfant, lire en complément les pages 74 à 88.

D'autre part, nous vous conseillons vivement de consulter un médecin ORL, lorsque vous débutez la pratique de la plongée et ensuite tous les deux ou trois ans.

La sphère ORL est particulièrement sollicitée en plongée, la réalisation d'un audiogramme et d'un tympanogramme permettra d'assurer un suivi de l'intégrité de vos oreilles, qui pourra servir de base lors d'un accident éventuel.

En France...

En France, sur les recommandations de la commission médicale, il est exigé une visite médicale annuelle pour pratiquer la plongée sous-marine au sein de la FFESSM (voir pages 44 à 47).

Il en est de même, pour la pratique dans les autres organisations (voir pages 48 à 68).

En Belgique francophone...

En Belgique, la commission médicale de la LIFRAS (voir pages 53 à 55) demande au plongeur de subir lors de la première visite médicale un électrocardiogramme (E.C.G.) d'effort en complément de l'examen classique.

Par la suite, pour pratiquer en milieu naturel, un E.C.G. sous effort sera pratiqué :

- tous les 5 ans jusqu'à 45 ans
- tous les 2 ans de 45 ans à 55 ans
- tous les ans à partir de 55 ans

Au Québec...

Au Québec, la FQAS (voir pages 58 à 60) recommande à la suite de la visite médicale initiale qui marque le début de l'activité :

- une visite médicale tous les 3 ans pour la tranche d'âge de 14 à 51 ans
- une visite médicale tous les ans au-delà de 51 ans

En Suisse Romande...

En Suisse, la FSSS (voir pages 61 à 63) recommande d'effectuer une visite médicale tous les deux ans entre 20 et 40 ans et tous les ans pour les autres tranches d'âge.

Une attestation : le certificat médical

L'absence de contre-indications à la pratique de la plongée est formulée par le médecin par écrit et concrétisé par la délivrance d'un certificat médical de non contre-indication à la pratique de la plongée sous-marine.

CABINET MÉDICAL - MÉDECINE GÉNÉRALE et MÉDECINE DU SPORT

Docteur Jean-Louis PETIT
16 1 08768 6

Médecine Générale
Médecine et Traumatologie du Sport
Médecine de la plongée

Résidence des Bleuets
12, rue de l'Argonaute
16000 ANGOULÊME
Tél. 05 45 91 68 12

Visites et consultations sur R.V.

CERTIFICAT MÉDICAL ANNUEL PRÉALABLE
À LA PRATIQUE DE LA PLONGÉE

Je soussigné Docteur PETIT certifie après examen clinique que M. Jacques BODOU, 37 ans, ne présente à ce jour aucun signe clinique contre-indiquant la pratique de la plongée subaquatique.

A Angoulême, le 24/06/97

Selon votre état de santé, il peut contenir ou non certaines restrictions à la pratique de l'activité (pratique seule de l'apnée par exemple...).

Une copie de ce certificat médical vous sera demandée par votre structure de plongée pour pratiquer.

Si vous prévoyez de plonger durant vos vacances sur le territoire national ou à l'étranger, munissez-vous de votre certificat médical. Il pourra vous être demandé par la structure à laquelle vous vous serez adressé.

Le livret médical du plongeur

La commission Nationale Médicale de la FFESSM a édité ce petit livret qui permet d'assurer votre suivi médical lors de vos visites annuelles d'aptitude.

D'autres fédérations ou organismes tiennent à la disposition de leurs pratiquants des fiches individuelles de suivi médical.

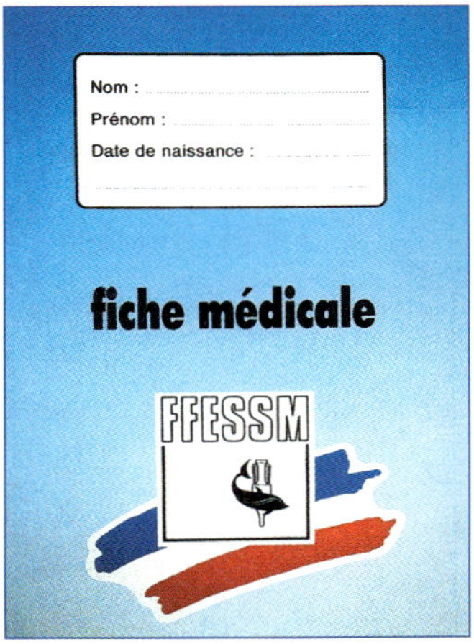

La carte individuelle d'identification en cas d'accident de plongée

INTÉRÊT PRATIQUE

Cette carte plastifiée, format carte de crédit, à quatre faces est fabriquée dans une matière spéciale qui supporte les projections d'eau.

Elle comporte un certain nombre d'informations vous concernant et utiles en cas d'accident de plongée.

UTILISATION DE LA CARTE

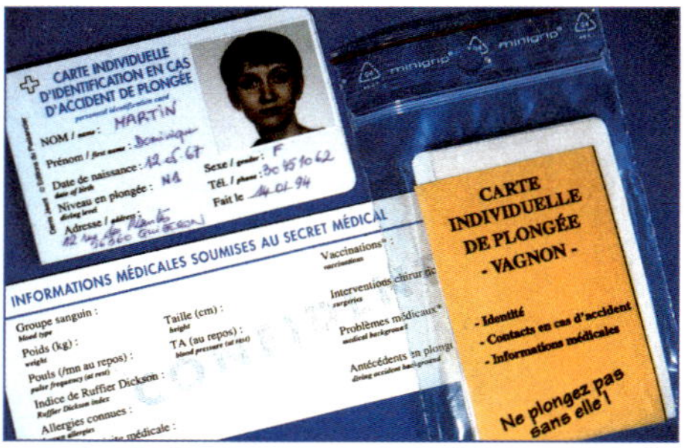

Suite à votre visite médicale, remplissez-la soigneusement au stylo bille, puis collez les films protecteurs sur la face recto après avoir accolé votre photo.

Vous pourrez conserver cette carte, dans vos affaires, à proximité, sur le lieu de pratique ou la donner au Directeur de Plongée qui pourra conserver l'ensemble des cartes des pratiquants pendant la durée de l'activité (stage, séjour...).

Dans ce cas précis, il est tenu au secret médical, ces cartes comportant des informations médicales confidentielles.

SI VOUS AVEZ UN ACCIDENT DE PLONGÉE

- Votre carte sera donnée aux secours médicalisés lors de votre évacuation.
- Les informations que contient cette carte faciliteront le diagnostic médical et les procédures à mettre en place à la suite de l'accident.

Où se procurer la carte individuelle PLASTIFIÉE ?

- Chez votre revendeur de matériel de plongée habituel
- Aux Editions du plaisancier
  BP 27 - 69641 CALUIRE Cedex - France
  Tel. 04 78 23 31 14 - Fax 04 78 23 48 16

L'assurance, la licence

INTÉRÊT PRATIQUE

L'assurance est obligatoire et doit être contractée à la suite de votre baptême de plongée.

L'ASSURANCE AU TIERS, COUVRANT LA RESPONSABILITÉ CIVILE

Elle est obligatoire, c'est l'assurance de base. D'après la loi, vous devez pouvoir réparer les dommages que vous pouvez causer à autrui.

Le rôle de cette assurance est de garantir les conséquences financières des éventuels dommages corporels ou matériels causés à autrui.

L'ASSURANCE INDIVIDUELLE, COMPLÉMENTAIRE

Plusieurs formules de garanties vous sont proposées, vous couvrant en cas de décès, d'invalidité, d'incapacité, de frais médicaux, frais de recherche et de sauvetage, vol de matériel, rapatriement...

Elle n'est pas obligatoire, mais utile, voire indispensable. Elle couvre la responsabilité **individuelle**, c'est-à-dire les dommages corporels ou matériels que vous pouvez vous causer.

L'ÉTENDUE DES GARANTIES

La couverture de votre assurance et les exclusions au contrat sont stipulées dans les conditions générales de garanties du contrat d'assurance.

Vous avez tout intérêt à vous procurer ce document auprès de l'assureur que vous propose votre fédération, organisme, ou moniteur, dans le but de choisir une catégorie couvrant des garanties correspondant à vos besoins.

N'hésitez pas à solliciter votre moniteur, pour vous aider à choisir une solution adaptée à votre cas.

L'assurance proposée par les différents organismes couvre au minimum la responsabilité civile aux tiers et le plus souvent une défense recours.

La validité est de 12 à 15 mois selon les contrats et une couverture internationale est dans certains cas proposée.

Vous pouvez, si vous le souhaitez, en fonction de l'option choisie, souscrire une assurance individuelle complémentaire en plus de l'assurance de base.

Nous vous proposons à la suite à titre d'illustration quelques caractéristiques de certains contrats proposés :

En France...

L'assurance incluse dans la licence de base de la FFESSM (voir pages 44 à 47) (Axa assurances - Cabinet Jean Lafont) couvre la responsabilité civile aux tiers et la défense et recours.

Elle est valable dans le monde entier et sa validité est de quinze mois, du 1er octobre au 31 décembre de l'année suivante. La licence FFESSM vaut permis de pêche sous-marine à condition d'avoir 16 ans révolus.

L'ANMP et le SNMP (voir pages 66 à 70) proposent le même type de contrat (UAP - Cabinet Carrère). Le contrat d'assurance responsabilité civile du moniteur couvre ses élèves lorsqu'ils sont sous sa responsabilité.

Si l'élève souhaite une assurance qui le couvre quelque soit la structure dans laquelle il plonge, il peut souscrire une assurance optionnelle qui a une validité annuelle.

En Belgique francophone...

L'assurance (Arena) proposée par la LIFRAS (voir pages 53 à 55) couvre la responsabilité civile dans le cadre de l'exercice de l'activité et une assistance juridique.

La couverture se termine toujours à l'échéance annuelle de la police en fin d'année civile.

L'assurance est valable dans le monde entier à condition, notamment, que les assurés observent les règles de plongée édictées par la LIFRAS et qu'ils plongent dans le cadre d'organisations affiliées à la LIFRAS, NELOS, FEBRAS ou CMAS (voir pages 53 à 55 et 40 à 43).

A Monaco...

L'assurance incluse dans la licence de base de la FMAS (voir pages 56 à 57) (Cabinet Préservatrice Foncière Guy Boscagli) couvre la responsabilité civile aux tiers et les défenses et recours.

Au Québec...

Tous les plongeurs membres de la FQAS (voir pages 58 à 60) sont couverts par une assurance responsabilité civile dans le cadre de l'exercice de l'activité. La fédération procure une assistance juridique en cas de poursuites en justice.

De plus une assurance complémentaire (Real Divers International) valide dans le monde entier et couvrant une période d'un an est proposée en option.

En Suisse Romande...

En Suisse, l'application de la loi sur les assurances maladie (LAMal) fait que toute personne domiciliée en Suisse dispose d'une couverture pour les soins médicaux de base.

La FSSS (voir pages 61 à 63) propose à ses membres une garantie d'assurance sous forme de contrat collectif qui couvre les préjudices économiques liés à des incidents ou accidents de plongée dans le monde entier. Sa validité est annuelle.

Elle comprend des prestations minimales garanties qui viennent combler les limitations d'un autre contrat d'assurance.

Par exemple, lorsque l'on pratique dans certains pays où les frais de santé sont plus élevés (aux USA...), une assurance complémentaire telle que celle proposée par FSSS/ARTISANA est indiquée.

Vous avez tout intérêt à lire avec attention votre contrat d'assurance car chaque contrat est particulier et des exclusions ou dispositions particulières limitent son application.

Les documents justificatifs

La licence fédérale

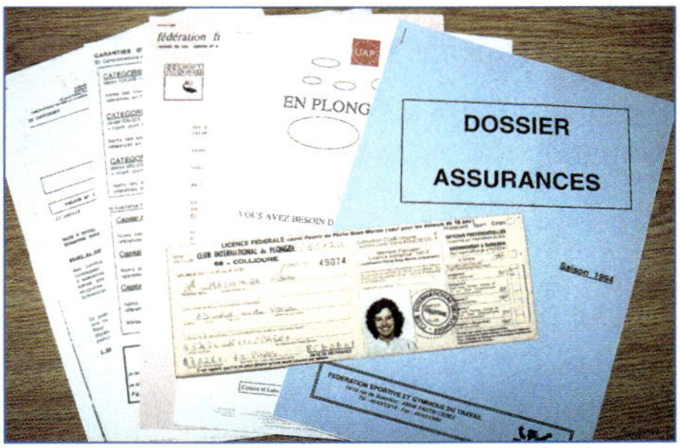

La licence est plus qu'une simple assurance, elle atteste de votre appartenance à une association affiliée à une fédération sportive : FFESSM, FSGT, FFH, LIFRAS, FMAS, FQAS, FSSS... (voir pages 44 à 63).

Elle est obligatoire pour prendre part aux activités organisées par votre association et votre fédération.

Elle offre en plus un certain nombre d'avantages offerts par votre fédération et votre association : formations, participation aux compétitions, passage de brevets, permis de pêche sous-marine dans certains cas (FFESSM)...

L'attestation d'assurance

Lorsque vous suivez des cours de plongée hors du cadre bénévole, auprès d'une monitrice ou d'un moniteur professionnel, membre de l'ANMP, SNMP, BTLV... (voir pages 66 à 72), vous devez souscrire par son intermédiaire une assurance aux tiers. Vous êtes alors couvert quand vous êtes sous sa responsabilité. En dehors de ce cas, vous pouvez souscrire à l'année une assurance valable en tout lieu.

Votre monitrice ou moniteur vous délivrera un justificatif : l'attestation d'assurance. Si vous le souhaitez, vous pourrez souscrire aussi une assurance complémentaire pour vous couvrir individuellement.

UNE AUTORISATION PARENTALE POUR LES MINEURS

Afin de pouvoir pratiquer, une personne mineure doit présenter en plus une autorisation parentale écrite, l'autorisant à la pratique de la plongée dans le cadre des activités proposées par la structure.

Après avoir mentionné "Lu et approuvé", le tuteur légal qui a la charge du mineur doit la dater et la signer.

Lorsque le mineur participe à un voyage ou à des plongées organisées hors de la structure d'appartenance, il est nécessaire d'établir une autorisation parentale spécifique.

Autorisation parentale

Je soussigné *M. Henri Durant* responsable légal (père, ~~mère~~, ~~tuteur~~)* autorise le mineur Patrick Durant à pratiquer la plongée subaquatique ainsi que les activités annexes dans le cadre des activités du club en toutes connaissances des risques encourus.
Notamment, j'accepte que les responsables du club, ou ses moniteurs autorisent en mon nom une prise en charge médicalisée vers un service approprié en cas de besoin.

Lu et approuvé,

A *Saint-Germain en Laye*, le *24 02 96*

* Rayer la mention inutile

LA DÉCLARATION D'ACCIDENT

Tout accident, même sans conséquences immédiates mais laissant supposer d'éventuelles complications de l'état de la victime, de par sa cause, doit être déclaré dans les délais prévus, à l'assureur auprès duquel a été souscrit le contrat d'assurance.

Dans certains cas, la déclaration doit être envoyée au siège de l'organisme de formation qui se chargera de la transmettre à l'assureur.

Attention : Certaines assurances sont dites supplétives (cas du contrat Arena/LIFRAS), c'est-à-dire qu'elles n'interviennent que pour couvrir la partie non couverte par votre mutuelle ou assurance R.C. (familiale par exemple).

Il est donc important dans ce cas de figure de déclarer aussi dans les délais précisés aux contrats le sinistre à toutes les assurances qui sont susceptibles de vous couvrir dans le cadre de votre activité.

En effet, si vous omettez cette déclaration et que le délai est dépassé, l'assurance supplétive ne prendra à sa charge que la part qui n'aurait pas été prise en charge par votre assurance.

A la suite de l'accident, il est recommandé, et dans certains cas obligatoire, de faire établir par un médecin, un certificat médical de premières constatations.

La déclaration du sinistre doit être envoyée dans les meilleurs délais par lettre recommandée avec avis de réception, accompagnée d'un rapport circonstancié et dans certains cas d'un certificat médical de premières constatations.

En fonction des contrats d'assurance et du type de sinistre, le délai limite d'envoi varie de deux à quinze jours, le cachet de la poste faisant foi. Chaque contrat étant particulier, nous vous recommandons vivement de lire avec attention après votre souscription les obligations à respecter en ce qui concerne les sinistres.

OBJECTIF N° 2

La description et l'entretien du matériel de plongée

INTÉRÊT PRATIQUE

Lorsque vous pénétrerez dans l'eau, vous évoluerez dans un milieu très différent qui nécessitera un matériel approprié pour s'y adapter.

Nous vous proposons donc de découvrir les différentes familles de matériel en image.

Pour chaque matériel individuel, nous vous donnons des conseils d'achats et des précautions d'emploi.

Nous vous recommandons vivement de solliciter votre moniteur afin d'avoir d'autres conseils.

CRITÈRES DE RÉUSSITE ACCEPTABLES : vous devez être capable face à un matériel utilisé individuellement par le plongeur, de le nommer, de préciser son rôle, dans quel cadre il est utilisé et son entretien courant.

LE MATÉRIEL INDIVIDUEL

LE MATÉRIEL INDIVIDUEL DE BASE

Il s'agit du matériel indispensable à la pratique de la plongée libre et en scaphandre autonome.

1. *Le masque :* pour voir.
2. *le tuba :* pour respirer en surface.
3. *Les palmes :* pour se déplacer.

Le scaphandre autonome

Il permet de rendre le plongeur autonome un certain temps en lui fournissant de l'air sans qu'il ait besoin de faire surface.

1. *Le détendeur :* pour respirer (voir pages 168 à 174)
2. *La bouteille haute pression :* pour contenir de l'air (voir pages 160 à 168)

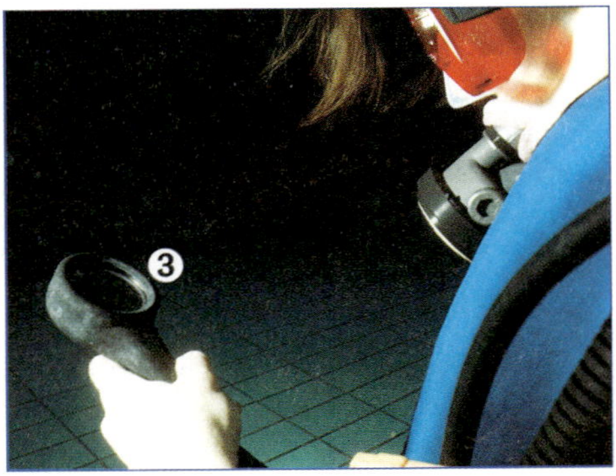

3. *Le manomètre immergeable :* pour contrôler la pression de l'air de sa bouteille en surface et en plongée (voir pages 166 à 167).

Le matériel complémentaire

Il est indispensable pour envisager des plongées en milieu naturel.

1. *La combinaison :* pour se protéger du froid (voir pages 295 à 298).
2. *La ceinture de lest :* pour compenser la flottabilité de sa combinaison (voir page 299).

Le matériel de sécurité du plongeur

1. *Le gilet de remontée :* pour se maintenir en surface sans effort, s'équilibrer au fond, assister ou sauver un plongeur en difficulté (voir pages 175 à 187).
2. *La lampe étanche :* pour plonger de nuit, et restituer les couleurs (voir page 320).
3. *Le poignard de plongée :* pour se dégager d'un filet, par exemple (voir pages 319 à 320).

4. *Détendeur de secours (octopus) :* pour assister un coéquipier en panne d'air, le temps que le moniteur prenne le relais (voir page 173).

Le matériel de sécurité indispensable au guide ou chef de palanquée

Il permet au guide ou chef de palanquée de contrôler le bon déroulement de la plongée.

1. *Le profondimètre :* pour indiquer la profondeur.
2. *La montre :* pour indiquer le temps de plongée.
3. *L'ordinateur d'aide à la plongée :* pour indiquer la profondeur, le temps de plongée. Il permet de contrôler sa vitesse de remontée et indique les paliers à effectuer.
4. *Les tables de plongée immergeables :* pour indiquer les paliers à réaliser.
5. *La boussole ou compas étanche :* pour s'orienter sous l'eau.
6. *Un deuxième détendeur de secours :* pour assister un plongeur en panne d'air (non représenté).

Le matériel de sécurité utile au guide ou chef de palanquée

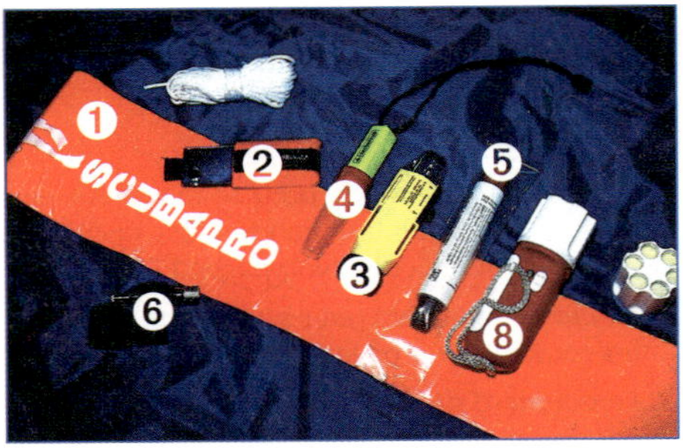

1. *Le parachute de palier :* pour se faire repérer en surface par le bateau tout en effectuant ses paliers.
2. *Le miroir de signalisation :* pour se faire repérer en surface, de jour.
3. *La lampe flash étanche :* pour se faire repérer sous l'eau et en surface de nuit.
4. *La lampe luminescente :* pour se faire repérer de nuit par la palanquée sous l'eau et en surface.
5. *Le feu fumigène étanche :* permet de se faire repérer en surface, de nuit comme de jour.
6. *Le sifflet à air comprimé :* émet un bruit strident qui permet de se faire repérer, pour certains modèles jusqu'à une distance de 2 km.
7. *L'ardoise sous-marine :* munie d'un crayon, elle permet de prendre des notes en surface et sous l'eau (non représentée).
8. *Le pistolet lance-fusées étanche :* pour se faire repérer en surface, de jour comme de nuit, en cas de dérive.

LE MATÉRIEL COLLECTIF

Le matériel de sécurité lié à l'activité

C'est le matériel de premiers secours, de balisage obligatoire et de sécurité à usage collectif :

Le matériel de secours

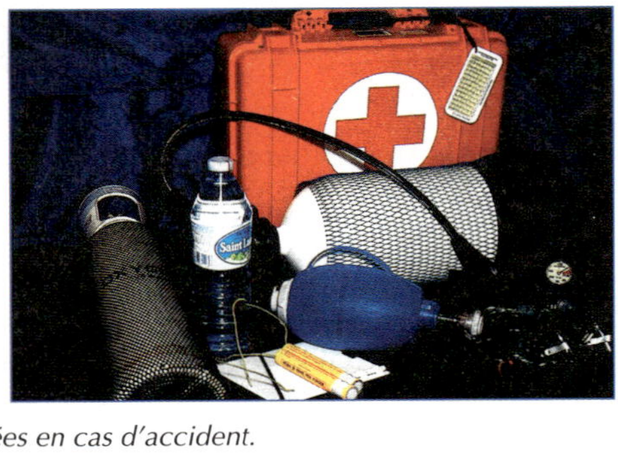

Un scaphandre de secours prêt à l'emploi.
Une bouteille d'oxygène et un insufflateur équipé d'un ballon-réserve enrichisseur en oxygène.
Les numéros d'appel des secours.
Une pharmacie adaptée.
Eau potable.
Des tables de plongée.
De quoi écrire.
Des pétards de rappel ou tout autre moyen permettant d'avertir les palanquées en cas d'accident.

Le pavillon de signalisation

Cette signalisation est assurée par le pavillon "alpha" du Code International de navigation.

Le manomètre de surface

Il permet de contrôler la pression de sa bouteille avant de plonger.

Il tend à disparaître car aujourd'hui le manomètre sous-marin (voir pages 166 à 167) se généralise.

Le compresseur

Le compresseur haute pression sert à remplir d'air respirable les bouteilles de plongée.

1. Le moteur d'entraînement.

2. La partie compresseur.

3. Instructions de gonflage affichées.

Le matériel de réparation et d'entretien

C'est le matériel qu'il est utile de posséder pour réparer et entretenir le matériel de plongée (la liste n'est pas exhaustive).

Un maillet
Une pince multiprise
Des clefs plates
Des chiffons
Des joints toriques de rechange.
Des colliers de serrage.
Un embout de rechange.
Des tournevis.
Des clefs alènes.
De la graisse silicone.
Un manomètre moyenne pression.
Des outils spécifiques de démontage et réglage

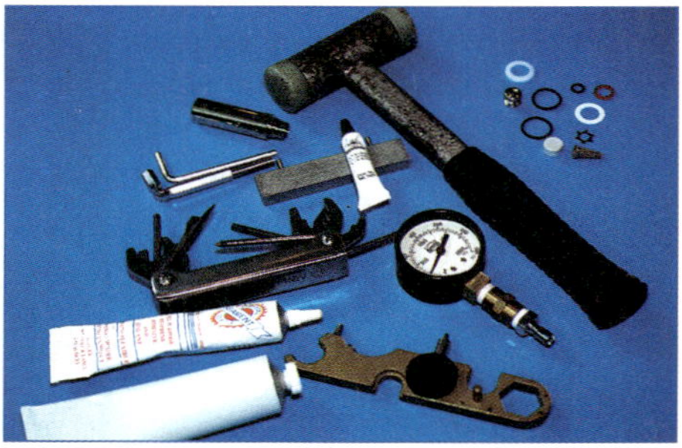

LE TRANSPORT ET L'ENTRETIEN DU MATÉRIEL DE PLONGÉE

LE TRANSPORT DU MATÉRIEL PERSONNEL : LE SAC DE PLONGÉE

Pour transporter votre matériel de plongée, vous utiliserez un sac de plongée. Il doit avoir un fond et des poignées de portage suffisamment résistants.

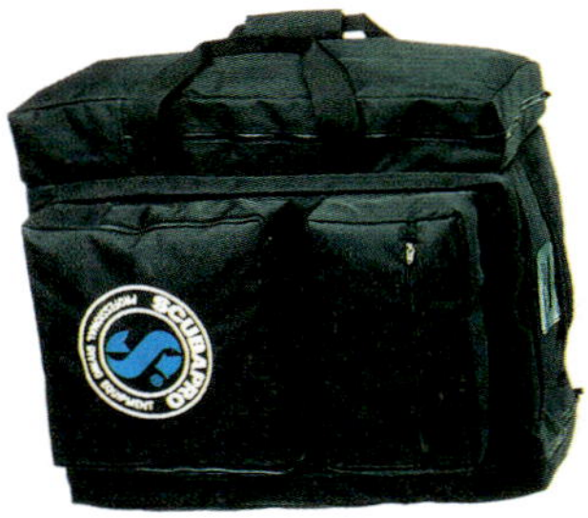

La majorité des fabricants propose des sacs de plongée qui se portent sur le dos grâce à de larges sangles.

Certains sacs sont même équipés de roulettes afin de faciliter leur transport.

Rangez vos affaires à l'aide du check-list situé page 136, dans l'ordre opposé à leur utilisation. La ceinture de lest sera transportée à part.

Vos effets personnels seront stockés dans un sac réservé à ce seul usage.

Certains matériels nécessitent d'être stockés et transportés avec précautions, à l'abri des chocs.

C'est le cas des instruments de mesure (montre, profondimètre, ordinateur, compas ou boussole), de votre masque et détendeur. Ils seront entreposés dans des boîtes en plastique ou des housses en tissu matelassé.

Ne les laissez pas au fond de votre sac avec votre ceinture de lest.

Après chaque plongée

L'ensemble de votre matériel doit être rincé abondamment à l'eau douce et séché à l'ombre, et à l'abri du soleil.

N'oubliez pas de vidanger et de rincer l'intérieur de votre gilet de remontée.

Le détendeur sera rincé, le capuchon de protection de l'étrier vissé (voir page 170).

Après chaque fin de saison

Votre matériel à chaque fin de saison doit être hiverné avec soin.

L'ensemble de votre matériel sera laissé à tremper dans de l'eau douce et rincé abondamment puis séché à l'ombre.

Votre gilet de remontée sera vidangé, rincé puis stocké suspendu.

Votre combinaison sera entreposée sur un cintre dans un endroit tempéré, par exemple dans un placard.

Les pièces métalliques telles que lame de poignard, fermeture éclair de combinaison, visseries... seront graissées ou huilées au silicone.

Les joints toriques par exemple de votre lampe, seront graissés au silicone. Les piles ou accus seront retirés des lampes et flash photographique dans le but d'éviter toute fuite qui endommagerait les contacts.

Les bouteilles (de bouée ou de plongée) seront confiées à un spécialiste en inspection visuelle qui contrôlera leur état.

Les joints toriques de votre montre seront changés et son étanchéité vérifiée, votre profondimètre et votre détendeur seront contrôlés par un spécialiste.

CHECK-LIST DU MATÉRIEL INDIVIDUEL DE PLONGÉE

PISCINE	EFFETS PERSONNELS	MILIEU NATUREL
Sac de plongée	Shampooing, savon	Sac de plongée
Maillot de bain	De quoi écrire	Maillot de bain
Serviette de bain	Crème solaire	Serviette de bain
Palmes	Lunettes de soleil	Palmes
Chaussons ou bottillons de plongée selon le cas	Chapeau ou bob	Masque
Masque	Vêtements de rechange	Tuba
Tuba	Vêtements chauds selon le cas	Haut de combinaison
Ceinture de lest	Médicaments contre le mal de mer	Bas de combinaison
Shorty ou tee-shirt ou haut de combinaison	Licence ou assurance	Gants
Gilet de remontée	Certificat médical	Chaussons ou bottillons
	Carte brevet, passeport de plongée	Ceinture de lest
	Carnet de plongée	Détendeur(s)
	Carte individuelle d'identification VAGNON	Manomètre sous-marin
	Argent	Bouteille
	Boisson, en-cas	Gilet de remontée
	Carte téléphonique	Poignard de plongée
		Lampe étanche
		Profondimètre ou ordinateur
		Tables de plongée
		Montre
		Boussole ou compas

Le matériel individuel de base

Avant de commencer votre formation pratique, il vous est nécessaire, dans la majorité des cas, d'acquérir le matériel individuel de base. De nos jours, la majorité des fabricants de matériel de plongée propose des gammes de matériel spécifiques aux femmes et aux enfants

LES PALMES

Présentation

Elles assurent la propulsion du plongeur et lui permettent d'évoluer avec aisance et un minimum d'effort.

1. à voilure à tuyères.
2. à voilure à canaux souples.
3. polyvalentes.
4. à voilure longue.

Il est conseillé au début d'utiliser des palmes polyvalentes (3), de longueur et souplesse moyennes. Elles permettent d'acquérir un bon palmage et sont utilisables aussi bien pour la plongée en scaphandre autonome que pour la nage en surface et l'apnée.

Elles permettent de remonter plus facilement aux échelles et de se déplacer à terre.

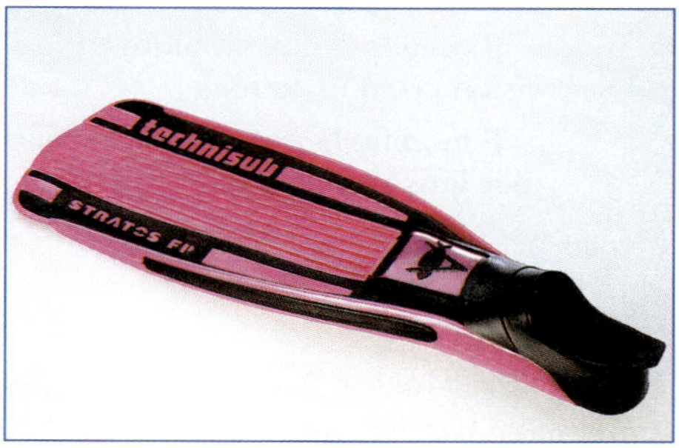

Lorsque vous aurez bien assimilé les mouvements de palmage, vous pourrez envisager éventuellement l'achat de palmes à voilure longue (4), plus adaptées à la pratique de la nage en surface et à l'apnée. Par contre, si vous désirez produire un palmage lent et efficace, adapté à la profondeur, vous opterez pour des palmes à voilure à tuyères (1) ou à canaux souples (2).

Il existe différents types de fixation :

Les palmes chaussantes

Système généralement plus confortable qui englobe tout le talon, elles permettent l'utilisation de chaussons de plongée (voir page 298).

Les palmes avec sangles réglables

Elles se portent avec des bottillons de plongée (voir page 298). Elles ne sont pas faites pour être utilisées pieds nus, elles risquent d'irriter ou de blesser le pied.

Les palmes chaussantes avec sangles réglables

Ce système de fixation est l'association des deux précédents.

Conseils d'achat

Le choix des palmes est très important. Vous devez les choisir confortables et bien à votre taille.

Si vous envisagez l'utilisation de chaussons ou de bottillons de plongée (voir page 298), il vous faudra prendre une ou deux tailles au-dessus. Le mieux est d'essayer les palmes chaussées de ceux-ci.

LE MASQUE

Présentation

Il isole les yeux du plongeur de l'eau et lui permet de retrouver une vision presque normale.

Il modifie la perception visuelle : sous l'eau, les objets apparaissent plus gros et plus près.

1. *masque grand volume, à une vitre.*
2. *masque en silicone transparent, à deux vitres.*
3. *masque petit volume, à deux vitres.*

Les masques grand volume à une vitre (1) sont adaptés à la pratique de la plongée en scaphandre. Ils offrent un grand champ visuel.

Certains masques grand volume sont équipés de quatre voire six verres afin d'améliorer la luminosité et le champ de vision latéralement et en bas.

Ces masques limitent l'effet "tunnel" et les vitres basses qui équipent certains modèles peuvent être adaptées aux problèmes de presbytie (voir ci-dessous).

Le masque en silicone (2) est fabriqué en silicone transparent ou coloré. Quand il est transparent, il est plus lumineux. Le silicone est une matière plus souple que le caoutchouc et n'irrite pas la peau, ce qui accroît le confort.

Les masques petit volume à deux vitres (3) sont destinés à la pratique de l'apnée. Certains fabricants ont conçu des masques beaucoup plus dégagés sous le nez pour les moustaches et barbes. Les poils présentant l'inconvénient de réduire l'étanchéité du masque.

Vous êtes myope, hypermétrope, presbyte. Vous pouvez adapter votre vision sous l'eau avec un masque comportant des verres polymérisés sur la vitre du masque, ou en remplaçant les vitres par des verres correcteurs.

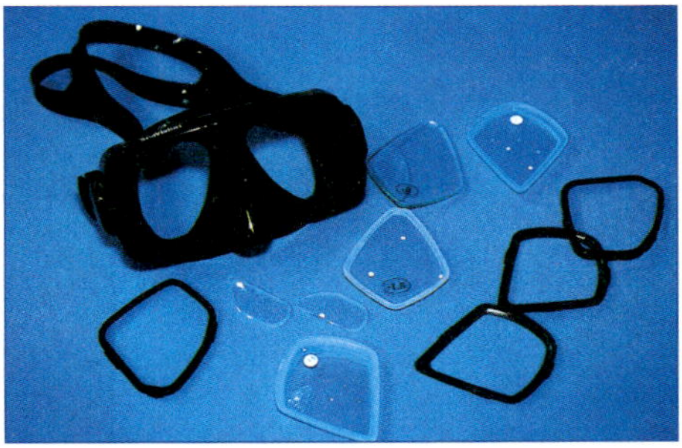

D'autre part, il existe des systèmes de lentilles souples pour les presbytes qui se collent et se décollent sur n'importe quelle vitre de masque.

La marque Scubapro® commercialise des masques équipés de vitres spéciales "Thrama" en allildigicol-carbonate.

Cette matière composite réduit l'action des rayons ultra-violets, procure une vision plus nette et plus contrastée en réduisant la composante bleutée de la lumière et limite la formation de buée.

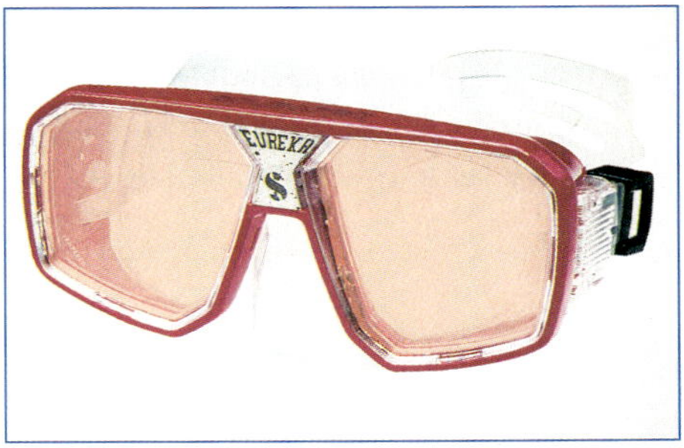

Les matériels à proscrire

Ce sont les masques sans système d'équilibration et les masques type James Bond avec tuba incorporé et balle de ping-pong.

Utilisation du masque

Pour éviter l'apparition de buée, nettoyez la vitre avec de la salive ou utilisez un produit anti-buée (en vente chez votre revendeur).

Si votre masque est équipé de verres correcteurs ou traités, évitez de les rayer ou de détériorer le traitement en les essuyant avec un matériau trop abrasif.

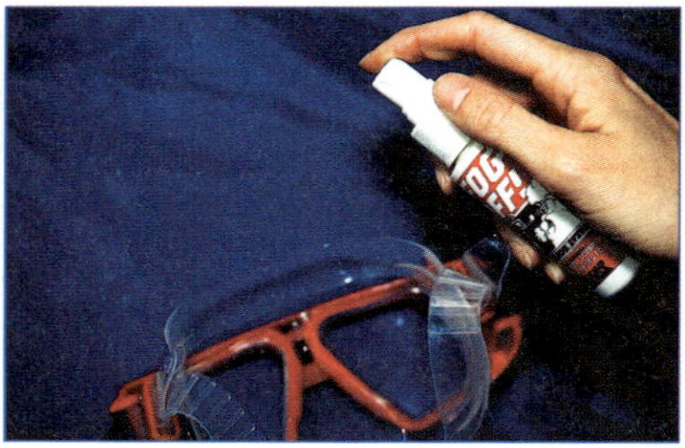

Pour ajuster votre masque, positionnez-le sur votre visage en mettant les cheveux en arrière. Ceux-ci ne doivent pas être placés sous la jupe du masque car ils laisseraient l'eau s'infiltrer.

Puis placez la sangle modérément serrée sur le haut de votre tête.

La marque Spiro® commercialise un sac gonflable afin de protéger votre masque des chocs, des rayures et des rayons Ultra-Violets.

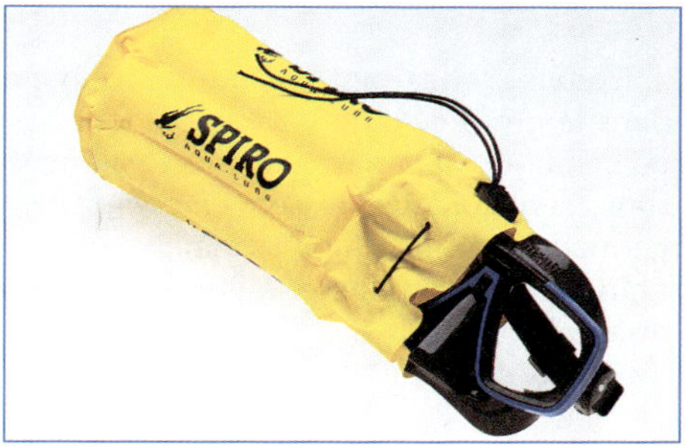

Conseils d'achat

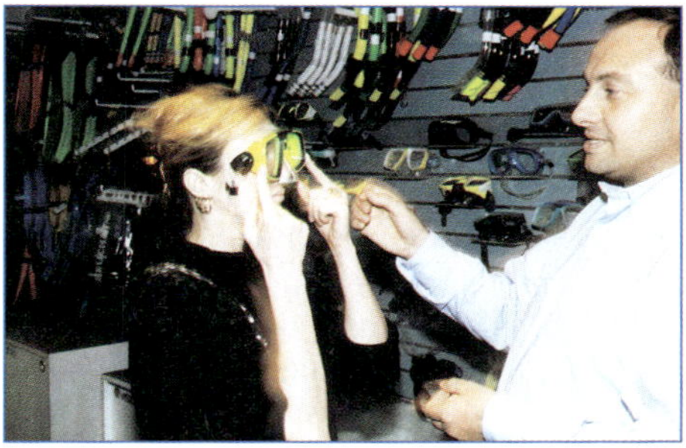

Après votre achat, nettoyez la vitre de votre masque avec du liquide vaisselle pour enlever la fine couche d'huile protectrice.

LE TUBA

Il est essentiel pour les déplacements en surface, sans avoir à sortir la tête hors de l'eau. En plongée, il est indispensable pour nager jusqu'au lieu d'immersion afin d'économiser l'air, à l'aller comme au retour, si la bouteille est vide.

Présentation

1. tuba petit diamètre, long.
2. tuba gros diamètre, court.
3. tuba gros diamètre, avec soupape.
4. soupape inférieure.

Il est préférable d'utiliser un tuba long, de petit diamètre (1) en plongée avec scaphandre autonome car il est plus adapté à la nage bouteille capelée, surtout lorsqu'il y a des vagues.

Le tuba gros diamètre, court (2) permet une ventilation plus efficace pour la nage avec palmes ou l'apnée.

Certains tubas sont équipés de soupape située dans le prolongement du tube, à leur base, près de l'embout (7) et dans certains cas, une soupape supérieure conique (4) vient en complément. Elles permettent d'aider l'apnéiste à chasser l'eau lorsqu'il crève la surface et à éliminer le peu d'eau résiduelle.

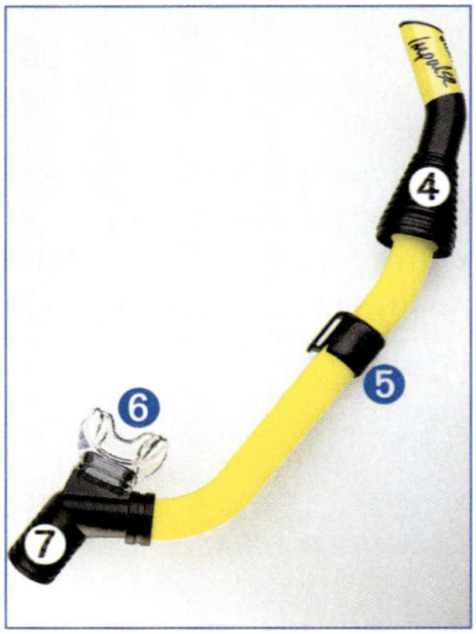

4. soupape supérieure conique.
5. attache coulissante.
6. embout silicone orthodontique.
7. soupape inférieure.

Utilisation

En plongée, vous pouvez porter votre tuba lorsque vous ne l'utilisez pas, attaché à la sangle du masque, ou entre les sangles du poignard et le mollet, ou glissé dans les sangles de réglage du gilet.

Si vous portez un tuba encombrant (à soupapes par exemple), il est préférable de le porter attaché à la bride du masque.

Conseils d'achat

Évitez les tuyaux "coudés en angle", peu pratiques ; l'embout doit être souple et bien aller en bouche.

Sa forme doit épouser la forme du visage, lorsqu'il est à poste.

Préférez un embout en silicone anallergique et orthodontique, plus confortable en bouche.

Une attache rapide est préférable car elle permet d'attacher et de désolidariser rapidement le tuba de la sangle du masque.

Les matériels à proscrire sont les tubas s'obstruant grâce à une balle de ping-pong, incorporés au masque car ils sont dangereux (de nos jours, ils sont interdits à la vente en France).

OBJECTIF N° 3

La mise à l'eau en se laissant glisser du bord

INTÉRÊT PRATIQUE

Cette mise à l'eau, simple, permet de descendre dans l'eau du rebord d'une piscine, de la plate-forme arrière de mise à l'eau d'un bateau, d'un pneumatique, avec le moins de contraintes possibles pour votre matériel et en silence.

Critères de réussite acceptables : vous devez être capable de vous laisser glisser progressivement dans l'eau, sans lâcher le bord qui vous a servi de mise à l'eau.

Conditions de réalisation : de jour, visibilité au moins égale à 5 mètres, en pleine eau, profondeur correspondant au niveau d'évolution du niveau 1/ plongeur ☆ (zone des 20 mètres).

Exercice n° 1

Mettez-vous à l'eau en vous laissant glisser du bord.

Hauteur du bord inférieure à 60 cm.

- Asseyez-vous sur le rebord, masque en place, les palmes dans l'eau.
- Utilisez vos deux mains pour prendre appui sur le bord.
- Tournez-vous face au bord et laissez-vous descendre progressivement.
- Ne lâcher le bord que lorsque vous êtes entièrement dans l'eau.

DIFFICULTÉS

❑ **Si vous descendez dans l'eau trop rapidement, sans contrôler votre descente :**

Quand vous êtes tourné face au bord, relâchez progressivement vos bras ; vous devez pouvoir compter jusqu'à 5 avant d'être complètement dans l'eau.

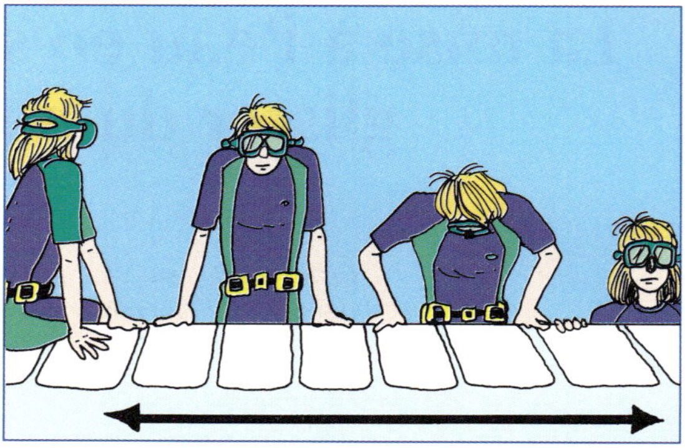

VARIANTES

Après avoir réussi l'exercice n° 1, essayez de le réaliser :

1. en prenant appui du côté droit

2. en prenant appui du côté gauche

3. en pleine eau.

OBJECTIF N°4

Le vidage du tuba

INTÉRÊT PRATIQUE

L'emploi du tuba va vous permettre de respirer en surface, tout en regardant le fond. Mais il est indispensable de savoir le vider avant de reprendre une respiration à la suite de son remplissage par une apnée ou une vague.

Critères de réussite acceptables : vous devez être capable de respirer normalement, sans sortir la tête de l'eau, à la suite du remplissage du tuba par immersion de la tête.

Conditions de réalisation : de jour, visibilité égale ou supérieure à 5 mètres, en pleine eau.

Exercice n° 1

Respirez à l'aide du tuba.

Exercice réalisé à terre.

- Glissez le tuba dans la sangle du masque.
- Bouche grande ouverte, positionnez l'embout en prenant soin de le serrer, mâchoires refermées.
- Respirez normalement par la bouche.

VARIANTES

Après avoir réussi l'exercice n° 1, essayez de le réaliser :

1. en utilisant différents types de tuba : petits et gros diamètres.
2. en provoquant trois apnées espacées à terre, en comptant jusqu'à sept, lors de chacune d'elles.
3. dans l'eau, en respirant à l'aide du tuba et en vous tenant à l'échelle.

Exercice n° 2

Projetez l'eau contenue dans votre tuba le plus loin possible.

Exercice réalisé à terre par binôme, l'un évaluant la réalisation de l'autre.

- Remplissez votre tuba d'eau et mettez l'embout en bouche, en prenant soin d'arrêter de respirer.
- Vous pouvez reprendre votre inspiration dès que vous avez vidé votre tuba.

DIFFICULTÉS

❑ S'il reste un peu d'eau ou si elle est projetée à courte distance

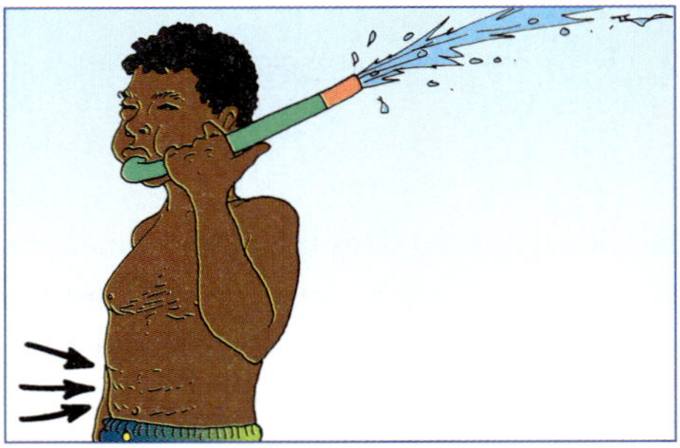

Soufflez par la bouche énergiquement plusieurs fois si nécessaire, les lèvres refermées sur le tuba.

VARIANTES

Après avoir réussi l'exercice n° 2, essayez de le réaliser :

1. en projetant l'eau contenue dans votre tuba le plus haut possible.
2. en utilisant différents types de tuba, petits et gros diamètres.
3. tuba rempli, en attendant 10 secondes avant de le vider.
4. tuba rempli, en le vidant sur un signal sonore.
5. tuba rempli, en le vidant sur un signal visuel.
6. en essayant de toucher une cible (planche de natation flottante).

Exercice n° 3

Videz votre tuba à la suite d'une immersion
le long de l'échelle ou du bord.

- Tuba glissé dans la sangle du masque, tenez-vous à l'échelle ou au bord.
- Descendez le long de l'échelle ou du bord sans les lâcher durant l'ensemble de l'exercice.
- Arrêtez-vous de respirer dès que votre tête est entièrement immergée.
- Vous pouvez reprendre votre respiration dès que vous avez vidé votre tuba.

DIFFICULTÉS

❑ Si vous avalez de l'eau, après avoir soufflé énergiquement dans votre tuba

Sans tuba, immergez-vous les yeux fermés. A la remontée, levez le bras lorsque vous pensez avoir émergé votre tête, instant où il faut vider votre tuba.

VARIANTES

Après avoir réussi l'exercice n° 3, essayez de le réaliser :

1. en descendant sur le fond.
2. en comptant jusqu'à dix avant de remonter, pour vider votre tuba.
3. en fermant les yeux.
4. en échangeant, sous l'eau, votre tuba avec un coéquipier avant de le vider.
5. en effectuant le même exercice que (4) mais en le réalisant en partant du fond.

OBJECTIF N° 5

Le palmage en surface

INTÉRÊT PRATIQUE

Les palmes permettent de se déplacer, d'explorer le milieu dans les différents plans de l'espace. L'action des jambes est prépondérante, les bras ne servent qu'à se stabiliser ou à aider aux changements de direction.
Le palmage ventral est adapté aux longs déplacements et permet d'observer le fond.
Le palmage de sustentation permet d'attendre ses coéquipiers, de se repérer en surface et de remonter sur un bateau pneumatique ou le bord d'une piscine.
Le palmage costal permet de se repérer en surface lors de son déplacement.
Le palmage dorsal permet de se déplacer tout en respirant à l'air libre. De plus, cette position est décontractante et reposante ; elle est indiquée notamment en cas de perte de tuba.

Critères de réussite acceptables : vous devez être capable de réaliser :
- un palmage ventral, costal puis dorsal de 200 mètres chacun, sans prendre appui
- un palmage de sustentation sans prendre appui sur le bord, durant deux minutes, tête hors de l'eau.

Conditions de réalisation : de jour, visibilité égale ou supérieure à 5 mètres, en pleine eau, mer calme à légèrement agitée.

Exercice n° 1

Face au bord, palmez, le corps vertical, tête hors de l'eau.

- Les deux jambes relâchées, travaillent alternativement d'avant en arrière.
- Le mouvement part de la hanche, l'ensemble de la jambe et le pied agissent en extension.
- Les genoux sont légèrement fléchis.
- L'ouverture du compas des jambes est relativement importante.

❑ **Si votre buste est cassé**

Durant l'exercice, fixez un repère visuel à la hauteur de vos yeux.

❑ **Si votre corps oscille d'avant en arrière ou de droite à gauche, ou si vos genoux sont exagérément fléchis et/ou si le mouvement part des genoux**

Essayez de ressentir le placement de vos membres.

❑ **Si le rythme est trop difficile à tenir et/ou si vous avez des difficultés à rester tête hors de l'eau**

Palmez plus lentement, amplement, en adaptant votre rythme, les jambes suffisamment écartées.

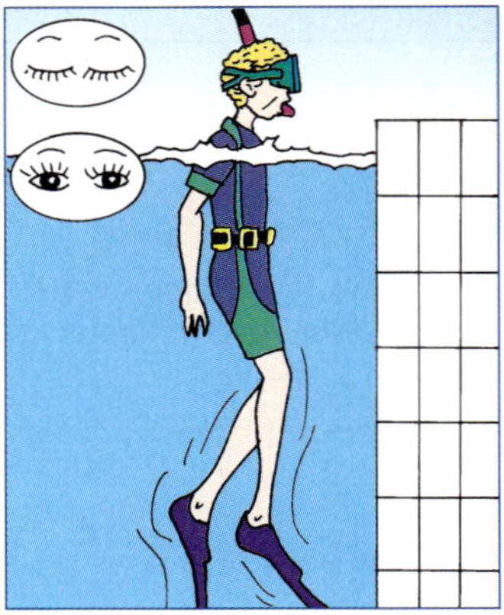

❑ **Si vous êtes assis, vous pédalez vers le bas, les pieds fléchis**

Vos jambes et vos pieds doivent être en extension.

VARIANTES

Après avoir réussi l'exercice n° 1, essayez de le réaliser :

1. par binôme, en vous racontant votre emploi du temps de la journée.
2. en levant les bras vers le ciel : 30, 60, 120 secondes.
3. en effectuant des passes à l'aide d'une balle.
4. en tenant au-dessus de votre tête un plomb dans chaque main.
5. en décollant votre poitrine de l'eau, à la suite d'un signal sonore.
6. en effectuant le même exercice que (5) mais à la suite d'un signal visuel.

Exercice n° 2

Poussez une planche de natation devant vous, en palmant sur le ventre.

- Déplacez-vous le long du bord.
- Les deux jambes relâchées travaillent alternativement de haut en bas.
- Le mouvement part de la hanche, l'ensemble de la jambe et le pied agissent en extension.
- Le genou est légèrement plié lorsque le talon émerge, juste avant la descente de la jambe.
- Les voilures des palmes sont constamment immergées.

❑ **Si vos deux jambes travaillent simultanément, vos genoux sont trop fléchis, le mouvement part du genou**

Essayez de ressentir la position de vos membres, le degré de flexion de vos jambes, en palmant face au bord.

❑ **Si vos jambes travaillent d'avant en arrière, les pieds fléchis**

En vous tenant au bord, touchez le fond en alternance avec le bout des palmes (fond à adapter suivant la morphologie de la personne).

❑ **Si vos fesses et/ou vos palmes sortent de l'eau**

En vous tenant face au bord, palmez tout en fixant un repère situé en hauteur (repère visuel indiqué par votre moniteur, choisi de façon à vous obliger à immerger suffisamment les jambes).

❑ **Si vous vous déplacez circulairement**

Les yeux fermés, en vous tenant face au bord, palmez tout en essayant de ressentir l'appui de chacune de vos jambes et essayez de répartir la pression exercée sur l'eau par chacune d'elles.

VARIANTES

Après avoir réussi l'exercice n° 2, essayez de le réaliser :

1. sans vous arrêter, en nageant avec une planche sur 12,5 mètres, 25 mètres, puis 50 mètres, sans prendre appui.
2. en réalisant un relais avec planche, chacun parcourant 100 mètres.
3. par binôme, face à face, chacun poussant une même planche en ayant pour but de pousser l'autre le plus loin possible.
4. en nageant masque et tuba en place, bras le long du corps, 25, 50 et 100 mètres.
5. en effectuant un changement de direction sur un signal sonore :
   - 1 son, vous vous dirigez à droite
   - 2 sons, vous vous dirigez à gauche
   - 3 sons, vous effectuez un demi-tour.
6. en vous suivant les uns derrière les autres, en essayant de suivre votre moniteur qui effectue des changements de direction.
7. en réalisant le même exercice que (6) mais votre moniteur effectue en plus des changements d'allures (accélération, ralentissement, arrêt).

Exercice n° 3

Associez l'utilisation des bras au palmage ventral.

- Déplacez-vous le long du bord, masque et tuba en place.
- Regardez le fond.
- Les deux bras travaillent alternativement.
- La main pénètre profondément dans l'eau, devant l'épaule.
- La traction sous l'eau se réalise latéralement, bras tendu.
- Lors du retour aérien du bras, l'avant-bras et la main relâchés sortent en dernier de l'eau.

DIFFICULTÉS

❑ **Si votre nage est associée à un important roulis**

Évitez de lever trop haut vos bras et coudes.

❑ **Si le rythme de travail des bras est trop rapide, difficile à associer à celui des jambes**

Le travail des bras ne doit pas gêner l'exécution des battements qui sont la source principale de la propulsion. Comparez votre rythme d'utilisation des bras à celui des jambes, puis essayez de le réduire en l'adaptant en fonction de votre palmage.

VARIANTES

Après avoir réussi l'exercice n° 3, essayez de le réaliser :

1. en nageant sans vous arrêter 25, 50 puis 100 mètres.
2. par équipe, en parcourant 100 mètres chacun.
3. en nageant sans vous arrêter 200 mètres puis 300 mètres.
4. en nageant, en utilisant uniquement les bras, une planche de natation coincée entre les jambes.
5. à chaque changement de signal sonore, en utilisant alternativement les bras lors de votre palmage.

Exercice n° 4

Par binôme, palmez sur le côté, en vous regardant mutuellement.

- L'amplitude des ciseaux de jambes est relativement importante.
- L'un des bras est étendu en avant, l'autre est allongé le long du corps.
- Le tuba est tourné, l'orifice dirigé vers le haut ou l'embout retiré de la bouche.

VARIANTES

Après avoir réussi l'exercice n° 4, essayez de le réaliser :

1. en changeant de côté.
2. en effectuant le même exercice que (1) mais sur signal sonore.
3. en fixant le bord pour vous diriger vers un point.
4. en réalisant 25, 50 puis 100 mètres.
5. par binôme, l'un déclenchant un changement de côté sans prévenir, l'autre devant réagir le plus rapidement possible, en changeant de côté à son tour.

Exercice n° 5

Palmez allongé sur le dos.

- Déplacez-vous le long du bord, tuba et masque en place.
- Le tuba est retiré de la bouche.
- Prenez et fixez des points de repère à terre, dans l'alignement de votre trajet.
- Allongez-vous complètement, le corps relâché, torse émergeant.
- Les bras sont le long du corps.
- Les genoux sont constamment immergés.

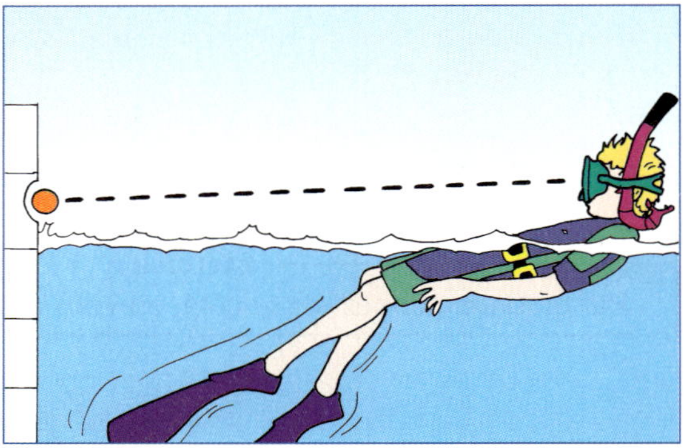

VARIANTES

Après avoir réussi l'exercice n° 5, essayez de le réaliser :

1. en nageant 25, 50 puis 100 mètres.
2. par équipe, en parcourant 200 mètres chacun.
3. en nageant les yeux fermés, en étant guidé par un coéquipier.
4. par binôme, dos à dos, chacun poussant une même planche de natation, en ayant pour but de pousser l'autre le plus loin possible.

Les crampes dues au palmage

L'AUTO ÉTIREMENT

EN POSITION DEBOUT

Conservez votre genou tendu tout en maintenant votre pied à plat, au sol.

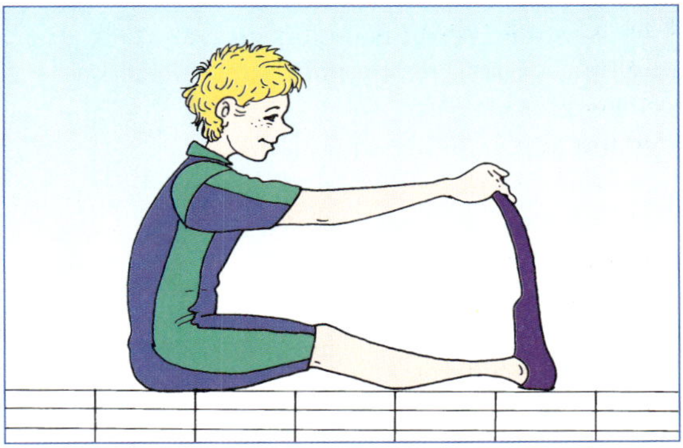

EN POSITION ASSISE

Au sol, étendez activement votre genou en fléchissant votre cheville et en tirant sur le bout de votre palme.

L'ÉTIREMENT

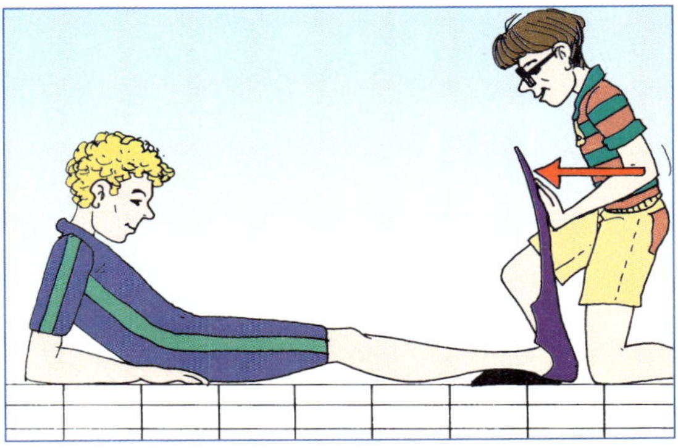

Allongez-vous sur le dos et demandez à une personne de saisir votre talon d'une main dans le but d'amener progressivement et lentement votre pied en flexion, en appuyant fortement avec l'avant-bras sur la voilure de votre palme et en utilisant le poids de son corps.

OBJECTIF N°6

La pression

CRITÈRES DE RÉUSSITE ACCEPTABLES : vous devez être capable de préciser ce qu'est la pression et de donner des exemples d'intervention de celle-ci dans notre activité.

LA NOTION DE PRESSION

Lors de votre baptême de plongée, vous avez certainement ressenti une légère gêne au niveau des oreilles ; elle était due à la pression exercée par l'eau.

MAIS QU'EST-CE QUE LA PRESSION ?

Vous découvrez douloureusement la notion de pression lorsque quelqu'un vous marche par inadvertance sur le pied.

Cette personne exerce une certaine force : **son poids,** réparti sur une surface : **le dessus de votre pied.**

La **Pression** (P) est une **Force** (F) exercée sur une **Surface** (S) : $P = \frac{F}{S}$

- En Europe, les unités employées couramment en plongée sont :

- le bar (b)
- le kilogramme force par centimètre carré (kgf/cm^2)

➡ 1 bar correspond environ à 1 kgf/cm^2

➡ 1 kgf/cm^2 correspond à une force exercée par une masse de 1 kg sur une surface de 1 cm^2.

- Au Québec, les unités employées couramment en plongée sont :

- la livre par pouce carré (lbs/po^2) ou (psi)
- le bar (b)

➡ 1 bar correspond à 14,4 lbs/po^2

➡ 1 lb/po^2 correspond à 0,0693 bar

Pour convertir approximativement :

- les bars en livres par pouce carré : il faut multiplier par 15
- les livres par pouce carré en bars : il faut diviser par 15

LA PRESSION D'UN FLUIDE (AIR, EAU...)

Prenons un exemple de la vie de tous les jours : si vous gonflez une chambre à air à l'aide d'une pompe à vélo, que se passe-t-il ?

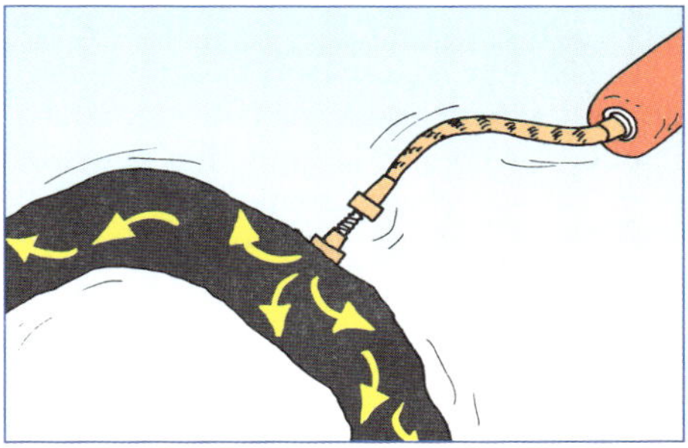

Dans un premier temps, l'air que vous comprimez occupe la place qui est disponible.

Vous voyez la chambre à air se gonfler, se rigidifier progressivement.

Dans un deuxième temps, lorsque l'air occupe l'ensemble de la place disponible, l'enveloppe élastique de la chambre à air se déforme sous l'effet de la pression. Elle se gonfle de façon uniforme car *la pression s'exerce en tous sens et se répartit de façon uniforme dans le volume correspondant à l'enceinte de la chambre à air.*

A l'extrême, la chambre à air éclate lorsqu'elle a atteint sa limite d'élasticité.

Volume permettant de contenir de l'air :	Moyen de compression :
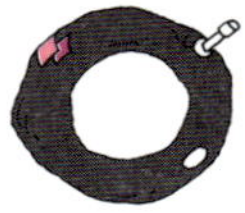 chambre à air	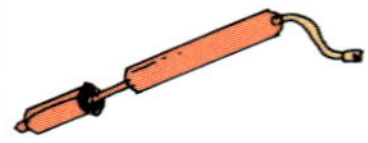 pompe à vélo
 bouteille de plongée	 compresseur haute pression

Nous pouvons faire le parallèle avec le fait de remplir d'air une bouteille de plongée.

Le compresseur haute pression aura remplacé la pompe à vélo trop faible pour comprimer de l'air à haute pression.

La chambre à air se déforme sous l'effet de la pression car elle est faite en caoutchouc. Par contre, la bouteille, faite en acier indéformable ne se modifie pas sous l'effet de la pression, lors d'une utilisation normale.

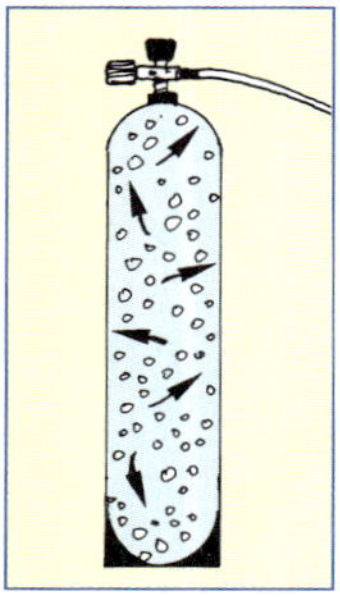

Le volume ne pourra donc pas augmenter lorsque l'air aura occupé l'ensemble de la place disponible car il est fixe et égal à la capacité de la bouteille (12 litres le plus souvent). A *partir de cet instant, c'est la pression qui augmentera :*

Volume fixe : Pression ↗

C'est grâce à ce phénomène qu'une quantité d'air importante, comprimée à l'aide d'un moyen de compression puissant (le compresseur haute pression), peut être contenue dans un volume relativement réduit : la bouteille de plongée.

LA PRESSION SUBIE DANS L'AIR : LA PRESSION ATMOSPHÉRIQUE

La couche d'air qui entoure la terre est pesante.

La pression atmosphérique (P. atm) est ***d'environ 1 bar ou 14,4 lbs/po² au niveau de la mer*** (niveau 0).

Elle diminue avec l'altitude et varie en fonction de la météorologie.

LA PRESSION SUBIE DANS L'EAU : LA PRESSION RELATIVE

L'eau est pesante, comme l'air, ce qui induit une pression que l'on appelle **la pression relative (PR).**

Elle s'exerce en tous sens et se répartit uniformément sur tous les points situés à un même niveau sous la surface.

Tous les 10 mètres (33 pieds), la pression relative augmente de 1 bar.

MAIS COMMENT FAIRE CORRESPONDRE UNE PRESSION À UNE PROFONDEUR DONNÉE ?

Pour les forts en mathématiques, l'opération est simple. Pour les autres, nous vous proposons une méthode à partir d'un exemple :

- Soit une profondeur de 20 mètres (66 pieds).
- Placez une virgule à droite du dernier chiffre de ce nombre, soit : 20,00.
- Décalez cette virgule d'un chiffre vers la gauche, vous obtenez la pression relative en bars, soit : 2,000 bars.

Autres exemples :

Profondeur		Pression
09 m →	09,00 →	0,900 b
25 m →	25,00 →	2,500 b

LA PRESSION TOTALE SUBIE DANS L'EAU : LA PRESSION ABSOLUE

La pression absolue (PA) est la pression réelle subie dans l'eau, car il faut prendre en compte l'influence de la pression atmosphérique.

Pression absolue = Pression atmosphérique + Pression relative
PA = P atm. + PR

Exemples au niveau de la mer :

à 09 m (29,7 pieds) : 1 + 0,9 = 1,9 b
à 20 m (66 pieds) : 1 + 2,0 = 3,0 b
à 25 m (82,5 pieds) : 1 + 2,5 = 3,5 b

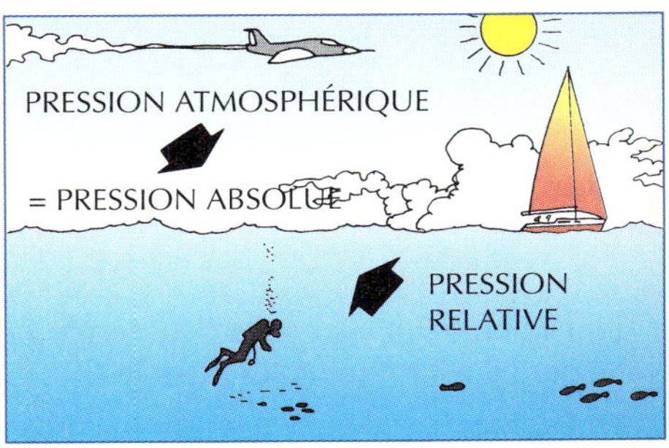

OBJECTIF N° 7

Le scaphandre autonome

INTÉRÊT PRATIQUE

Nous avons précédemment évoqué dans le cadre de l'objectif n° 2 (voir page 130) le scaphandre autonome. Nous allons maintenant le présenter de manière détaillée avant d'envisager son utilisation.

CRITÈRES DE RÉUSSITE ACCEPTABLES : vous devez être capable, face à un élément principal constituant le scaphandre autonome, de le nommer, d'en préciser le rôle.

LA BOUTEILLE OU LE BLOC

1. *mono bouteille enfant :*
   0,8 m³ de 4 litres à 200 bars
2. *mono bouteille enfant :*
   1,2 m³ de 6 litres à 200 bars
3. *mono bouteille :*
   2,4 m³ de 12 litres à 200 bars
4. *mono bouteille courte*
   (non représentée) :
   2,76 m³ de 12 litres à 230 bars
5. *mono bouteille :*
   3,45 m³ de 15 litres à 230 bars
6. *bi bouteille :*
   4,8 m³ de 2x12 litres à 200 bars

LE CORPS DE LA BOUTEILLE

DESCRIPTION

En Europe...

Le corps de la bouteille est en acier ou en aluminium. Il est conçu pour contenir de l'air comprimé à une pression d'utilisation le plus souvent de 176, 200, 230 ou 300 bars (haute pression : HP).

Son volume interne est de 4, 6, 9, 10, 12, 15 ou 18 litres et sa capacité en air varie de 0,8 à 4 m³ selon les modèles.

En Europe, le sigle gravé (ε) sur le corps de la bouteille atteste de leur conformité à la norme de la CEE.

Au Québec...

Au Québec, les bouteilles en aluminium sont beaucoup plus répandues qu'en Europe. Pour les bouteilles fabriquées pour le marché nord américain, le volume de service (capacité) est exprimé en pied cube (pi^3) et la pression maximale de chargement en livre par pouce carré (lbs/po^2 ou psi).

Leur volume de service (capacité) est situé dans une fourchette de 14 à 118,2 pieds cube (pi^3) soit environ 0,39 à 3,30 mètres cube (m^3). Leur pression de service varie en fonction des modèles de 2015 à 3500 livres par pouce carré (lbs/po^2 ou psi) soit approximativement 140 à 243 bars.

En fonction de leur date de fabrication, les bouteilles de plongée doivent porter le sigle de l'un des organismes de contrôle gouvernemental : D.O.T. ou I.C.C. ou C.T.C. ou T.C.

Un fond en plastique équipe le plus souvent les bouteilles de plongée pour protéger leur culot et les stocker verticalement.

Plusieurs marques commercialisent des fonds à rouleau qui permettent de déplacer les bouteilles en les faisant rouler.

La pose d'un filet protégera la bouteille des agressions et chocs possibles pouvant écailler la peinture.

Réglementation

Différentes inscriptions figurent sur le corps de la bouteille, notamment la date de la dernière réépreuve (test hydraulique) effectuée sous le contrôle de l'organisme gouvernemental habilité qui appose son poinçon de certification :

En France...

En France, ce contrôle réalisé sous le couvert d'un ingénieur des Mines (D.R.I.R.E.) s'effectue tous les 5 ans pour les adhérents à un organisme membre du comité consultatif de l'enseignement de la plongée (FFESSM, FSGT...).

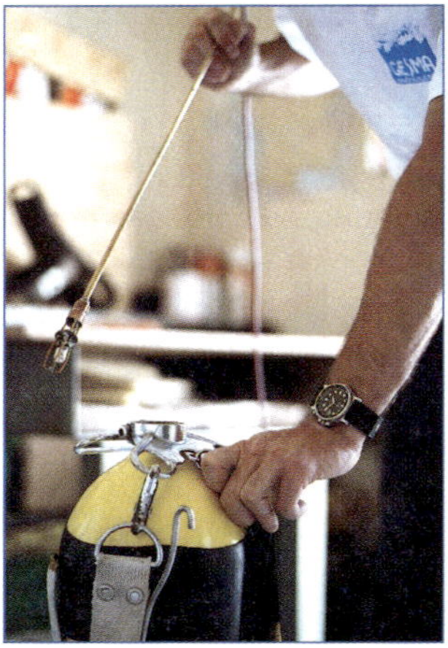

Par ailleurs, chaque année un technicien en inspection visuelle (TIV) vérifie intérieurement et extérieurement le corps de la bouteille afin de déceler une éventuelle détérioration.

Un timbre autocollant apposé sur le corps de la bouteille certifie le contrôle visuel et précise la date de validité.

Dans les autres cas, la réépreuve a lieu tous les deux ans.

En Belgique francophone...

En Belgique, une dérogation à la loi impose un test hydraulique réalisé tous les cinq ans par un service habilité par l'État.

Cette disposition législative nécessite l'observation de certaines conditions réglementaires notamment celle de faire subir à la bouteille un contrôle visuel interne et externe tous les 30 mois (2 ans 1/2) par un organisme agréé par l'État. Le règlement général impose, lui, un contrôle hydraulique tous les deux ans (contrôle biennal).

A Monaco...

En Principauté de Monaco, les bouteilles de plongée subissent une réépreuve tous les 2 ans et une inspection visuelle tous les ans.

Au Québec...

Au Québec, les bouteilles doivent subir un test hydraulique tous les cinq ans sous le contrôle d'un organisme agréé par le Ministère des Transports. Elles doivent être soumises aussi à un test visuel tous les ans.

Cette visite consiste à inspecter intérieurement et extérieurement la bouteille et à la nettoyer selon le cas. Un timbre autocollant apposé sur le corps de la bouteille certifie le contrôle visuel et spécifie la date de validité.

En Suisse...

En Suisse, la loi impose la réépreuve des bouteilles (épreuve hydraulique) tous les cinq ans, réalisée sous le contrôle de l'institution gouvernementale agréée (E.M.P.A.) et une inspection visuelle (contrôle de vue) par un technicien agréé tous les deux ans et demi.

LA ROBINETTERIE

LE ROBINET DE CONSERVATION

1. *Bouteille équipée d'une robinetterie à une sortie, sans réserve.*
2. *Bouteille équipée d'une robinetterie à une sortie, avec réserve.*
3. *Bouteille équipée d'une robinetterie à deux sorties.*

La robinetterie permet la circulation de l'air afin d'alimenter le détendeur (voir pages 168 à 174).

Elle peut être équipée d'une (1) et (2) ou deux sorties (3). Une robinetterie à deux sorties (3) permet de monter deux détendeurs sur une même bouteille.

Le deuxième détendeur sert de détendeur de secours pour assister un plongeur en panne d'air. Ce dernier est obligatoire, en France, pour le guide ou chef de palanquée et le moniteur (voir page 131).

Le siège de la robinetterie

Il permet de positionner le détendeur.

Le siège de votre robinetterie doit être compatible avec le siège de votre détendeur qui doit correspondre à la même norme.

1. Siège classique à étrier. - 2. Siège normalisé D.I.N.

Il existe sur le marché deux principaux systèmes de siège :

Le siège classique pour étrier

Il existe deux types de normalisations correspondant à ce type de siège, d'un diamètre différent :

- norme française (F) : ∅ 18,5 mm
- norme internationale (I) : ∅ 17,8 mm

3. Détendeur à étrier. - 4. Siège classique à étrier

Un joint torique (6) placé dans la gorge du siège de la robinetterie assure l'étanchéité entre la robinetterie et le détendeur monté.

La norme française a quasiment disparu, seuls les bouteilles et les détendeurs anciens sont encore conformes à cette norme. Elle a été remplacée par la norme internationale (I) qui se généralise.

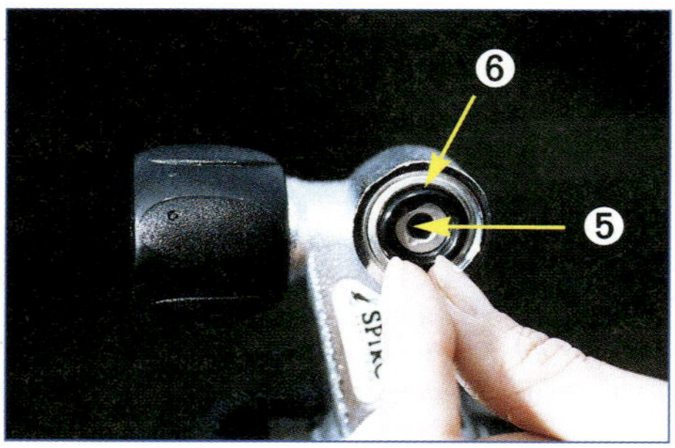

5. Siège classique pour étrier, sortie d'air - 6. Joint torique

Le siège normalisé D.I.N.

Ce type de siège risque de s'imposer de plus en plus sur le marché car il est plus fiable et autorise une pression de service plus élevée qui dans certains cas peut atteindre 300 bars (4320 lbs/po² ou psi).

7. Détendeur normalisé D.I.N.
8. Siège normalisé D.I.N., sortie d'air

A l'inverse du système précédent, l'étanchéité est assurée par un joint torique (3) qui est fixé à l'extrémité de la vis moletée (2) du premier étage du détendeur D.I.N. (voir page 170) qui vient s'insérer dans la robinetterie.

1. Corps d'un premier étage d'un détendeur normalisé D.I.N. - 2. Vis moletée - 3. Joint torique

De nos jours, la majorité des bouteilles vendues possède des robinetteries qui sont modulaires.

Elles sont conformes à la norme D.I.N. et acceptent le montage d'inserts vissés (4) à l'aide d'une clef alène (5). Ces inserts permettent d'adapter le siège normalisé D.I.N. de la robinetterie à la norme internationale (I) ou française (F).

4. Insert adaptateur - 5. Clef alène

Le robinet de conservation

Il permet l'admission de l'air en ouverture. Il doit être ouvert et fermé sans forcer. A l'ouverture, ouvrez-le à fond et revenez d'un quart de tour afin d'éviter de le détériorer.

6. Robinetterie - 7. Robinet de conservation

LA RÉSERVE, LE MANOMÈTRE ÉTANCHE

La réserve

La réserve est un système de sécurité qui permet d'avertir le plongeur qu'il est temps de remonter afin d'éviter une panne d'air.

Une respiration qui devient de plus en plus difficile indique au plongeur qu'il faut passer sur réserve.

Pour l'actionner, il faut tirer la **tige** (1) vers le bas, celle-ci abaissera le **volant de réserve** (2). La respiration redevient alors normale.

Le plus souvent, le plongeur dispose alors d'une réserve en air de 30 à 50 bars (432 à 720 lbs/po² ou psi).

1. Tige de la réserve
2. Volant de la réserve

Au Québec...

Au Québec, les robinetteries équipées de réserve sont appelées valves J. Celles qui en sont dépourvues sont dénommées valves K.

Ce système de sécurité tend à disparaître et à être remplacé par le manomètre sous-marin.

Le manomètre sous-marin

Le manomètre sous-marin permet de connaître à tout moment la pression de l'air restant dans la bouteille, et indique à quel moment passer sur réserve.

Il est connecté au premier étage du détendeur, au niveau d'une **sortie haute pression** (voir page 170).

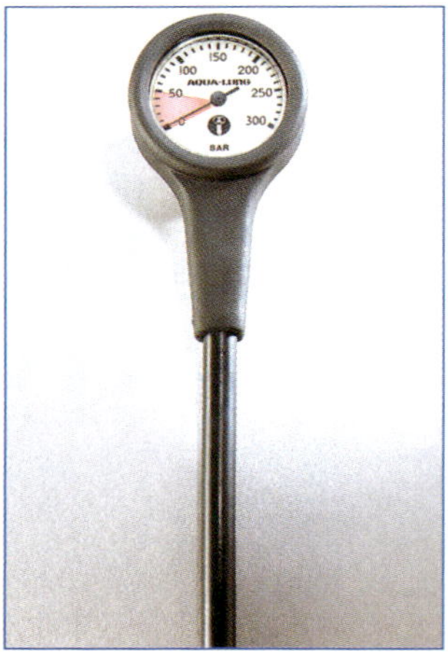

En surface, avant de plonger, le plongeur consulte son manomètre pour contrôler la pression de l'air contenu dans sa bouteille qui doit être comprise entre 180 et 230 bars (2592 à 3312 lbs/po² ou psi) selon la pression de service et la plongée projetée.

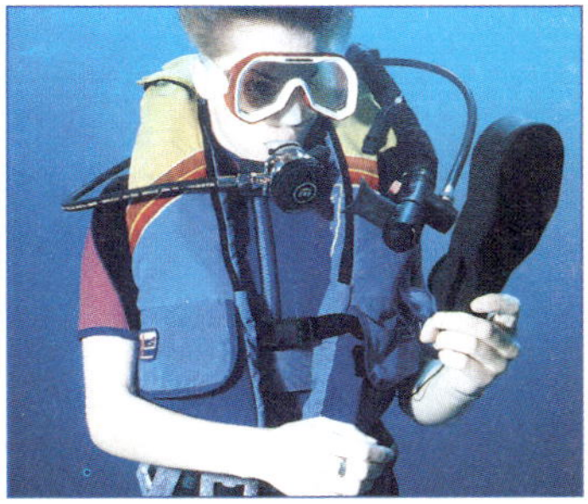

En plongée, le plongeur consulte régulièrement l'aiguille indicatrice de son manomètre ; lorsqu'elle indique 50 bars (720 lbs/po² ou psi), il sait qu'il doit remonter impérativement.

Il est fixé sur le gilet de remontée (voir pages 175 à 187) grâce à une attache rapide afin d'être facilement accessible.

Le manomètre sera choisi avec un cadran facile à lire, phosphorescent et bien protégé.

Certains modèles sont associés à un profondimètre ou ordinateur et compas (voir page 131) sous la forme d'une console.

LE SANGLAGE ET LA POIGNÉE DE PORTAGE

LE SANGLAGE

Les bouteilles de plongée peuvent être nues (1), équipées selon le cas de sangles dorsales type Dumas (2) ou d'un dosseret avec sanglage (3).

Les blocs de plongée équipés de sanglage (2) et (3) possèdent une sangle d'entrejambe appelée sous-cutale qui est fixée à la boucle de la ceinture de lest (voir page 299).

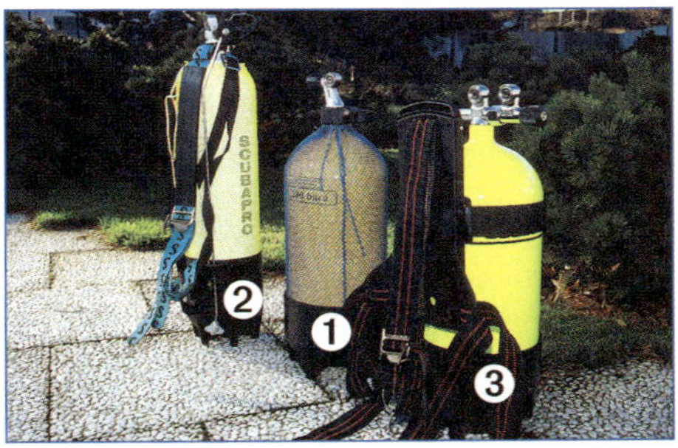

1. Bouteille nue - 2. Bouteille équipée du sanglage Dumas
3. Bouteille équipée d'un dosseret plastique

La sous-cutale permet de maintenir la bouteille bien calée sur le dos lorsqu'elle est à poste. L'utilisation du gilet de remontée se généralisant dans la pratique dès l'initiation, les sanglages tendent à disparaître.

La poignée de portage

La majorité des blocs de plongée dispose d'une poignée de portage afin de faciliter leur manipulation à terre.

LE DÉTENDEUR À DEUX ÉTAGES

L'air haute pression qui sort de la bouteille ne peut être directement respiré. Le rôle du détendeur est d'abaisser l'air haute pression (H.P.) au niveau de la pression ambiante (B.P. : basse pression), tout en délivrant de l'air au plongeur à la demande. La pression de l'air délivré par le détendeur est variable puisque nous avons vu que la pression ambiante qui environne le plongeur varie en fonction de la profondeur (voir pages 156 à 159).

Principe de fonctionnement : 2 étapes

Imaginez-vous dans un métro aux heures de pointes.

Dans cette situation, les gens sont encore serrés les uns contre les autres donc leur concentration est élevée. A l'arrêt de la rame, des gens sortent dans la station de métro. C'est la première étape : le franchissement des portes. Dans la station, la place disponible est plus importante, les gens se dispersent, leur concentration est moyenne.

Puis, deuxième étape : le franchissement des portes de la station. Les gens sortent dans la rue où leur concentration est faible, la place disponible étant encore plus importante.

métro = concentration élevée

↓

ouverture des portes d'une voiture du métro = 1re étape à franchir

↓

station de métro = concentration moyenne

↓

passage des portes de la station = 2e étape à franchir

↓

rue = concentration faible

Nous pouvons faire le parallèle avec le détendeur à deux étages.

Il détend l'air au niveau de la pression ambiante, en deux étapes successives, correspondant à deux étages.

1. Premier étage - 2. Tuyau moyenne pression (MP) 3. Deuxième étage

Schéma de principe des étapes du détendeur à 2 étages.

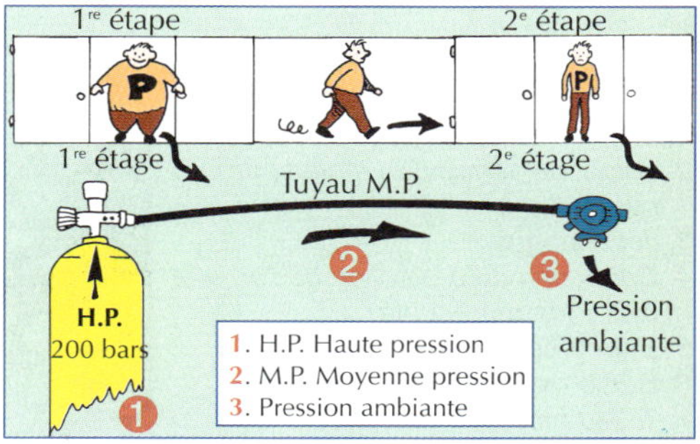

LE 1er ÉTAGE = LA 1re ÉTAPE

4. 1er étage classique à étrier
5. 1er étage normalisé D.I.N.

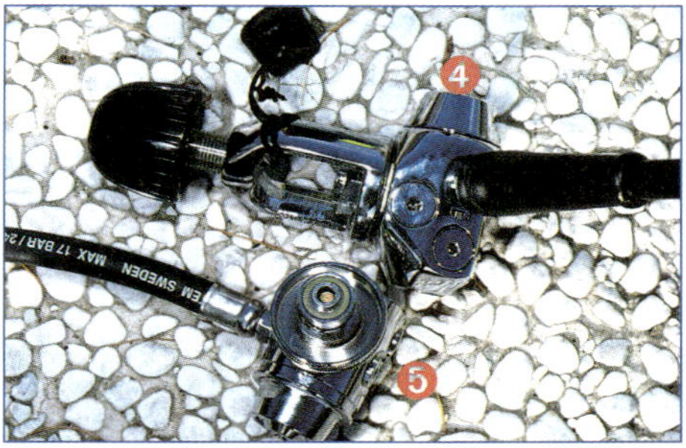

Comme nous l'avons vu précédemment, il existe deux principaux types de premiers étages et robinetteries.

Le premier étage doit être compatible avec la même norme que le siège de la robinetterie pour pouvoir être monté et utilisé (voir page 164).

A titre d'exemple, un premier étage ancien, de norme française (F) ne peut être monté sur le siège d'une robinetterie récente à la norme internationale (I).

1er ÉTAGE CLASSIQUE À ÉTRIER

1. Étrier
2. Vis de serrage
3. Molette de serrage
4. Capuchon de protection de l'arrivée d'air
5. Entrée haute pression (H.P.)
6. Sortie moyenne pression (M.P.)
7. Tuyau moyenne pression
8. Sorties M.P. supplémentaires
9. Sortie haute pression (H.P.)

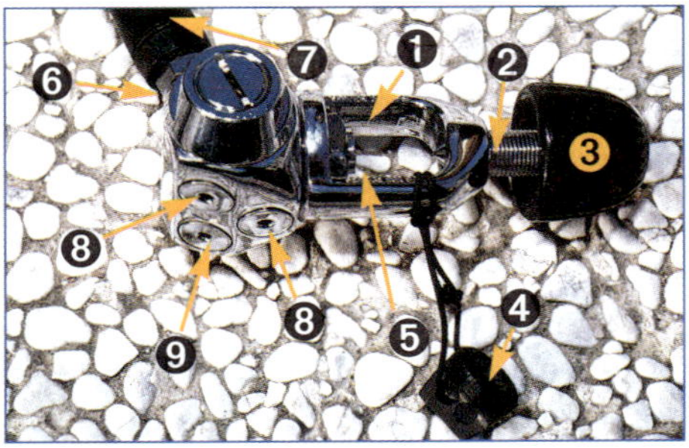

L'étanchéité du système robinetterie/1er étage est réalisé grâce à un joint torique situé au niveau du siège de la robinetterie (voir page 164).

1er ÉTAGE NORMALISÉ D.I.N.

1. Vis moletée
2. Volant de serrage ou molette de serrage
3. Joint torique
4. Capuchon de protection de l'arrivée d'air (non représenté)
5. Entrée haute pression (H.P.)
6. Sortie moyenne pression (M.P.)
7. Tuyau moyenne pression
8. Sorties M.P. supplémentaires
9. Sortie haute pression (H.P.)

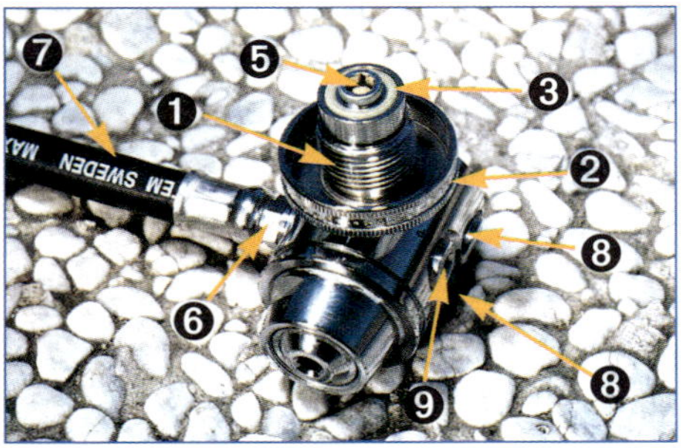

A l'inverse du 1er étage à étrier, l'étanchéité du système robinetterie/1er étage est réalisé grâce à un joint torique (3) situé à l'extrémité de la vis moletée du 1er étage.

La norme D.I.N. de part ses caractéristiques est plus fiable et autorise une pression de service plus élevée qui dans certains cas peut atteindre 300 bars (4320 lbs/po² ou psi).

Les détendeurs vendus sur le marché possèdent le plus souvent des 1er étages qui sont modulaires.

Ils sont le plus souvent conformes à la norme D.I.N. et acceptent le montage d'un kit de conversion qui permet d'adapter le 1er étage à la norme internationale.

Le kit de conversion comprend un nouveau siège et étrier qui se montent sur la vis moletée.

Le premier étage (voir page 170) correspond à la première étape de détente (diminution de pression) de l'air. L'air haute pression (HP) qui arrive de la bouteille par l'entrée haute pression (5) est détendu à une moyenne pression (MP) par le premier étage. L'air détendu quitte le premier étage par la sortie moyenne pression (6) et emprunte le tuyau moyenne pression (7) avant de subir une nouvelle transformation.

La sortie H.P. (9) généralement marquée permet de connecter un manomètre sous-marin (voir pages 166 à 167) au premier étage du détendeur.

Les sorties M.P. supplémentaires (8) généralement non marquées permettent de raccorder le flexible d'un gilet de remontée (voir pages 175 à 187) ou d'un vêtement sec (voir page 295) ou d'un détendeur de secours (octopus) (voir page 173).

Le capuchon de protection de l'arrivée d'air H.P. (4) sert à protéger l'arrivée d'air des entrées d'eau, poussières... lorsque le détendeur n'est pas monté sur la robinetterie. Ce capuchon est normalement attaché sur le premier étage.

Le 2e étage = la 2e étape

1. Tuyau moyenne pression (MP)
2. Moustaches d'expiration
3. Embout buccal (orthodontique)
4. Bouton de surpression
5. Molette de réglage de sensibilité
6. Levier de réglage de l'injection d'air

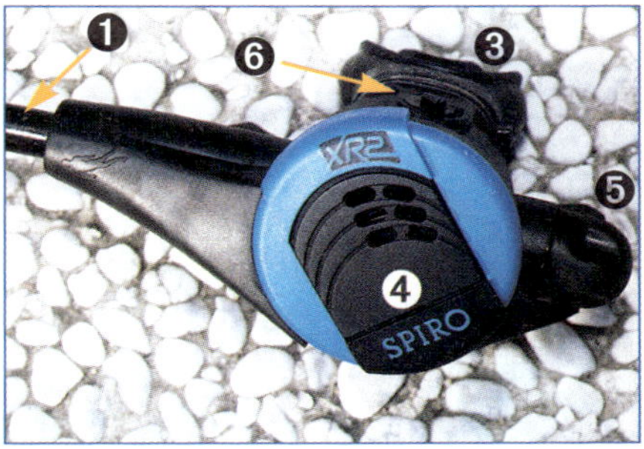

Le deuxième étage correspond à la deuxième étape de détente de l'air. **L'air moyenne pression** (MP) qui a emprunté le tuyau MP est **détendu** par le deuxième étage **à une pression proche de la pression ambiante**. L'air est inspiré par l'embout buccal (3), puis expiré par les moustaches d'expiration (2). Le bouton de surpression (4) permet, en le pressant, de mettre le détendeur en débit continu ; on dit que l'on fait **fuser** le détendeur.

L'embout buccal orthodontique (3) améliore le confort buccal. En bouche, il s'appuie sur la voûte du palais améliorant son maintien et limite ainsi la fatigue des muscles de la mâchoire.

La molette de réglage de sensibilité (5) permet de régler la souplesse du détendeur.

Pour durcir le détendeur, tournez la molette dans le sens des aiguilles d'une montre.

A l'inverse pour l'assouplir, tournez la molette dans le sens inverse des aiguilles d'une montre

Le levier de réglage de l'injection d'air (6) permet d'ajuster le flux d'air qui sort du détendeur afin d'améliorer le confort respiratoire en plongée.

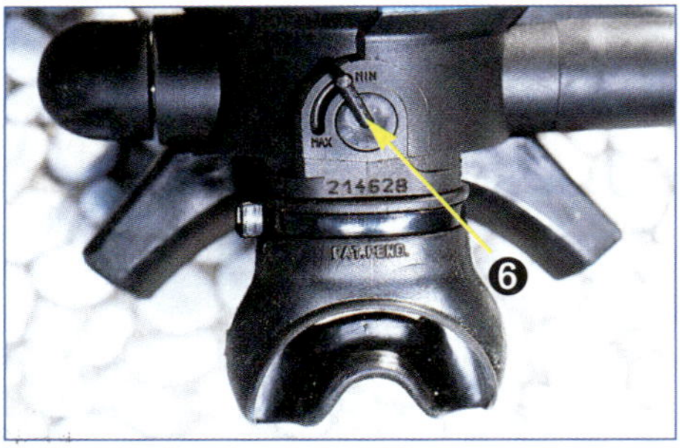

En surface, le levier doit être en position MINI afin d'éviter un débit continu du détendeur.

En plongée, le levier doit être en position MAX afin d'augmenter les performances ventilatoires.

La plupart des seconds étages sont réversibles, ils peuvent être assemblés avec le tuyau moyenne pression venant de la droite ou de la gauche.

Ils sont généralement livrés avec le tuyau Moyenne Pression (M.P.) monté à droite.

Le détendeur de secours ou octopus

Le détendeur de secours ou octopus est un second étage qui est connecté sur le premier étage du détendeur principal.

Il est le plus souvent équipé d'un tuyau plus long (1 mètre) et repérable à sa couleur vive (jaune ou verte).

Ce type de détendeur est recommandé afin d'intervenir sur la panne d'air d'un coéquipier si nécessaire, le temps que le moniteur prenne le relais (voir pages 251 à 259).

Son utilisation limite les risques de transmission infectieuse car il ne nécessite pas d'échanger son embout principal (voir pages 246 à 259).

Il est fixé sur le gilet (voir pages 175 à 187) grâce à une attache rapide afin d'être accessible et de ne pas s'endommager en traînant sur le fond.

Nous vous conseillons d'acquérir, à terme, un détendeur personnel. En effet, le détendeur est garant de votre sécurité et confort ventilatoire et l'utilisation d'un détendeur personnel limite les risques de transmission infectieuse (voir page 250).

Achetez de préférence un détendeur répondant à la norme D.I.N., sur lequel vous monterez un étrier. Ce dernier s'adaptera ainsi à l'ensemble des robinetteries récentes (voir pages 170 et 171). La très grande majorité des détendeurs vendus sur le marché sont fiables et performants.

Choisissez un détendeur conforme aux normes européennes (CE) ou aux normes de l'U.S. Navy (classe A ou B) ce qui vous garantit des performances minimales qui sont satisfaisantes voire très satisfaisantes. Les détendeurs d'entrée de gamme sont équipés d'un 1er étage simple. Le haut de gamme correspond aux détendeurs équipés d'un 1er étage compensé qui est plus performant et confortable. Grâce à la compensation, la moyenne pression (voir page 171) est constante quelle que soit la pression de la bouteille et les performances du 2e étage sont accrues.

Le 2e étage quant à lui peut être équipé de différents réglages (voir page 172) qui améliorent le confort ventilatoire en plongée.

Préférez un embout buccal orthodontique et en silicone, plus confortable en bouche. Il est recommandé d'acheter en complément du détendeur, un manomètre sous-marin afin de pouvoir contrôler sa pression (voir pages 166 à 167), en effet de nombreuses bouteilles ne sont plus équipées de réserves.

OBJECTIF N°8

Le gilet de remontée

INTÉRÊT PRATIQUE

Nous avons précédemment évoqué dans le cadre de l'objectif n° 2 (voir page 131) : le gilet de remontée. Nous allons maintenant le présenter de manière détaillée avant d'envisager son utilisation.

Critères de réussite acceptables : vous devez être capable, face à un élément principal constituant le gilet de remontée, de le nommer, d'en préciser le rôle.

LE RÔLE DU GILET DE REMONTÉE : CONFORT ET SÉCURITÉ

Le confort

Le gilet participe au confort du plongeur. Grâce à son dosseret (voir page 180), le portage du bloc sur terre et sous l'eau est plus agréable. Gonflé avec de l'air, il permet la stabilisation du plongeur sans l'aide du palmage et donc sans effort, quelle que soit sa profondeur d'évolution.

De plus, quel plaisir d'attendre le bateau sans avoir à se maintenir en surface par le palmage. Comme il est le plus souvent réglable, le poids de la bouteille est mieux réparti. L'équipement et le déséquipement sont plus aisés et peuvent se faire dans l'eau (voir pages 262 à 264). Il rend possible la fixation d'accessoires et d'équipements tels que lampe (voir page 320), console de plongée... et dispose de larges poches permettant de ranger tables de plongée, ardoise sous-marine, parachute de palier...

La sécurité

Le gilet fait partie du matériel individuel de sécurité. Son utilisation limite le risque d'essoufflement (voir page 289) dû à un palmage intensif. Il rend possible la stabilisation en plongée ou en surface. Il permet de remonter en cas de difficulté, d'assister ou de sauver un coéquipier, de se maintenir sans effort en surface en cas de crampes ou d'essoufflement, de dérive importante...

LES COMPOSANTS DU GILET DE REMONTÉE

Enveloppe

1. *Poches*
2. *Anneaux de fixation d'accessoires*
3. *Dosseret ou back-pack (voir page 180)*
4. *Sangle haute de fixation et de portage (voir page 181)*
5. *Sangle de maintien (non visible, voir page 181)*
6. *Sangles de réglage d'épaule (voir page 177)*
7. *Sangle de réglage pectoral (voir page 182)*
8. *Sangle de réglage ventral (voir page 180)*
9. *Système de gonflage et de purge dite lente (voir pages 183 à 185)*
10. *Système de purge dite rapide (voir page 186)*

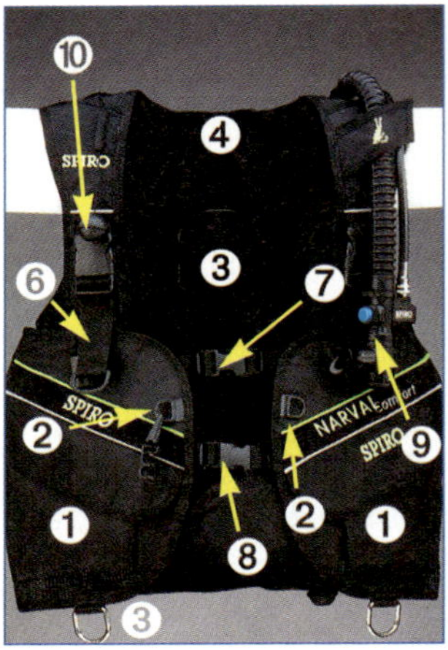

LES DIFFÉRENTES FORMES DE GILETS DE REMONTÉE

Il existe trois formes actuelles de gilets :

LE GILET INTÉGRAL

Ce gilet possède un grand volume qui enveloppe parfaitement le plongeur. Par contre, il ne possède pas de réglage d'épaule comme le gilet A.D.V. (voir page 177) d'où l'importance de choisir un modèle bien ajusté.

Pour palier cet inconvénient, certains modèles possèdent un harnais matelassé réglable (cas du modèle photographié) qui permet d'améliorer le maintien et la stabilité de la bouteille.

Le gilet A.D.V. (Advanced Design Vest)

Ce gilet possède un moindre volume qui se répartit contre les flancs et dans le dos du plongeur.

Il est plus confortable car il permet grâce à ses sangles d'épaules réglables de l'adapter à sa morphologie.

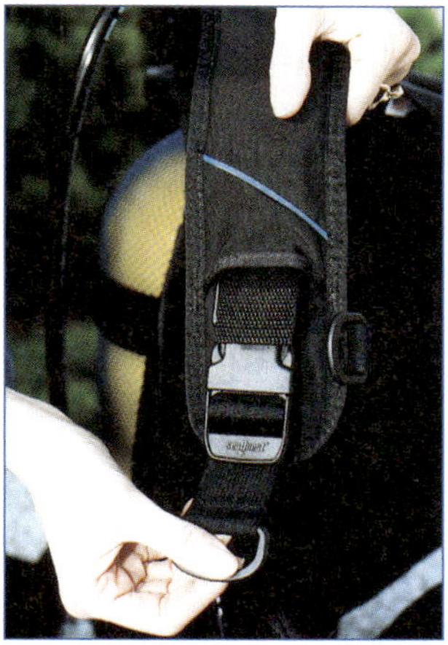

Le gilet technique à flottabilité dorsale

Le volume important de ce gilet est réparti dans le dos du plongeur ; le thorax et les bras sont dégagés. Cette particularité augmente la mobilité des bras et procure une sensation de liberté.

Ce gilet intègre un harnais réglable qui est équipé d'anneaux en inox permettant de fixer des bouteilles de palier ou des accessoires.

En plongée, l'évolution en position ventrale se révèle très confortable grâce à cette conception.

A l'origine, ce gilet très particulier et spécifique s'adressait avant tout aux plongeurs confirmés tels que les plongeurs "technique" (tek divers), spéléologues ou les utilisateurs de vêtement sec (voir page 295).

A l'heure actuelle, ce type de gilet devient un phénomène de mode.

Presque tous les fabricants proposent au moins un modèle de ce type dans leur gamme de gilets.

LES GILETS À LESTAGE INTÉGRÉ ET LARGABLE

Certains gilets intègrent un lestage amovible et largable qui remplace la ceinture de plombs.

Ce système a l'avantage de procurer un meilleur confort.

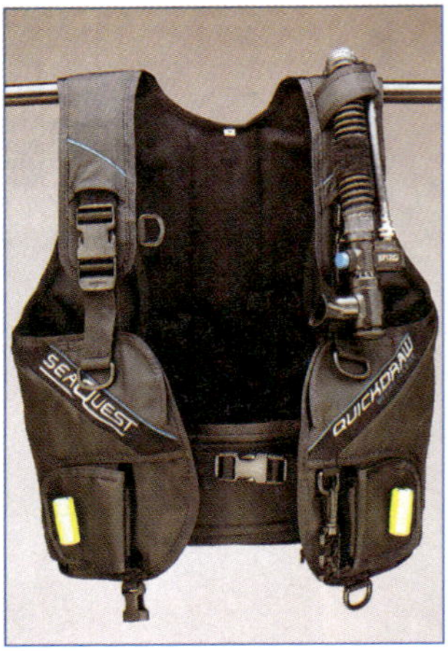

Les plombs ou sachets de grenaille (voir page 299) sont placés dans des compartiments situés en dessous des poches du gilet ainsi que dans des logements dorsaux fixés de part et d'autre du dosseret (voir page 180).

Leurs positionnements permettent d'obtenir une meilleure répartition du lest.

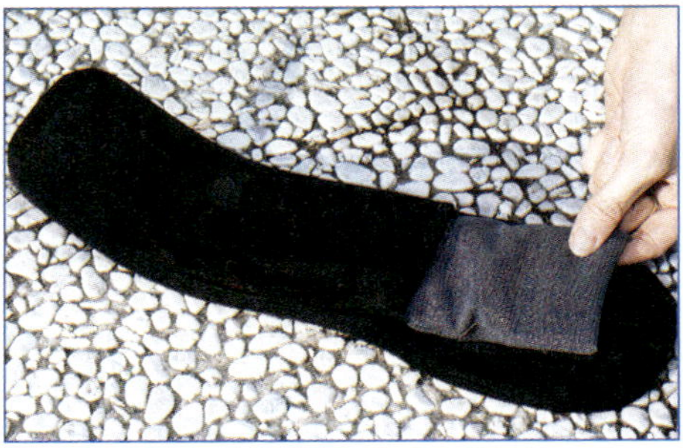

Les deux compartiments amovibles situés en dessous des poches du gilet peuvent être mis en place facilement juste avant la mise à l'eau et retirés après la plongée pour faciliter leur transport.

Deux poignées de largage rapide, bien accessibles et situées de chaque côté permettent de larguer les compartiments amovibles par simple traction.

LES GILETS SPÉCIFIQUES "FEMME" ET "ENFANT"

LES GILETS "FEMME"

La marque Spiro® commercialise un modèle conçu pour les femmes qui comporte un empiècement en lycra situé au niveau de la poitrine afin d'éviter qu'elle soit comprimée lors du gonflage du gilet ou du portage.

Ce gilet est équipé en plus d'un lest largable afin d'accroître le confort (voir page 178).

LES GILETS "ENFANT"

Certains fabricants proposent des gilets de petites tailles (XXS et XS) adaptés à la morphologie des enfants.

LE DOSSERET OU BACK-PACK

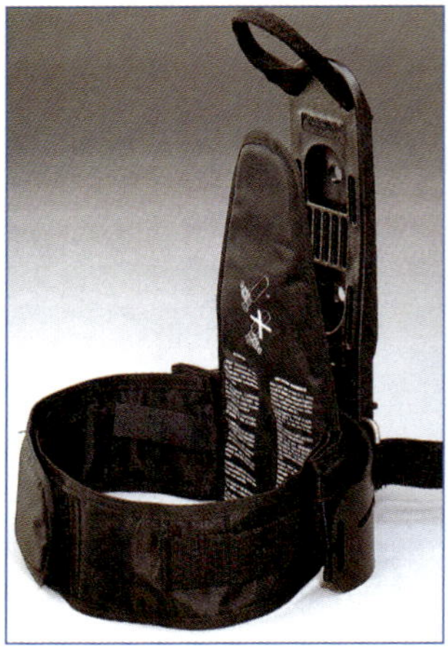

Le gilet de remontée comporte un dosseret qui est solidarisé à la bouteille par l'intermédiaire d'une sangle de maintien (voir page 181).

La plupart des dosserets sont rigides et comportent une pièce matelassée qui épouse la forme du dos. Un appui lombaire anatomique qui est réglable sur un certain nombre de modèles permet d'augmenter le confort.

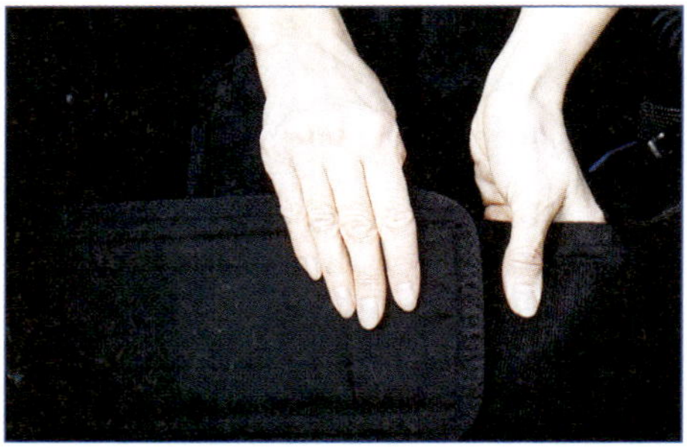

Une ceinture ventrale ajustable permet de maintenir la bouteille bien calée sur le dos en limitant les mouvements de bascule et de balancier.

Certains modèles possèdent un dosseret souple plus léger et moins encombrant qui les destinent plus particulièrement aux plongeurs qui voyagent.

LES SANGLES DE FIXATION

Un gilet de remontée possède une sangle haute qui coiffe la robinetterie et une sangle basse de maintien qui ceinture le bloc.

Certains gilets fabriqués pour le marché américain disposent de deux sangles basses de maintien.

La sangle haute permet de régler la hauteur du gilet sur la bouteille et sert de poignée de portage.

La sangle de maintien permet de solidariser le gilet de remontée et la bouteille par l'intermédiaire du dosseret (back-pack) auquel elle est rattachée.

Une bande antidérapante amovible vient se fixer sur la sangle afin d'éviter qu'elle ne glisse sur le corps de la bouteille.

La sangle de maintien, fabriquée en nylon possède une boucle de serrage à son extrémité. Il existe trois types de boucles :

Boucle de serrage métallique à grenouillère (type Scubapro®)

La sangle de maintien est réglable en fonction du diamètre de la bouteille grâce à une attache velcro.

Elle dispose d'une boucle inox et d'une fermeture à grenouillère fixées à chacune des extrémités de la sangle.

La boucle inox vient se loger dans la fermeture à grenouillère qui est rabattue afin de serrer la sangle (voir page 189).

BOUCLE DE SERRAGE PLASTIQUE À PASSANTS

La sangle est enfilée dans les différents passants de la boucle en plastique avant d'être rabattue (voir pages 190 à 191).

BOUCLE DE SERRAGE PLASTIQUE À PASSANTS ET À OUVERTURE RAPIDE

Ce type de boucle est une amélioration du système précédent.

La sangle est aussi enfilée dans les passants de la boucle.

Mais elle s'ouvre sans avoir à enlever la sangle des passants.

LES SANGLES DE RÉGLAGE

Un gilet de remontée possède différentes sangles de réglage qui permettent de l'ajuster. Une ceinture ventrale, matelassée et réglable par velcro (voir page 180) est complétée d'une sangle ventrale et de poitrine.

Le gilet type ADV (voir page 177) possède en plus des traditionnelles sangles ventrales et de poitrine, des sangles d'épaules.

Ces différentes sangles ne doivent pas être trop serrées pour faciliter une ventilation aisée et permettre à l'ensemble du volume du gilet de se gonfler entièrement.

LES SYSTÈMES DE GONFLAGE

Le direct-system

1. tuyau moyenne pression (M.P.)

2. raccord rapide

3. bouton d'admission d'air de l'inflateur

4. tuyau annelé

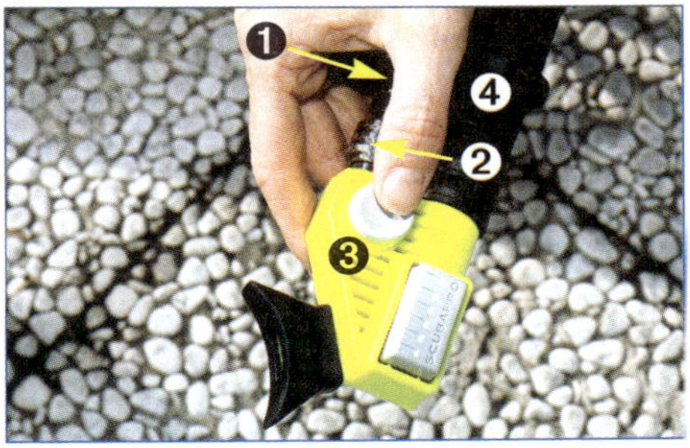

Un tuyau moyenne pression (1) relie le premier étage du détendeur à l'inflateur grâce à **un raccord rapide** (2). Lorsque vous appuyez sur **le bouton d'admission** (3), de l'air détendu, provenant de la bouteille, remplit l'enveloppe de votre gilet.

Le "direct-system" est capable de gonfler entièrement votre gilet en quelques secondes. Ce système demande peu d'entretien, seulement d'être rincé régulièrement à l'eau douce. C'est pour cette raison que c'est le système de gonflage le plus utilisé de nos jours.

La bouteille auxiliaire

1. bouteille auxiliaire

2. étrier

3. robinet

4. bouton de purge

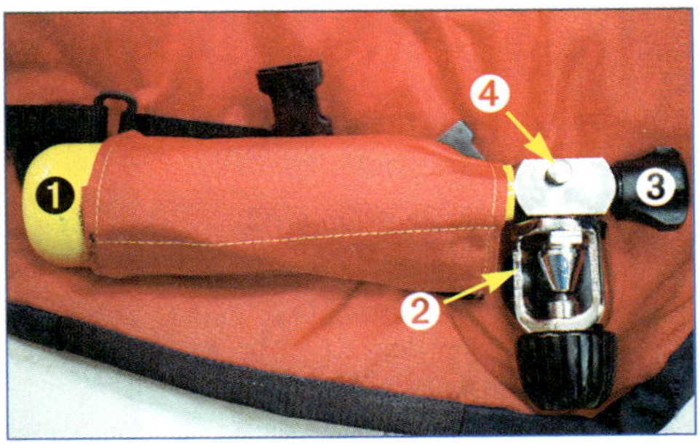

La bouteille auxiliaire est fabriquée en acier. D'une contenance proche de 0,4 litre, elle permet de gonfler rapidement votre gilet en cas d'urgence. Fixée grâce à **l'étrier** (2) sur votre bouteille de plongée, elle est gonflée d'air par cette dernière après mise en communication.

Sa manipulation et son entretien demandent de prendre des précautions, l'air utilisé étant de l'air à haute pression.

La bouteille auxiliaire devra être inspectée intérieurement et extérieurement par un spécialiste, au moins une fois par an.

Elle n'est presque plus utilisée de nos jours. Elle n'est proposée en option que sur quelques rares modèles.

Si vous êtes équipés de ce dispositif, vous devrez suivre une formation spécifique à son utilisation.

PAR LA BOUCHE

Le plongeur gonfle l'enveloppe à l'aide de l'embout de purge lente. Cette méthode lente doit être utilisée avec précaution. Entre chaque inspiration, il est conseillé d'effectuer quelques cycles ventilatoires.

En aucun cas cette technique ne doit être employée à la remontée, car elle peut être dangereuse.

LA CARTOUCHE DE CO_2

Ce système jetable n'est utilisable qu'en surface.

En cas d'urgence (essoufflements, crampes…), vous tirez une cordelette qui libère rapidement du CO_2 non respirable dans l'enveloppe de votre gilet.

Ce système a quasiment disparu du marché car il ne peut pas être utilisé pour réaliser une remontée du fond.

LES DÉTENDEURS INFLATEURS

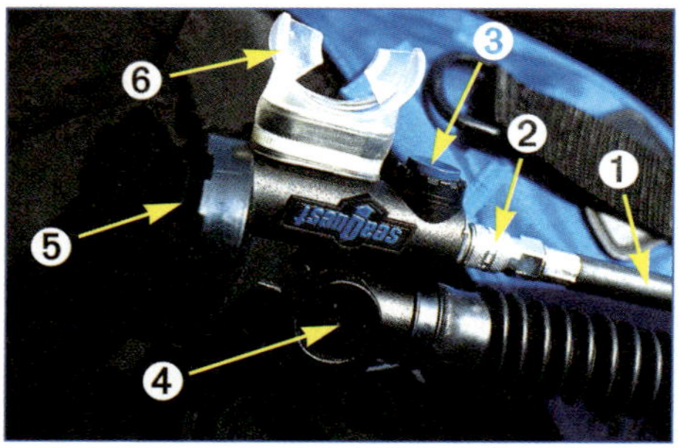

1. *Tuyau moyenne pression (M.P.)*
2. *Raccord rapide*
3. *Bouton d'admission d'air de l'inflateur*
4. *Bouton de purge*
5. *Bouton de surpression (pour faire fuser)*
6. *Embout buccal*

Certains inflateurs de gilet disposent d'un détendeur de secours incorporé. Ce dispositif permet de respirer comme sur un détendeur (voir pages 168 à 174).

Dans certains cas, une poignée complète l'ensemble afin de purger le gilet tout en respirant sur le détendeur.

Ce détendeur ne peut être considéré que comme un détendeur d'appoint.

1. *Tuyau annelé*
2. *Poignée de purge*

LES SYSTÈMES DE PURGE

LA PURGE DITE "LENTE"

1. *Embout de purge*
2. *Bouton de purge*
3. *Tuyau annelé*

Pour purger le gilet, **l'embout** (1) est maintenu au-dessus de la tête, bras tendu. La purge est commandée par **le bouton de purge** (2).

Les purges dites "rapides"

Situées le plus souvent sur la partie haute du gilet, elles permettent de purger rapidement celui-ci.

A tirette

La traction de **la cordelette** (2) actionne **la purge** (3) du gilet.

La purge (3) joue ainsi le rôle de soupape de surpression, laissant échapper de l'air si le gilet est gonflé au-delà de sa capacité.

1. Boule
2. Cordelette
3. Purge, soupape de surpression

Par traction du tuyau annelé (Fenstop)

Un câble dans ce cas précis est incorporé au tuyau annelé qu'il suffit de tirer pour purger le gilet.

Ce système a l'avantage de regrouper l'ensemble des commandes.

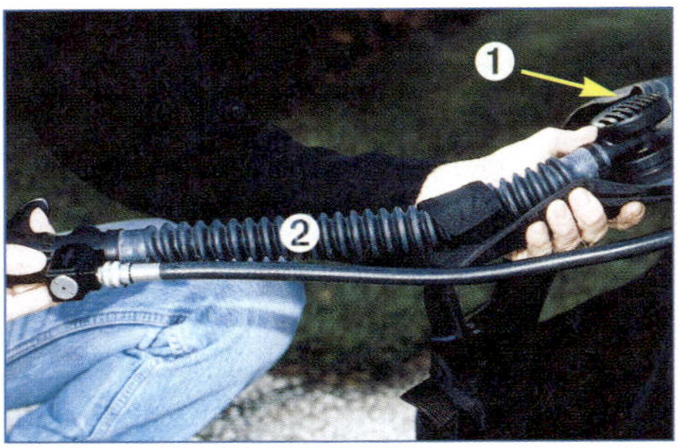

1. Purge, soupape de surpression
2. Tuyau annelé

Dans certains cas, une "purge rapide" basse existe pour faciliter l'immersion tête en bas et permettre de vidanger l'enveloppe plus facilement après la plongée.

CONSEILS D'ACHAT

Choisissez une taille de gilet adaptée à votre morphologie, en tenant compte de l'épaisseur de votre combinaison. Le mieux est de l'essayer équipé de votre combinaison ou à défaut d'un pull en laine.

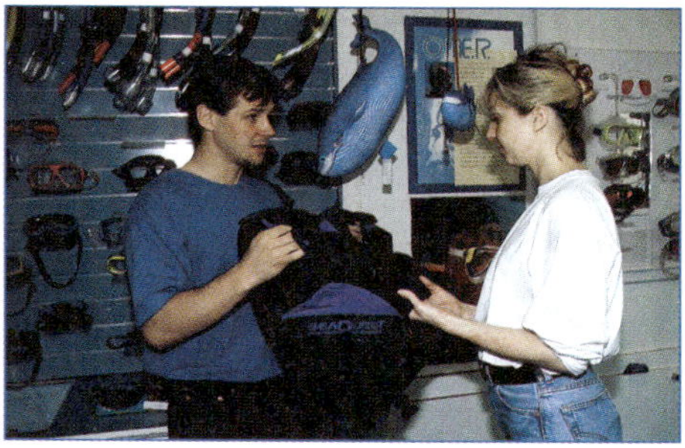

Porté et gonflé, le gilet ne doit pas gêner vos mouvements ventilatoires. Pour les gilets intégraux, il est important de choisir des modèles bien ajustés car ils ne sont pas réglables.

Les fabricants proposent en général de quatre à six tailles qui correspondent à des volumes allant de 9 à 31 litres.

Les volumes sont en rapport avec la taille et varient d'un modèle à l'autre. Ne prenez en aucun cas une taille plus grande, pensant disposer d'un volume plus important. Votre gilet ne serait pas confortable à porter.

Tailles	Correspondances
XXS et XS	Taille enfant
S	Taille petite
M	Taille moyenne
ML	Taille moyenne large
L	Taille large
XL	Taille très large

Attention, certaines tailles peuvent différer selon les fabricants d'où l'importance d'essayer un modèle avant de l'acheter.

OBJECTIF N°9

La préparation et le rangement de la bouteille ; le montage et le démontage du scaphandre autonome

IMPORTANT : Avant de débuter cet objectif, relisez avec attention :
- Objectif n°7 : le scaphandre autonome Pages 160 à 174
- Objectif n°8 : le gilet de remontée Pages 175 à 187

Critères de réussite acceptables : vous devez être capable de préparer votre scaphandre autonome et gilet afin de plonger, en assurant les vérifications nécessaires, et de les ranger après démontage du détendeur en fin de plongée.

Exercice n° 1

Préparez votre bouteille de plongée.

- Utilisez une bouteille contrôlée pleine par votre moniteur ou une personne compétente.
- Si votre bouteille possède une réserve, assurez-vous que le mécanisme fonctionne en le manœuvrant et qu'il possède une tige.
- Positionnez le volant de la réserve en position haute si vous en possédez une.

Lorsque vous ne manipulez pas la bouteille, couchez-la afin d'éviter qu'elle ne tombe.

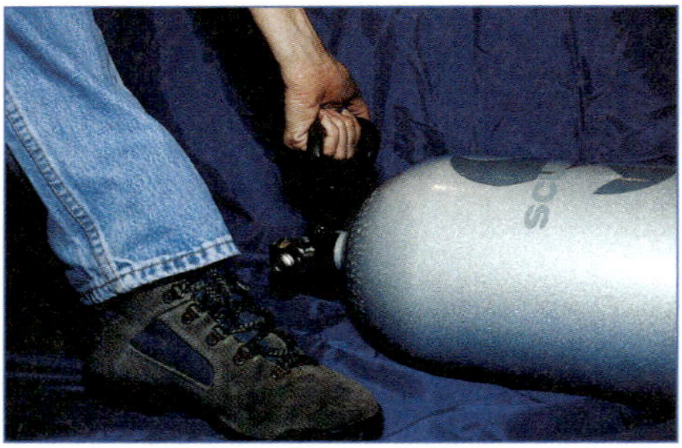

Exercice n° 2

Montez un gilet équipé d'une boucle de serrage métallique à grenouillère

- Au préalable, défaites la sangle de maintien de la boucle si ce n'est pas déjà fait
- Si vous le pouvez, mouillez la sangle de maintien car le nylon devient plus lâche lorsqu'il est mouillé.
- Positionnez la partie préformée du dosseret contre le corps de la bouteille et centré par rapport au siège de la robinetterie (voir page 164).
- Passez la sangle haute du gilet (voir page 181) sur la robinetterie et laisser pendre le gilet. La longueur de la sangle détermine la bonne hauteur du gilet sur la bouteille. Gilet porté, vous devrez pouvoir basculer la tête en arrière, sans toucher la robinetterie de la bouteille.
- Si votre bouteille possède une réserve, passez la sangle de maintien sous la tige de la réserve (voir page 181) afin de la laisser coulisser librement.
- Vérifiez le bon positionnement de la bande antidérapante qui doit être fixée sur la face interne de la sangle à l'aide de la partie en velcro, en fonction du diamètre de votre bouteille.
- Positionnez l'anneau en plastique afin de bien maintenir les deux parties de la sangle avec le velcro en contact.

- Placez la boucle dans les deux encoches du levier de la grenouillère.

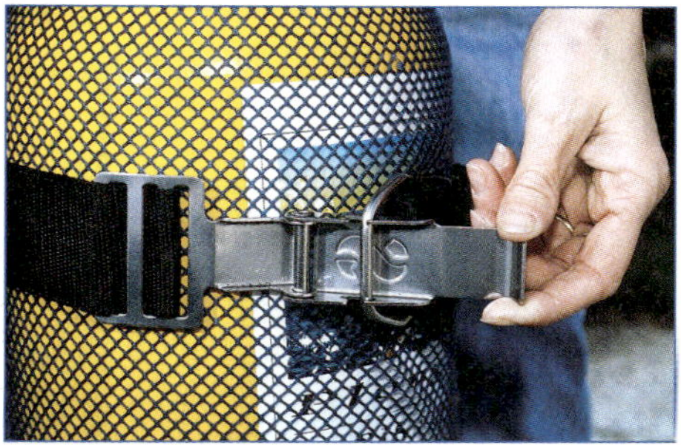

- Basculez complètement le levier contre le corps de la bouteille afin de tendre la sangle.
- Vérifiez que votre gilet est correctement fixé en soulevant l'ensemble par le gilet. La sangle doit maintenir solidement le bloc au dosseret ; la bouteille ne doit pas glisser.

DIFFICULTÉS

❑ Si votre bouteille glisse ou si la sangle de maintien bouge

Reprenez l'exercice depuis le début après avoir demandé conseil à votre moniteur.

VARIANTES

Après avoir réussi l'exercice n° 2, essayez de le réaliser :

1. en montant votre gilet sur une bouteille de diamètre différent.

Exercice n° 3

Montez un gilet équipé d'une boucle de serrage plastique à passants.

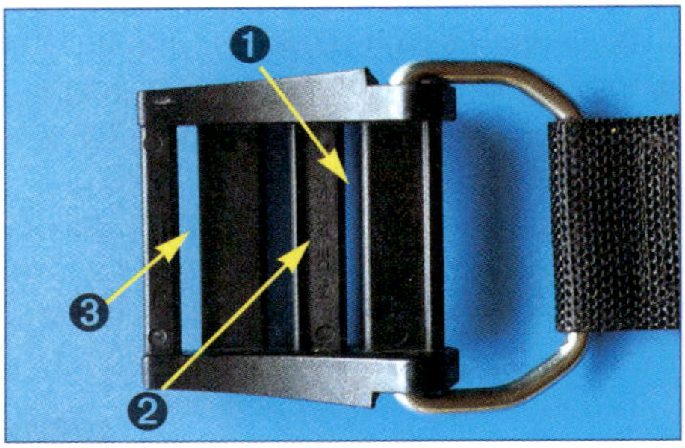

- Mêmes consignes que pour l'exercice n°2, mais :
- Ouvrez la boucle en plastique de manière à orienter son extrémité vers l'extérieur et en direction de la boucle en inox.

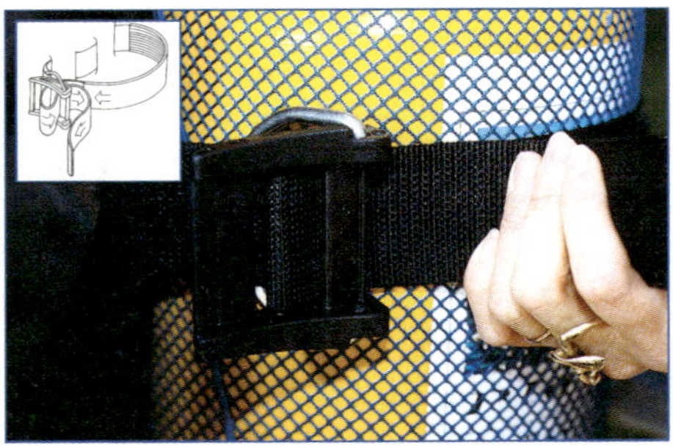

- Après avoir correctement positionné la boucle, passez l'extrémité libre de la sangle dans les passants n°2 puis n°1. La partie de la sangle libre doit venir se superposer sur la partie de la sangle ceinturant le corps de la bouteille.
- Tirez au maximum la sangle afin de la tendre.

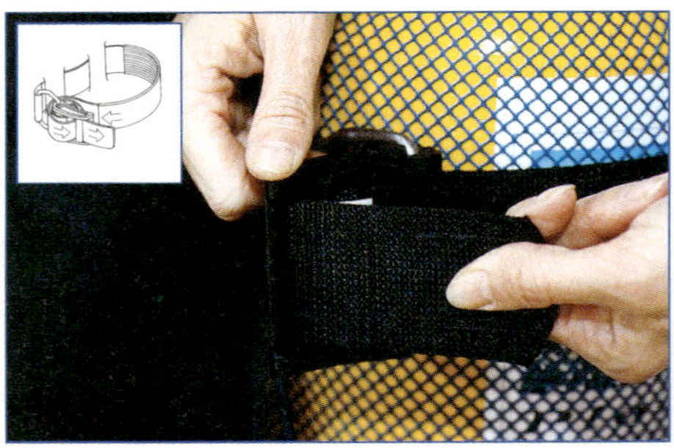

- Basculez la boucle en plastique à la perpendiculaire avec la bouteille afin de bloquer la sangle en tension.
- Tout en maintenant la boucle et la sangle bloquées, faites passer la sangle dans le passant restant n°3.

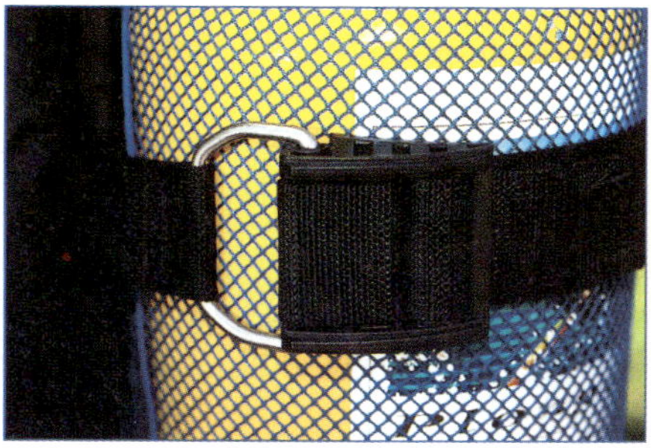

- Rabattez complètement la boucle en plastique contre la sangle en tension.
- Appliquez le restant de la sangle contre la partie en velcro afin qu'elle soit maintenue.
- Vérifiez que votre gilet est correctement fixé en soulevant l'ensemble par le gilet. La sangle doit maintenir solidement le bloc au gilet ; la bouteille ne doit pas glisser.

DIFFICULTÉS

❑ Si votre bouteille glisse ou si la sangle de maintien bouge

Reprenez l'exercice depuis le début après avoir demandé conseil à votre moniteur.

❑ Si vous avez des difficultés à mémoriser la technique de montage

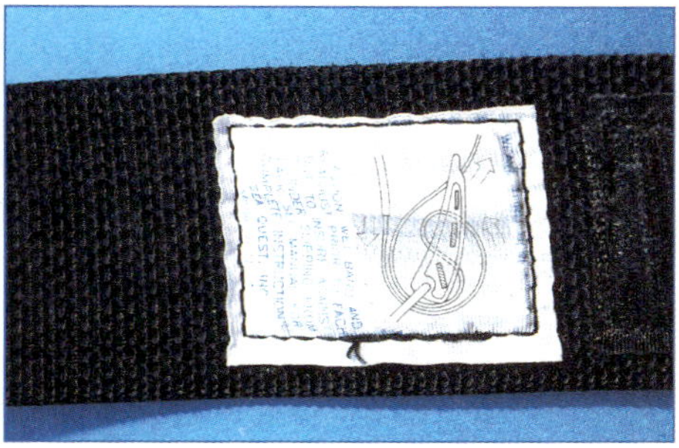

Consultez le schéma aide-mémoire de montage qui est en général cousu sur l'extrémité de la sangle.

Retenez comme moyen mnémotechnique la suite de chiffres : **2-1-3**.

Elle correspond à l'ordre de passage dans les différents passants de la boucle (voir page 190).

VARIANTES

Après avoir réussi l'exercice n° 3, essayez de le réaliser suivant la même variante que l'exercice n°2 page 190.

Exercice n° 4

Montez un détendeur équipé d'un étrier et connectez votre direct-system.

- Vérifiez que le siège de votre robinetterie correspond à la même norme que celle de votre détendeur (voir pages 164 et 170).
- Vérifiez que le joint torique de la robinetterie est en bon état.
- Purgez votre bouteille en ouvrant légèrement et brièvement le robinet de conservation (voir page 165).

- Pour monter le détendeur dans le bon sens, l'embout doit être placé en haut et les moustaches d'expiration en bas, le tuyau moyenne pression (MP) ne devant pas être tordu.

- Positionnez le premier étage de manière à mettre le siège du détendeur en regard du siège de la robinetterie.

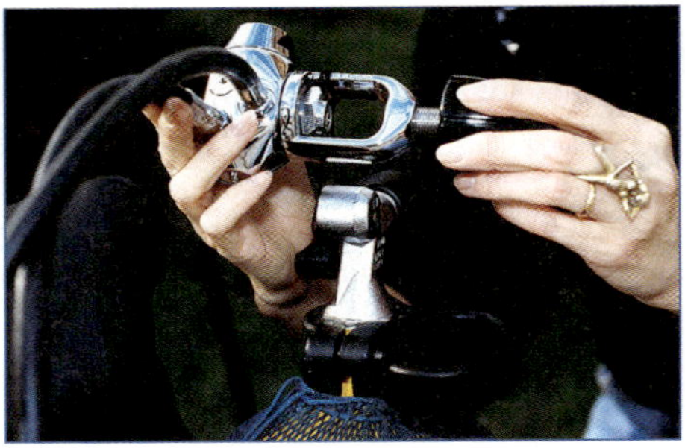

- Serrez modérément la vis de l'étrier. Le début du tuyau MP du premier étage doit être incliné à 45° environ vers le haut.

- Prenez le tuyau MP de votre direct-system à son extrémité entre le pouce et l'index.
- Tirez la bague située à son extrémité vers vous et connectez la partie femelle à la partie mâle du raccord rapide situé sur l'inflateur de votre gilet.

1. Tuyau MP
2. Bague du raccord
3. Partie femelle du raccord
4. Partie mâle du raccord

■ Repoussez la bague afin qu'elle recouvre complètement la partie mâle du raccord (4).

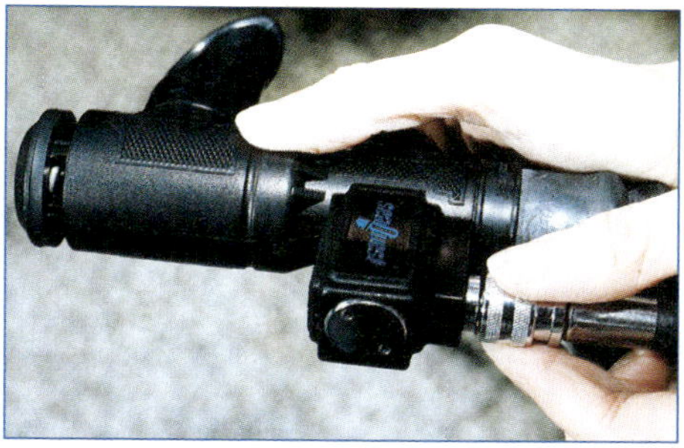

■ Vérifiez que le direct-system est bien connecté en tirant très légèrement sur le flexible MP.

■ En cas d'utilisation d'une bouteille auxiliaire (voir page 183), vérifiez que celle-ci est bien chargée et connectée au raccord prévu à cet effet.

■ Après avoir connecté votre direct-system, vous pouvez mettre en pression votre détendeur. Ouvrez lentement et à fond le robinet de conservation (sens inverse des aiguilles d'une montre), sans forcer, et revenez d'un quart de tour.

■ Vérifiez la pression de votre bouteille à l'aide d'un manomètre.

■ **La pression lue doit être de 180 à 230 bars (2592 à 3312 lbs/po² ou psi) selon la pression de service.**

■ Faites fuser (voir page 171) et respirez sur votre détendeur pour vérifier qu'il fonctionne correctement. Il doit fournir de l'air sans effort excessif, sans vibration et sans débit continu.

■ Gonflez légèrement votre gilet afin de vérifier que votre inflateur fonctionne.

Important : N'utilisez jamais votre 1er étage comme poignée de portage de votre bouteille car ceci risque d'endommager votre détendeur ou robinetterie.

DIFFICULTÉS

❑ Si votre robinetterie fuit

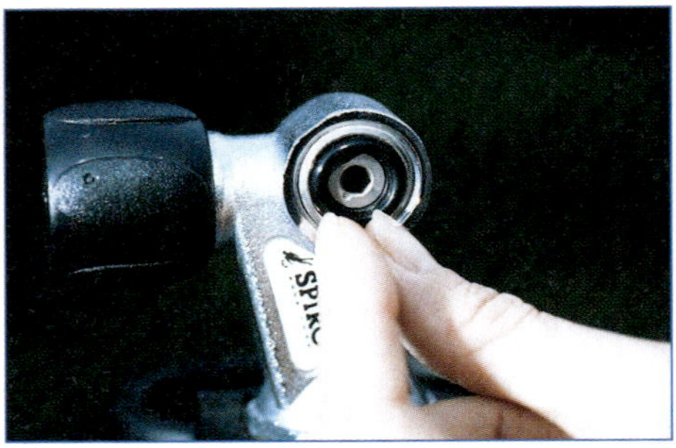

Fermez le robinet, démontez le détendeur (voir pages 197 à 198) et vérifiez l'état du joint torique. Si le joint est en mauvais état ou absent, remplacez-le.

Remontez votre détendeur et assurez-vous de son bon fonctionnement en le faisant fuser et en respirant plusieurs fois.

❑ Si votre détendeur se met en débit continu

Obturez l'orifice de l'embout avec un doigt ou bien mettez l'embout en bouche. Vérifiez que vos éventuels systèmes de réglage du 2e étage soient sur la position MINI (voir page 172).

Si ces manœuvres et vérifications n'ont pas d'effet, fermez votre robinet de conservation et consultez votre moniteur.

❑ Si votre détendeur est dur

Changez de détendeur et faites-le réviser par un spécialiste.

❑ Si votre direct-system fuit et que vous avez des difficultés à connecter le raccord rapide

Vous avez mis en pression votre détendeur avant de connecter le raccord rapide de votre direct-system. Fermez votre robinet et purgez votre détendeur avant de connecter de nouveau le raccord rapide de votre direct-system (voir pages 197 à 198).

❑ Si votre direct-system fuit après connexion et mise sous pression

Fermez votre robinet de conservation et consultez votre moniteur.

Exercice n° 5

Montez un détendeur normalisé D.I.N. et connectez votre direct-system.

Mêmes consignes que pour l'exercice n°4 page 191, mais :

- Vérifiez que le joint torique de votre 1er étage est en bon état.
- Purgez votre bouteille en ouvrant légèrement et brièvement le robinet de conservation.
- Otez le bouchon de protection du filetage de la vis moletée de votre premier étage.

- Positionnez le premier étage de manière à mettre le siège du détendeur en regard du siège de la robinetterie.

- Serrez modérément la vis moletée jusqu'au fond à l'aide du volant de serrage. L'ensemble du filetage doit être immobilisé dans la robinetterie.
- Le début du tuyau MP du premier étage doit être incliné à 45° environ vers le haut.
- En cas d'utilisation d'une bouteille auxiliaire (voir page 183), vérifiez que celle-ci est bien chargée et connectée au raccord prévu à cet effet.

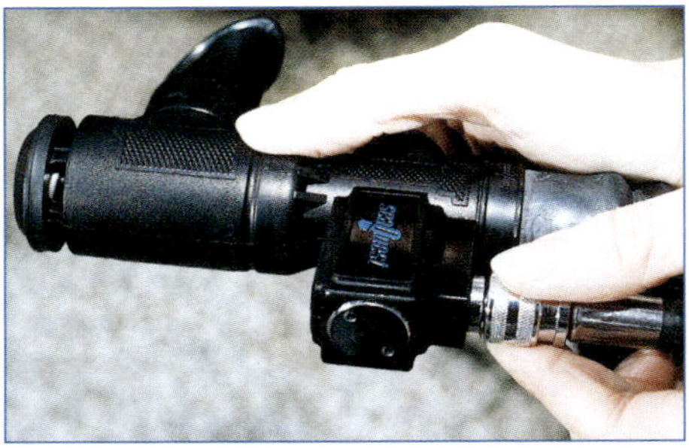

- Après avoir connecté votre direct-system (voir pages 192 et 193), vous pouvez mettre en pression votre détendeur. Ouvrez lentement et à fond le robinet de conservation (sens inverse des aiguilles d'une montre), sans forcer et revenez d'un quart de tour.

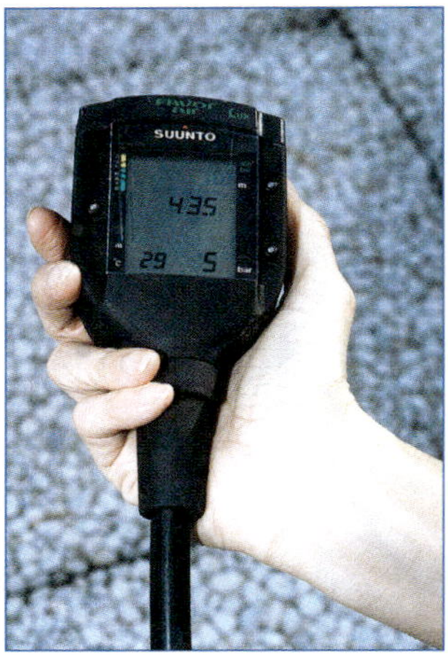

- Vérifiez la pression de votre bouteille à l'aide d'un manomètre.
- La pression lue doit être comprise entre 180 et 230 bars (2592 à 3312 lbs/po^2 ou psi) selon la pression de service.

- Faites fuser (voir page 171) et respirez sur votre détendeur pour vérifier qu'il fonctionne correctement. Il doit fournir de l'air sans effort excessif, sans vibration et sans débit continu.

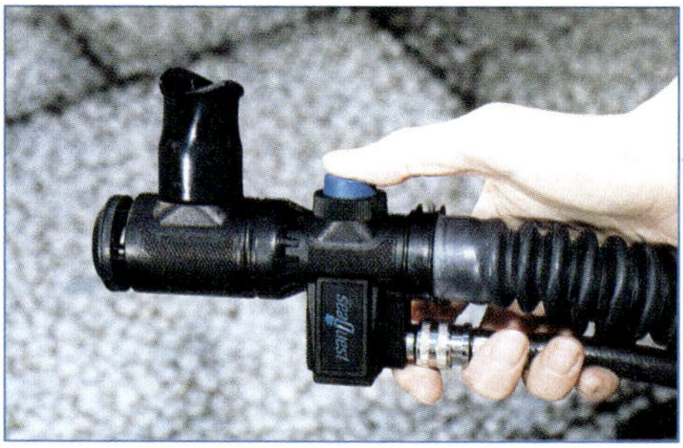

■ Gonflez légèrement votre gilet afin de vérifier que votre inflateur est en état de marche.

Important : N'utilisez jamais votre 1er étage comme poignée de portage de votre bouteille car ceci risque d'endommager votre détendeur ou robinetterie.

DIFFICULTÉS

Mêmes difficultés que l'exercice n°4 (voir pages 194 et 195).

Remarque : le joint torique est situé sur le premier étage du détendeur dans le cas d'un système normalisé DIN (voir page 170).

Exercice n° 6

Démontez votre détendeur et déconnectez votre direct-system.

■ Fermez à fond mais sans forcer (sens des aiguilles d'une montre) le robinet de conservation.

■ Purgez le détendeur qui est sous pression en appuyant sur le bouton de surpression. Dès que l'air ne sort plus, relâchez le bouton.

■ Déconnectez votre direct-system en tirant la bague du raccord vers vous.

■ Dévissez la vis de l'étrier ou le volant D.I.N. selon le cas et ôtez le détendeur.

■ Montez le capuchon de protection de l'arrivée d'air haute pression (H.P.) après l'avoir séché avec une serviette. Le capuchon doit être positionné sur le siège du 1er étage du détendeur.

■ Le capuchon de protection monté, rincez votre détendeur à l'eau douce, puis faites-le sécher à l'ombre avant de le ranger.

DIFFICULTÉS

❑ Si votre détendeur se met en débit continu lorsque vous purgez

Vous avez oublié ou pas suffisamment fermé le robinet de conservation.

❑ Si vous avez des difficultés à déconnecter votre direct-system

Vérifier que vous avez correctement purgé votre détendeur.

❑ Si vous n'arrivez pas à démonter votre détendeur

Vous avez oublié de fermer votre robinet de conservation ou pas suffisamment purgé votre détendeur qui est encore sous pression.

Exercice n° 7

Démontez votre gilet et rangez votre bouteille.

- Suivez les procédures inverses correspondantes aux exercices n°2 et 3 décrites pages 189 à 190 en fonction du type de boucle : métallique à grenouillère ou plastique à passants.
- Baissez votre réserve et rangez les sangles de la bouteille si vous en possédez.
- Rincez le corps de la bouteille à l'eau douce.
- Stockez votre bouteille dans un local, de préférence en position verticale.

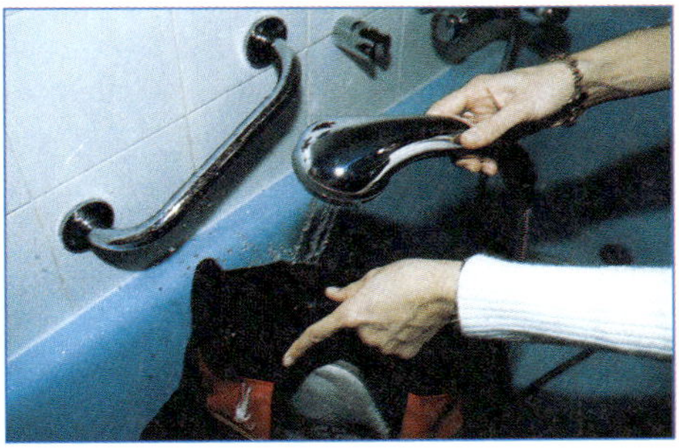

- Videz l'eau éventuellement contenue dans l'enveloppe de votre gilet en dévissant l'une des purges. Vous pouvez aussi procéder différemment en actionnant le bouton de la purge dite "lente", le gilet tenu à l'envers et la purge dirigée vers le sol.
- Rincez l'intérieur et l'extérieur du gilet, l'inflateur à l'eau douce et laissez-les sécher de préférence à l'ombre.
- Entreposez votre gilet légèrement gonflé dans un endroit sec.

OBJECTIF N° 10

La mise à l'eau par une échelle

INTÉRÊT PRATIQUE

Vous emploierez cette technique de mise à l'eau lors de vos débuts, de l'échelle d'une piscine ou d'un bateau.

Critères de réussite acceptables : vous devez être capable de descendre dans l'eau de l'échelle d'un bateau sans tomber, l'embout en bouche.

Conditions de réalisation : de jour, visibilité égale ou supérieure à 5 mètres, en pleine eau, profondeur correspondant au niveau d'évolution du niveau 1/ plongeur ☆ (zone des 20 mètres), mer calme à peu agitée.

Exercice n° 1

Mettez-vous à l'eau en descendant par une échelle.

Vous utiliserez des palmes courtes pour réaliser l'exercice et vous descendrez d'une mise à l'eau stable.

- Assurez-vous que l'échelle et ses alentours sont dégagés.
- Présentez-vous dos à l'échelle en saisissant les rampes des deux mains.
- Descendez vos palmes alternativement sur le barreau immédiatement inférieur.
- Ne lâchez les rampes que lorsque vous êtes entièrement dans l'eau.

Si vous portez une bouteille, suivez les mêmes consignes et conservez l'embout en bouche durant l'ensemble de l'exercice.

DIFFICULTÉS

❑ Si vous êtes déséquilibré ou si vous chutez

Lorsque vous descendez une palme, assurez-vous qu'elle est bien en appui sur le barreau avant de descendre l'autre

VARIANTES

Après avoir réalisé l'exercice n° 1 sans et avec bouteille, essayez de le réaliser :

1. sans regarder où vous posez vos palmes.
2. en utilisant de longues palmes.
3. en essayant de descendre le plus rapidement possible.
4. d'un bateau, en pleine eau, mer calme.
5. en effectuant le même exercice que (4) mais avec une mer peu agitée.

OBJECTIF N° 11

Le lâché et reprise d'embout

INTÉRÊT PRATIQUE

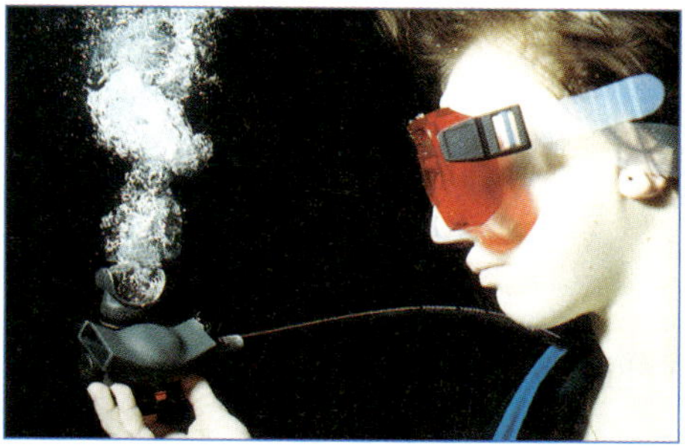

L'acquisition de ce savoir-faire développera votre aisance respiratoire ; de plus, lors de vos futures plongées, vous devrez être capable de lâcher et reprendre votre embout si :

- *vous le perdez en vous mettant à l'eau.*
- *un équipier vous l'arrache par mégarde, en vous donnant un coup de palme ou de main.*
- *vous devez recevoir ou donner votre embout en cas de panne d'air.*
- *vous désirez gonfler votre gilet à la bouche.*
- *vous désirez passer de votre détendeur à votre tuba et vice versa.*

Critères de réussite acceptables : vous devez être capable de remettre votre embout sans refaire surface, dans des contextes variés (déplacement horizontal, remontée...) après que votre moniteur vous l'ait enlevé sans vous prévenir (ne résistez pas pour ne pas endommager votre embout). En aucun cas, l'embout ne sera arraché par le moniteur.

Conditions de réalisation : de jour, visibilité égale au moins à 5 mètres, en pleine eau, profondeur correspondant au niveau d'évolution du niveau 1/plongeur ☆ (zone des 20 mètres).

Exercice n° 1

Lâchez et reprenez votre embout, sur inspiration, tout en le conservant en main.

- Tenez-vous à un point d'appui.
- Inspirez normalement avant d'enlever votre embout.
- Saisissez votre embout avec la main située du même côté que votre tuyau MP.
- Comptez jusqu'à trois en réalisant trois petites expirations avant de le remettre, fusant, en bouche.

DIFFICULTÉS

❑ Si vous inspirez de l'eau à la remise de l'embout

Maintenez enfoncé le bouton de surpression tant que vous n'avez pas l'embout en bouche.

VARIANTES

Après avoir réalisé l'exercice n° 1 essayez de le réaliser :

1. sans vous tenir à un point d'appui.
2. en comptant jusqu'à 8 avant de le remettre, fusant, en bouche.
3. en effectuant un déplacement horizontal sur le fond.
4. en utilisant un détendeur avec un tuyau sortant du côté inverse du vôtre.
5. sur un signe *OK, ça va* de votre moniteur.
6. en le remettant sans le faire fuser, en expirant pour chasser l'eau.
7. en lâchant votre embout sur un signal sonore convenu durant la séance.
8. sur expiration
9. en remettant votre embout après vous l'être fait enlevé par votre moniteur et en étant prévenu (ne résistez pas pour ne pas endommager votre embout).
10. en effectuant le même exercice que (9) mais sans être prévenu.

Remarque importante : Les variantes n°9 et 10 seront réalisées lorsque l'élève aura une aisance jugée suffisante. En aucun cas, l'embout ne sera arraché par le moniteur.

DIFFICULTÉS

❑ Pour la variante n°6, si vous inspirez de l'eau à la remise de l'embout

Après remise, expirez énergiquement et profondément par la bouche avant de reprendre votre inspiration.

Exercice n° 2

Lâchez et reprenez votre embout, sur expiration, en le conservant en main.

Mêmes consignes que pour l'exercice n°1 page 201, mais vous expirez normalement avant d'enlever votre embout.

VARIANTES

Après avoir réussi l'exercice n° 2, essayez de le réaliser en suivant les mêmes variantes que l'exercice n°1 page 202, mais pour (2), ne comptez que jusqu'à 4.

Exercice n° 3

Lâchez sur inspiration, sans le tenir, votre embout et reprenez-le.

- Inspirez normalement avant d'enlever votre embout.
- Lâchez votre embout en réalisant de petites expirations et en regardant la surface jusqu'à sa remise en bouche.
- Remettez votre embout, fusant, en bouche.

DIFFICULTÉS

❑ Si vous ne trouvez pas votre détendeur

Inclinez-vous en avant pour le récupérer.

VARIANTES

Après avoir réussi l'exercice n° 3, essayez de le réaliser suivant les mêmes variantes que l'exercice n° 1, page 202 :

1. en le lâchant, en étant allongé sur le dos.

2. en le lâchant, en effectuant un palmage dorsal.

3. en le lâchant et en le remettant les yeux fermés.

OBJECTIF N°12

La prévention des accidents barotraumatiques

INTÉRÊT PRATIQUE

Les accidents barotraumatiques désignent les accidents dûs aux effets de la pression.

Le corps comprend de nombreuses cavités naturelles remplies d'air.

Lors des variations de pression, certaines ne subissent aucun dommage : l'intestin, l'estomac. D'autres, en liaison avec les voies respiratoires, nécessitent une équilibration avec la pression externe sous peine d'accident.

Critères de réussite acceptables : vous devez être capable de préciser les différentes préventions des accidents barotraumatiques afin de les suivre dans votre pratique.

L'ACCIDENT DES OREILLES

Quand on descend, la pression s'exerce sur les tympans, on ressent une légère gêne.

Il ne faut pas attendre que celle-ci persiste, il faut exécuter la **manœuvre de Valsalva** qui consiste, bouche fermée, à souffler de l'air par le nez en ayant pris soin au préalable de se le pincer avec deux doigts pour équilibrer les oreilles.

Cette manœuvre doit être exécutée, **sans forcer, régulièrement au cours de la descente.**

En cas d'impossibilité et d'apparition d'une douleur persistante, il ne faut pas insister. Il convient de prévenir le guide ou chef de palanquée et d'envisager de remonter.

En cas de problème d'équilibrage des oreilles à la remontée, redescendez de quelques mètres puis remontez lentement.

Le Valsalva à la remontée est inutile et peut être dangereux.

LE PLACAGE DE MASQUE

Lors de la descente, la pression comprime le volume intérieur du masque. Pour éviter un effet de ventouse, **il suffit de souffler par le nez de temps en temps** pour équilibrer la pression interne du masque.

L'ACCIDENT DES SINUS

Les sinus (cavités osseuses en communication avec les fosses nasales) s'équilibrent d'eux-mêmes dans des conditions normales. En revanche, un rhume peut empêcher leur équilibrage, c'est pour cette raison qu'il faut **éviter de plonger enrhumé ou en cas de sinusite.**

LA SURPRESSION PULMONAIRE

C'est un des accidents ayant les plus graves conséquences en plongée. Pourtant sa prévention est simple.

Il suffit d'insister sur l'expiration lors de la remontée, surtout dans la zone des dix derniers mètres.

Il ne faut jamais bloquer sa respiration.

Il ne faut également jamais donner de l'air à un plongeur en apnée car ce type de discipline ne nécessite pas cette précaution dans des conditions habituelles.

TABLEAU RÉCAPITULATIF DES PRÉVENTIONS

ACCIDENTS	PRÉVENTIONS	
	A la descente	A la remontée
Oreilles	Manœuvre de Valsalva, sans forcer, sans tarder régulièrement lors de la descente.	En cas de problème redescendre de quelques mètres et remonter lentement.
Placage de masque	Souffler par le nez régulièrement lors de la descente.	Aucune prévention.
Sinus	Ne pas insister et remonter.	En cas de problème redescendre de quelques mètres et remonter lentement.
Surpression pulmonaire	Aucune prévention.	Insister sur l'expiration en remontant. Ne jamais bloquer sa respiration Ne jamais donner d'air à un apnéiste.

OBJECTIF N° 13

L'expiration contrôlée à la remontée

INTÉRÊT PRATIQUE

Il est primordial de contrôler son expiration à la remontée pour éviter ***la surpression pulmonaire*** *(voir page 206).*

Critères de réussite acceptables : vous devez être capable de remonter en contrôlant votre expiration, en conservant votre embout en main et en marquant au moins un arrêt durant lequel vous le remettrez en bouche pour effectuer un cycle ventilatoire complet, avant de poursuivre votre remontée ; ceci dans des contextes variés, après que votre moniteur vous l'ait enlevé sans vous prévenir (ne résistez pas pour ne pas endommager votre embout).

Conditions de réalisation : de jour, visibilité égale au moins à 5 mètres, en pleine eau, dans la zone des cinq premiers mètres.

Important : Ces capacités ne seront vérifiées que dans le cadre de la formation comme prérequis aux objectifs suivants et non dans le cadre d'un examen éventuel.

Exercice n° 1

Contrôlez votre expiration en remontant, l'embout en bouche.

- Expirez un peu plus profondément à la remontée.
- Des bulles d'air doivent sortir régulièrement de vos moustaches de détendeur durant toute la remontée.
- Regardez vos bulles remonter en surface pour apprécier la fréquence de leur lâché.
- Remontez à la même vitesse que votre moniteur.

DIFFICULTÉS

❑ Si peu de bulles ou aucune bulle ne sort des moustaches du détendeur

Lors de votre remontée, inspirez en comptant jusqu'à 3 puis expirez en comptant jusqu'à 5 durant chaque cycle respiratoire.
Dans un premier temps, simulez une remontée d'une minute à terre, embout en bouche, puis à 3 mètres.

❑ Si les bulles ne sortent pas régulièrement des moustaches

Lors de la remontée comptez jusqu'à 3 entre chaque expiration. Dans un premier temps, simulez une remontée d'une minute à terre, embout en bouche, puis à 3 mètres.

VARIANTES

Après avoir réalisé l'exercice n° 1, essayez de le réaliser :

1. sans regarder vos bulles.
2. l'embout conservé en bouche, sans inspirer durant la remontée.
3. en effectuant le même exercice que (2) suite à un signal visuel convenu avec votre moniteur.
4. en effectuant le même exercice que (2) mais suite à un signal sonore.
5. en remontant en pleine eau.

Exercice n° 2

Contrôlez votre expiration en effectuant un parcours de 6 mètres sur le fond, embout lâché et tenu en main.

Important : Cet exercice sera travaillé sur un fond peu important, inférieur à 2 mètres.

- Vous devez lâcher régulièrement de l'air en expirant durant l'ensemble du parcours.
- Vous devez au moins marquer un arrêt durant lequel vous reprendrez votre embout pour effectuer un cycle ventilatoire complet avant de poursuivre votre trajet.

VARIANTES

Après avoir réalisé l'exercice n° 2, essayez de le réaliser :

1. en effectuant le parcours en tournant sur vous-même.
2. en augmentant progressivement la longueur du parcours sans dépasser 10 mètres.
3. en effectuant l'exercice les yeux fermés, le moniteur ou un coéquipier vous tapant sur l'épaule en fin de parcours.
4. en comptant jusqu'à 5 sur vos doigts après avoir lâché votre embout, avant de réaliser votre parcours.

Exercice n° 3

Contrôlez votre expiration en remontant, embout lâché et tenu en main.

■ Mêmes consignes que pour l'exercice n° 1 page 207 mais vous devez au moins marquer un arrêt durant lequel vous remettrez votre embout pour effectuer un cycle ventilatoire complet avant de poursuivre votre remontée.

DIFFICULTÉS

❑ Si vous hésitez à remonter

A terre, simulez une remontée de 15 secondes en vous pinçant le nez et en contrôlant votre expiration par la bouche.

VARIANTES

Après avoir réalisé l'exercice n° 3, essayez de le réaliser suivant les mêmes variantes que l'exercice n° 1 page 208 sauf la variante n° 2.

OBJECTIF N° 14

Le palmage en immersion

INTÉRÊT PRATIQUE

Le palmage en immersion diffère quelque peu de celui réalisé en surface. Plus lent, adapté à la profondeur à laquelle le plongeur évolue, son amplitude n'est pas limitée par la surface de l'eau.

CRITÈRES DE RÉUSSITE ACCEPTABLES : vous devez être capable d'effectuer un parcours en enchaînant un palmage ventral, costal, dorsal entre deux eaux, en ayant un trajet proche de celui de votre moniteur qui effectuera des changements de direction.

CONDITIONS DE RÉALISATION : de jour, visibilité égale ou supérieure à 5 mètres, en pleine eau, fond régulier, profondeur correspondant au niveau d'évolution du niveau 1/plongeur ☆ (zone des 20 mètres).

Exercice n° 1

Enchaînez un palmage ventral, costal et dorsal sur 25 mètres, sans toucher le fond ni émerger.

- Votre moniteur a déterminé votre lestage (emploi éventuel d'une ceinture de natation avec des pains de mousse ou utilisation d'un gilet de remontée) pour que votre flottabilité soit nulle.
- Votre palmage est relativement lent et ample.
- Prenez des repères visuels sur le fond pour vous diriger.

VARIANTES

Après avoir réussi l'exercice n° 1, essayez de le réaliser :

1. en évoluant à un mètre du fond.
2. en effectuant le parcours par binôme puis par trinôme, l'un étant leader et provoquant différents types de palmages que l'autre (ou les autres) doit (doivent) copier.
3. en passant à l'intérieur de cerceaux disposés à la même profondeur.
4. en effectuant le même exercice que (3) mais les cerceaux sont disposés à des profondeurs différentes.
5. en changeant de type de palmage à un signal visuel convenu.
6. même exercice que (5) mais suite à un signal sonore.

Exercice n° 2

Suivez votre moniteur qui provoque des changements de direction.

- Vous avez une flottabilité nulle (voir exercice n° 1 page 211).
- Vous êtes légèrement en retrait pour bien observer votre moniteur et réagir rapidement.
- Aidez-vous le moins possible des mains pour changer de direction.

VARIANTES

Après avoir réussi l'exercice n° 2, essayez de le réaliser :

1. le moniteur augmentant le nombre de changements de direction.
2. le moniteur augmentant la rapidité des changements de direction.
3. en suivant votre moniteur qui réalise un parcours en passant entre des cerceaux disposés à des profondeurs différentes.
4. en suivant votre moniteur qui effectue des changements de direction avant de passer entre chaque cerceau.

Test de contrôle (solutions page 352)

1 *Votre bouteille de plongée contient :*

❑ **a**. de l'air

❑ **b**. de l'oxygène

2 *La combinaison isothermique sert à :*

❑ **a**. protéger votre corps du froid

❑ **b**. protéger votre corps de la pression

3 *Le profondimètre indique :*

❑ **a**. le temps de plongée à une profondeur donnée

❑ **b**. la profondeur où vous vous situez

4 *Le poignard sert :*

❑ **a**. principalement à vous défendre contre les requins

❑ **b**. à vous dégager d'un filet

5 *Le rôle du masque est de :*

❑ **a**. protéger le visage de la pression externe

❑ **b**. permettre de voir presque normalement sous l'eau

❑ **c**. permettre la respiration par le nez

6 *Le rôle de la ceinture de lest est de :*

❑ **a**. permettre au plongeur de descendre au fond sans palmer

❑ **b**. compenser la flottabilité de la combinaison

7 *Le gilet de remontée sert à :*

❑ **a**. porter la bouteille de plongée

❑ **b**. s'équilibrer au fond sans palmer

❑ **c**. protéger la bouteille de plongée

❑ **d**. assister un coéquipier en difficulté

8 *Qu'est-ce qu'une pression ?*

❑ **a**. une unité

❑ **b**. une force exercée sur une surface

❑ **c**. le poids d'un liquide ou d'un gaz

9 *L'unité de pression la plus utilisée en plongée est :*

❑ **a**. le kilogramme

❑ **b**. le bar

❑ **c**. le newton

10 *La pression atmosphérique est la pression de l'air :*

❑ **a**. au niveau de la mer
❑ **b**. en altitude
❑ **c**. terrestre qui nous environne

11 *Quelle est la pression absolue à :*

- 1 m	❑ **a**. 1,01 b	❑ **b**. 1,10 b	❑ **c**. 0,10 b
- 10,5 m	❑ **d**. 1,50 b	❑ **e**. 1,05 b	❑ **f**. 2,05 b
- 21 m	❑ **g**. 2,10 b	❑ **h**. 3,10 b	❑ **i**. 3,01 b

12 *Quelle est la pression relative à :*

- 3,5 m	❑ **a**. 0,035 b	❑ **b**. 1,350 b	❑ **c**. 0,350 b
- 15 m	❑ **d**. 1,50 b	❑ **e**. 2,50 b	❑ **f**. 1,05 b
- 22 m	❑ **g**. 0,22 b	❑ **h**. 2,20 b	❑ **i**. 3,20 b

13 *Le passage sur la réserve indique :*

❑ **a**. que vous devez remonter
❑ **b**. que vous devez respirer plus lentement pour économiser votre air

14 *Le manomètre sous-marin permet de mesurer :*

❑ **a**. la pression de l'eau
❑ **b**. la pression de l'air contenu dans votre bouteille

15 *Le détendeur sert à :*

❑ **a**. gonfler votre bouteille d'air
❑ **b**. vous fournir de l'air à la pression ambiante et à la demande

16 *Le premier étage d'un détendeur à deux étages correspond à :*

❑ **a**. la première étape de détente de l'air
❑ **b**. la transformation de l'air haute pression
❑ **c**. la transformation de l'air moyenne pression

17 *Le bouton de surpression du détendeur sert à :*

❑ **a**. régler la pression du détendeur en fonction de la profondeur
❑ **b**. faire fuser le détendeur
❑ **c**. éviter que le détendeur ne se mette en débit continu en surface

9. DAUPHIN 2

DAUPHIN 2

TYPE	OBJECTIFS	EXERCICES PRÉPARANT À L'OBJECTIF	CONDITIONS DE RÉALISATION
	15 - page 217	L'utilisation du gilet de remontée.	De jour, profondeur inférieure ou égale à 5 m. Visibilité égale ou supérieure à la profondeur. Eau calme. Courant nul ou faible. De nombreux points d'appuis à proximité (échelle). Au début, les exercices 3, 4, 5, 6 et 7 liés à l'objectif seront travaillés à profondeur réduite, proche de 2 m. Votre lestage est déterminé par votre moniteur. Lorsque vous travaillez à faible profondeur, surlestez-vous légèrement.
	16 - page 224	L'initiation à l'apnée.	Mêmes conditions que pour l'objectif 15 mais profondeur proche de 3 m. Votre lestage est déterminé par votre moniteur.
	17 - page 226	L'immersion en phoque.	
	18 - page 228	L'immersion en canard.	
	19 - page 231	Le tour d'horizon.	
	20 - page 233	Les signes de plongée.	
	21 - page 235	Le vidage de masque. exercices 1, 2, 4, 5 et 6.	Mêmes conditions que pour l'objectif 16 mais profondeur inférieure ou égale à 3 m. Votre lestage est déterminé par votre moniteur.
		exercice 3.	A terre.
	22 - page 242	La mise à l'eau par saut droit.	De jour, profondeur de 3 à 5 m. Visibilité égale à la profondeur. Eau calme. Courant nul ou faible.
	23 - page 244	Le passage tuba/embout et vice versa.	Mêmes conditions que pour l'objectif 15 mais profondeur proche de 3 m.
	page 246	L'hépatite B et la plongée	
	24 - page 251	La respiration sur un détendeur de secours	Mêmes conditions que pour l'objectif 15 mais profondeur proche de 3 m.
	25 - page 260	La nage bouteille capelée, en surface.	
	26 - page 262	Le décapelage/recapelage en surface.	
	27 - page 265	Les consignes de sécurité en plongée.	
	page 283	Test de contrôle	

OBJECTIF N° 15

L'utilisation du gilet de remontée

Avant de débuter cet objectif, relisez avec attention l'objectif n° 8 : le gilet de remontée (pages 175 à 187).

INTÉRÊT PRATIQUE

Nous avons vu que le gilet de remontée est un équipement de sécurité et de confort. Au niveau 1/Plongeur ☆, nous envisagerons son emploi seulement au fond et en surface dans le but de se stabiliser.

Important : Par conséquent, avant de remonter, vous purgerez entièrement votre gilet et lors de la remontée, de façon régulière car le peu d'air restant se dilate.

Critères de réussite acceptables : vous devez être capable :
- de gonfler et dégonfler votre gilet, en surface, sur signal de votre moniteur, sans être prévenu au préalable (à la bouche et au direct-system).
- d'évoluer entre 0,5 et 1 mètre du fond sans jamais utiliser le palmage pour vous maintenir en profondeur.
- de stopper une remontée à 5 mètres du fond, provoquée par votre moniteur qui a actionné votre direct-system, sans vous prévenir au préalable.

Conditions de réalisation : de jour, visibilité égale ou supérieure à 5 mètres, en pleine eau, fond non régulier, profondeur correspondante au niveau d'évolution du niveau 1/plongeur ☆ (zone des 20 mètres).

Exercice n° 1

A terre, gonflez entièrement votre gilet à l'aide du direct-system et dégonflez-le.

Gonfler

- Actionnez le bouton de l'inflateur.

Dégonfler

- Purge au-dessus de la tête, pressez continuellement le bouton de purge.

DIFFICULTÉS

❑ Si vous êtes trop comprimé par l'enveloppe de votre gilet à la suite de son gonflage

Votre gilet est trop petit ou vous avez trop serré les sangles ventrale et pectorale.

❑ Si votre gilet ne se gonfle pas ou se gonfle difficilement

Pressez continuellement le bouton de l'inflateur.

❑ Si votre gilet ne se dégonfle pas ou se dégonfle difficilement

Voir page 219.

VARIANTES

Après avoir réussi l'exercice n° 1, essayez de le réaliser :

1. en purgeant à l'aide de la purge rapide.
2. en utilisant un matériel différent du votre.
3. en fermant les yeux.

Exercice n° 2

A terre, gonflez et dégonflez entièrement votre gilet, à la bouche.

Gonfler

■ Soufflez par expirations courtes et successives par l'embout du gilet tout en appuyant sur le bouton de purge.

Dégonfler

■ Purge au-dessus de la tête, pressez continuellement le bouton de purge.

DIFFICULTÉS

❑ Si vous êtes trop comprimé par l'enveloppe de votre gilet à la suite de son gonflage

Votre gilet est trop petit ou vous avez trop serré les sangles ventrale et pectorale.

❑ Si votre gilet ne se gonfle pas ou se gonfle difficilement

N'appuyez sur le bouton de purge que lorsque vous expirez par l'embout du gilet.

❑ Si votre gilet ne se dégonfle pas ou se dégonfle difficilement

Appuyez sur l'enveloppe du gilet avec votre avant-bras tout en purgeant.

VARIANTES

Après avoir réussi l'exercice n° 2, essayez de le réaliser selon les mêmes variantes que l'exercice n° 1 page 218.

Exercice n° 3

En surface, gonflez et dégonflez votre gilet.

- Vous ne devez pas prendre appui sur le fond ou sur le bord.
- Maintenez-vous tête hors de l'eau durant l'ensemble de l'exercice.
- Gonflez votre gilet à l'aide du direct-system.
- Après l'avoir gonflé entièrement (de l'air fuyant par la soupape), purgez-le entièrement.

DIFFICULTÉS

❑ Si vous êtes trop comprimé par l'enveloppe de votre gilet à la suite de son gonflage

Votre gilet est trop petit ou vous avez trop serré les sangles ventrale et pectorale.

❑ Si votre tête est immergée durant l'exercice

Vous devez réaliser un palmage de sustentation (voir page 148) afin de conserver la tête hors de l'eau le temps que votre gilet soit suffisamment gonflé ou lors de sa purge.

VARIANTES

Après avoir réussi l'exercice n° 3, essayez de le réaliser :

1. sans regarder les commandes de gonflage et de purge du gilet.
2. par binôme, en vous racontant ce qui vous a poussé à suivre une formation en plongée.
3. en gonflant et en purgeant votre gilet sur signal de votre moniteur.
4. par binôme, face à face, à tout moment vous pouvez purger le gilet de l'autre en actionnant sa purge dite "rapide".

Exercice n° 4

Au fond, gonflez à la bouche et dégonflez votre gilet.

Important : ce type d'exercice ne sera jamais réalisé au cours d'une remontée car il peut être dangereux.

- Soufflez par expirations courtes et successives.
- Le détendeur et l'embout du gilet doivent être conservés en main.
- Purgez votre gilet lorsque votre tête émerge.
- La hauteur de la purge détermine la quantité d'air purgé.

DIFFICULTÉS

❑ Si votre gilet ne se purge pas ou se purge difficilement ou trop lentement

Plus vous élevez la purge dite "lente" en l'actionnant, plus une quantité d'air importante est purgée.

❑ Si vous lâchez votre détendeur ou embout de gilet

Tenez votre détendeur d'une main et votre embout de l'autre en alternant une inspiration dans le détendeur et une expiration dans l'embout du gilet.

VARIANTES

Après avoir réussi l'exercice n° 4, essayez de le réaliser :

1. en étant à plat ventre, en ayant pour but de vous relever grâce au gonflage de votre gilet.
2. même exercice que (1) mais sans regarder vos commandes de gilet.
3. même exercice que (1) mais vous ne pouvez actionner votre bouton d'admission d'air et de purge qu'une seule fois durant l'exercice, en continu, sans à-coup.
4. même exercice que (1) mais en utilisant un matériel différent du vôtre.
5. même exercice que (1) mais en ayant pour but de ne pas émerger.
6. même exercice que (5) sur un signe convenu avec votre moniteur.

Exercice n° 5

Au fond, gonflez votre gilet en utilisant le direct-system et dégonflez-le.

- Appuyez sur le bouton de l'inflateur par à-coups.
- Purgez votre gilet lorsque votre tête émerge.
- La hauteur de la purge détermine la quantité d'air purgée.

DIFFICULTÉS

Voir les difficultés de l'exercice n°4, page 221.

VARIANTES

Après avoir réussi l'exercice n° 5, essayez de le réaliser suivant les mêmes variantes que l'exercice n° 4 page 221.

Exercice n° 6

Stoppez votre remontée rapidement à la suite d'un gonflage, sans refaire surface.

- Assurez-vous que la surface est dégagée au-dessus de vous.
- Gonflez votre gilet au direct-system jusqu'à ce que vous décolliez, purge rapide en main.
- Basculez-vous sur le dos afin de faciliter la purge du gilet.

VARIANTES

Après avoir réussi l'exercice n° 6, essayez de le réaliser :

1. après que votre moniteur vous ait gonflé votre gilet sur signal visuel.

Exercice n° 7

Stabilisez-vous entre 0,5 et 1 mètre d'un fond régulier à l'aide du direct-system.

- En aucun cas vous ne devez toucher le fond.
- Commencez à gonfler votre gilet avant d'arriver sur le fond.
- En attendant d'être stabilisé, maintenez votre niveau de stabilisation, à l'aide du palmage de sustentation.

VARIANTES

Après avoir réussi l'exercice n° 7, essayez de le réaliser :

1. sur un fond irrégulier.
2. lors d'un déplacement.
3. en fermant les yeux, en ayant pour but de ne pas toucher le fond.
4. en effectuant en même temps un lâché et reprise d'embout.
5. en vous stabilisant au même niveau que votre moniteur, niveau non précisé.
6. même exercice que (1) mais en conservant ce même niveau de stabilisation durant une partie d'une plongée d'exploration.

OBJECTIF N° 16

L'initiation à l'apnée

INTÉRÊT PRATIQUE

L'apnée est un arrêt volontaire de la ventilation. Elle développe l'aisance aquatique, le contrôle de soi, de ses émotions. Le but n'est pas de réaliser des records en profondeur ou en temps qui peuvent entraîner des accidents conduisant à une noyade.

Des spécialistes tels que Jacques Mayol, Francisco Ferreras Rodriguez (Pipin), Umberto Pelizzari et d'autres, suivent une préparation rigoureuse et réalisent des apnées records, encadrés par une équipe de plongeurs de sécurité et sous contrôle médical (voir pages 21 à 29).

CRITÈRES DE RÉUSSITE ACCEPTABLES : vous devez être capable de descendre au fond en apnée, d'effectuer le signe *OK tout va bien* à votre moniteur, de remonter tuba en bouche et de le vider en surface avant de reprendre votre ventilation.

CONDITIONS DE RÉALISATION : de jour, visibilité égale ou supérieure à 5 mètres, profondeur proche de 3 mètres.

Exercice n° 1

Par binôme, réalisez une apnée statique de 10 secondes en vous tenant face au bord.

Vous vous surveillerez mutuellement l'un après l'autre lors de la réalisation de cet exercice.

- Vous êtes équipé du masque et du tuba.
- Vos yeux sont fermés.
- Réalisez une inspiration juste supérieure à la normale.
- Ne lâchez pas le bord durant l'exercice.
- Remontez lorsque votre moniteur vous touche la main ou sur signal sonore.

VARIANTES

Après avoir réussi l'exercice n° 1, essayez de le réaliser :

1. les yeux ouverts.
2. même exercice que (1) mais en lâchant le bord.
3. même exercice que (1) mais en augmentant progressivement le temps jusqu'à 30 secondes.
4. même exercice que (1) mais suite à une expiration.

Exercice n° 2

Par binôme, suite à une simple coulée, allez chercher votre tuba sur le fond.

Vous vous surveillerez mutuellement l'un après l'autre lors de la réalisation de cet exercice.

- Vous êtes équipé de palmes et d'un masque.
- Votre corps est décontracté, vos muscles sont relâchés.
- Au fond, votre palmage est ample et lent.
- En remontant, vous effectuez le signe "*OK tout va bien*" à votre équipier qui vous surveille en surface.

VARIANTES

Après avoir réussi l'exercice n° 2, essayez de le réaliser :

1. en réalisant au préalable 5 secondes d'apnée statique.
2. en émergeant tuba en place, vidé.
3. en effectuant un parcours de 5 mètres en surface, en apnée, avant d'effectuer la coulée.
4. en lâchant votre tuba de la surface et en ayant pour but de le rattraper avant qu'il n'atteigne le fond, sur signal de votre moniteur.
5. en s'allongeant sur le fond avant de monter.
6. même exercice que (5) mais en s'asseyant au fond en tailleur.
7. par binôme, en ayant pour but de remonter le premier un tuba suite à un signal sonore.
8. même exercice que (7) mais suite à un signal visuel.

OBJECTIF N° 17

L'immersion en phoque

INTÉRÊT PRATIQUE

Cette technique surtout employée avec bouteille permet de s'immerger rapidement tout en maintenant une direction repérée en surface : bateau, bouée à rejoindre...

En eau trouble, elle permet à l'ensemble de la palanquée de ne pas se perdre de vue lors de l'immersion.

CRITÈRES DE RÉUSSITE ACCEPTABLES : vous devez être capable de vous immerger en phoque, en réalisant une descente verticale sans vous aider des mains pour descendre.

CONDITIONS DE RÉALISATION : de jour, visibilité égale ou supérieure à 5 mètres, en pleine eau, profondeur proche de 3 mètres.

Exercice n° 1

Par binôme, immergez-vous en phoque, en vous regardant.

Vous vous surveillerez mutuellement lors de la réalisation de l'exercice.

- Pointez les bras vers le ciel.
- Réalisez un palmage de sustentation.
- Arrêtez de palmer brusquement lorsque vos épaules sont hors de l'eau, tout en expirant fortement.
- Laissez-vous couler.
- Descendez tête en bas, dès que vous êtes suffisamment profond, pour que vos palmes soient totalement immergées.

Pour réaliser l'exercice n° 1 avec bouteille, suivez les mêmes consignes.

DIFFICULTÉS

❑ **Si votre palmage est poursuivi lors de la descente ou si votre arrêt est progressif**

Effectuez un palmage de sustentation par deux, face à face ; au signal, laissez-vous couler le plus rapidement possible. Le but est d'être le premier totalement immergé à la suite de l'arrêt du palmage de sustentation.

❑ **Si vous n'expirez pas ou si l'expiration est trop faible ou non réalisée lors de l'arrêt du palmage**

Dans le petit bain, à genoux, tête hors de l'eau, allongez-vous sur le fond sans vous aider des bras, en expirant.

VARIANTES

Après avoir réussi l'exercice n° 1 en libre et en bouteille, essayez de le réaliser :

1. dans le but de remonter un objet du fond.
2. suivi d'une apnée statique de 10 secondes (sans bouteille).
3. sans vous aider du palmage de sustentation.
4. suivi d'un parcours de 10 mètres sur le fond.

OBJECTIF N°18

L'immersion en canard

INTÉRÊT PRATIQUE

Cette technique permet de s'immerger tout en visualisant un repère sous l'eau (objet, membre de la palanquée...).

Critères de réussite acceptables : vous devez être capable de vous immerger en effectuant un canard, en réalisant une descente verticale, à l'aplomb d'un repère, sans vous aider du palmage.

Conditions de réalisation : de jour, visibilité égale ou supérieure à 5 mètres, profondeur proche de 3 mètres.

Exercice n° 1

Par binôme, immergez-vous en effectuant un canard pour remonter un objet du fond.

Vous vous surveillerez mutuellement l'un après l'autre lors de la réalisation de cet exercice.

- Palmez lentement sur le ventre en direction de l'objet.
- Visualisez l'objet durant l'ensemble du canard.
- Arrêtez-vous brusquement tout en cassant le buste et en dirigeant vos bras vers l'objet.
- Élevez vos jambes tendues, jointes à la verticale, et ramenez vos bras le long du corps.
- Attendez d'avoir vos palmes totalement immergées pour débuter le palmage.

Pour réaliser l'exercice n° 1 avec bouteille, suivez les mêmes consignes.

L'exercice sera réalisé sous-cutale en place, selon le cas.

DIFFICULTÉS

❑ Si votre buste n'est pas cassé ou votre descente non verticale

1. Allongé sur le ventre, posez les paumes de vos deux mains sur le fond, dans le petit bain. Votre buste doit être cassé et former un angle droit avec vos jambes (la profondeur est à moduler suivant la taille de la personne).

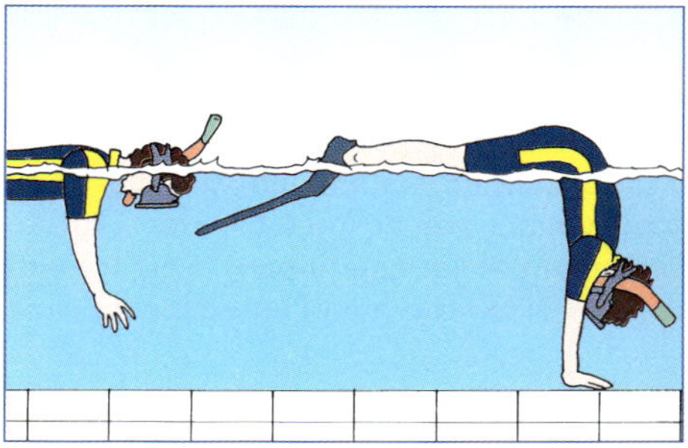

2. Immergez-vous en effectuant un canard pour remonter un objet du fond. Visualisez l'objet placé au fond durant l'ensemble du canard et donnez un léger coup de rein pour faciliter la montée de vos jambes.

❑ Si vos jambes basculent et vous descendez sur le dos

Effectuez un canard sans que vos jambes ne touchent une perche (ou tuba, bras…) tendue du bord par un coéquipier. Dans ce but, réduisez l'impulsion donnée à vos jambes pour qu'elles ne dépassent pas l'axe vertical.

❑ Si votre corps est incliné latéralement et vrillé lors de la descente

Effectuez un canard sans que vos jambes ne touchent une perche (ou tuba, bras...) placée latéralement par un coéquipier. Il est important de visualiser l'objet durant l'ensemble du canard.

❑ Si vous palmez avant immersion complète des palmes

A la suite de la bascule des jambes, ne vous aidez pas du palmage pour descendre ou comptez jusqu'à 10 avant de palmer.

VARIANTES

Après avoir réussi l'exercice n° 1, essayez de le réaliser :

1. en réalisant quatre canards sur une distance déterminée.
2. en réalisant le maximum de canards sur une distance déterminée.
3. suivi d'un parcours d'une dizaine de mètres sur le fond.
4. en lâchant votre tuba de la surface en ayant pour but de le rattraper avant qu'il n'atteigne le fond, sur signal de votre moniteur.
5. par binôme, en ayant pour but de remonter le premier un tuba suite à un signal sonore.

OBJECTIF N° 19

Le tour d'horizon

INTÉRÊT PRATIQUE

Le tour d'horizon réalisé à la remontée permet de prévenir les accidents de surface dûs à d'éventuelles embarcations (bateaux à moteur, planche à voile...) ou obstacles (ouvrages flottants, plongeur, nageur...).

Critères de réussite acceptables : lors d'une remontée conduite par votre moniteur, vous devez être capable de réaliser un tour d'horizon à 3 mètres et en surface, sans être prévenu.

Conditions de réalisation : de jour, visibilité égale ou supérieure à 5 mètres, en pleine eau, profondeur correspondant au niveau d'évolution du niveau 1/plongeur ☆ (zone des 20 mètres).

Exercice n° 1

Réalisez un tour d'horizon.

Vers 3 mètres

- Arrêtez-vous, écoutez si vous entendez des bruits éventuels.
- Réalisez un tour d'horizon complet sur vous-même, en scrutant la surface avant de poursuivre votre remontée.

En surface

- Réalisez de nouveau un tour d'horizon en effectuant le signe *OK tout va bien.* Vous devez obtenir une réponse de la personne de surveillance en surface.
- Scrutez l'horizon avant de rejoindre le bord pour repérer d'éventuelles embarcations.

Pour réaliser l'exercice n° 1 sans bouteille, suivez les mêmes consignes.

DIFFICULTÉS

❑ Si la personne de surveillance en surface ne vous répond pas

Maintenez votre bras tendu en montrant le signe *OK tout va bien* (voir page 234) en direction de la personne assurant la surveillance en surface, jusqu'à obtenir une réponse. Si besoin est, attirez son attention de manière sonore : sifflet...

VARIANTES

Après avoir réussi l'exercice n° 1, essayez de le réaliser :

1. à la suite d'une remontée sur expiration contrôlée.

2. à la suite d'une apnée statique de 15 secondes (sans bouteille).

OBJECTIF N° 20

Les signes de plongée

INTÉRÊT PRATIQUE

Le plongeur sportif ne peut pas communiquer par la parole sous l'eau, il utilise les signes comme langage. Il est indispensable de les connaître et de savoir les utiliser, surtout les signes liés à la sécurité.

L'apprentissage de l'ensemble des signes sera réparti sur plusieurs séances : un ou deux signes présentés par séance au plus.

CRITÈRES DE RÉUSSITE ACCEPTABLES : vous devez être capable lors d'un questionnaire, de préciser sans hésiter les différents signes de plongée élémentaires et de les utiliser à bon escient dans votre pratique.

BIEN COMMUNIQUER

Il est important avant toute communication d'attirer l'attention de celui avec qui vous voulez communiquer (taper sur l'épaule...).

Le signe doit être exécuté de façon à être vu et compris, évitez les gestes parasites, inutiles. Évitez aussi de vous trouver hors du champ de vision du récepteur, c'est-à-dire trop près de lui. Si vous n'obtenez pas de réponse de sa part confirmant la réception du signe, attirez son attention et recommencez-le.

DIFFÉRENTES RÉPONSES

Certains signes impliquent une réponse seule sous forme de signes, et d'autres, une intervention de la part du receveur.

SUITE À DONNER À LA COMMUNICATION

Il faut décider de la suite à donner au message échangé. Exemple : *OK ça va :* on continue de plonger ; *je suis sur réserve :* on remonte. Par ailleurs, suite à une intervention, il est nécessaire que l'intervenant interroge l'assisté sur le résultat de son action : *OK ça va.*

COMMUNIQUER COURAMMENT

Le langage par signes, comme une langue étrangère parlée, doit être utilisé régulièrement dans le but d'être maîtrisé.

SIGNES DE PLONGÉE

De plongeur à plongeur : réponse seule

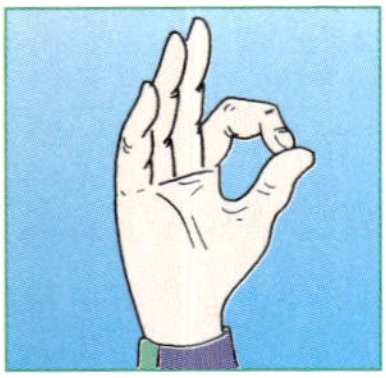
Est-ce que tout va bien ?
et OK, tout va bien

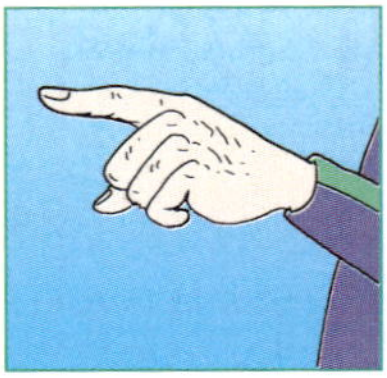
Toi

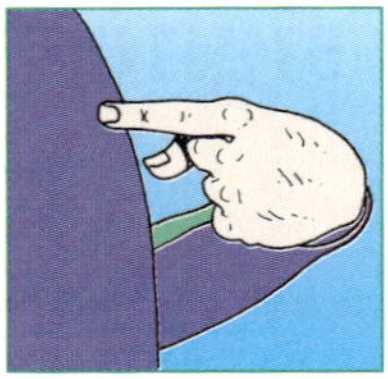
Moi

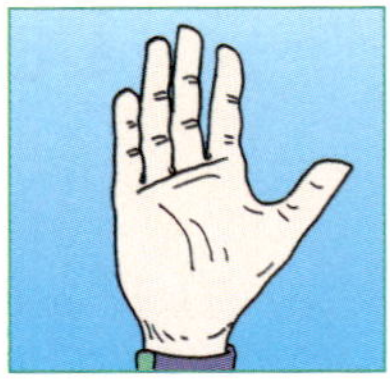
Stop

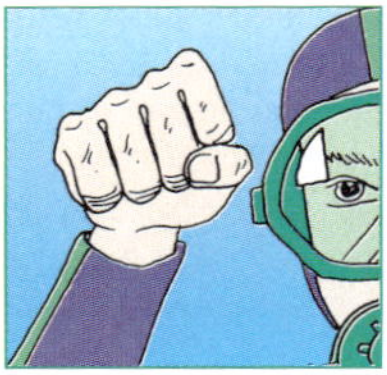
Je suis sur réserve

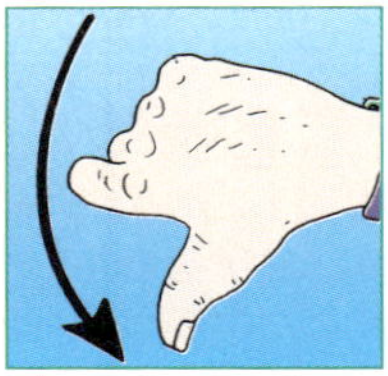
Descendez

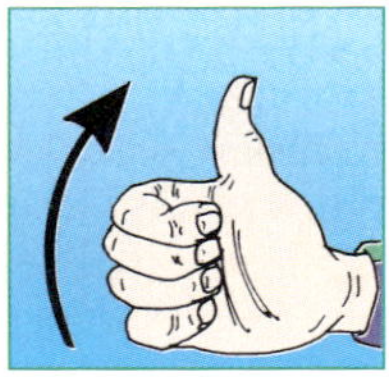
Remontez

De plongeur à plongeur : intervention

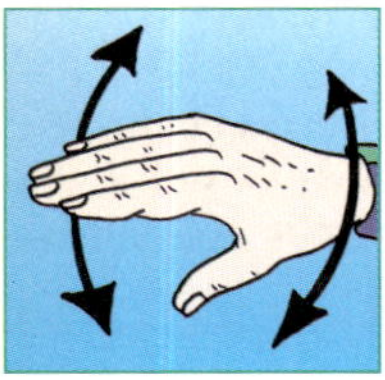
Ça ne va pas

Problème d'oreille

Je n'ai plus d'air

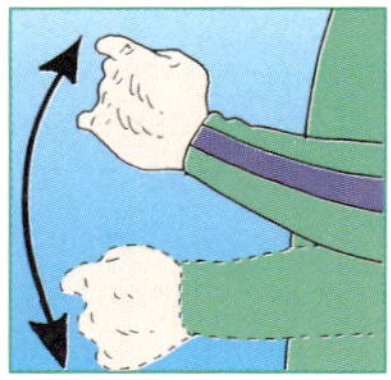
Je n'arrive pas à passer ma réserve

Mets ma réserve

Obstacle en surface

Je suis fatigué

Je suis essoufflé

De plongeur à bateau, rivage

OK, tout va bien

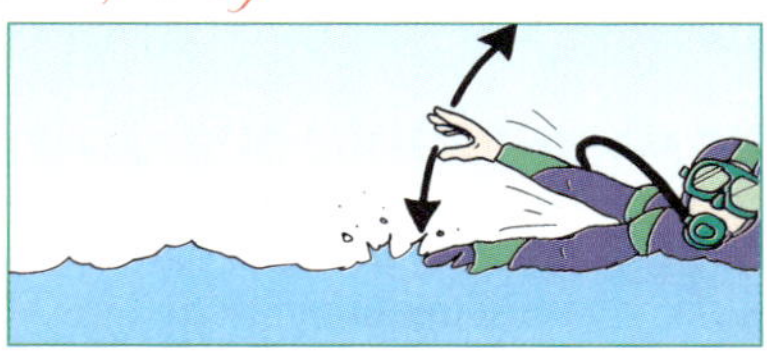
Détresse en surface

OBJECTIF N°21

Le vidage de masque

INTÉRÊT PRATIQUE

L'acquisition de ce savoir-faire développera votre aisance ventilatoire ; de plus, lors de vos futures plongées :

un équipier peut vous arracher le masque par mégarde en vous donnant un coup de palme ou de main ;

la sangle de votre masque peut céder ;

vos cheveux ou moustaches peuvent laisser pénétrer de l'eau par la jupe du masque, n'assurant plus l'étanchéité ;

vous pouvez être amené à vouloir le vider pour supprimer la buée présente sur la vitre de votre masque.

Critères de réussite acceptables : vous devez être capable de vider votre masque **sans paniquer**, après avoir réalisé au moins trois cycles ventilatoires, les yeux ouverts avant de le remettre et sans refaire surface, dans des contextes variés, après que votre moniteur vous l'ait enlevé sans vous prévenir. En aucun cas le masque ne sera arraché par le moniteur.

Conditions de réalisation : de jour, visibilité égale au moins à 5 mètres, en pleine eau, profondeur correspondant au niveau d'évolution du niveau 1/plongeur ☆ (zone des 20 mètres).

Exercice n° 1

Respirez tête immergée, en soufflant par le nez.

- Vous êtes face au bord, sans masque.
- Vos yeux sont fermés.
- Vous respirez régulièrement.
- Vous ne devez faire surface que lorsque votre moniteur vous tape sur la tête.

Pour réaliser l'exercice n° 1 sans bouteille, suivez les mêmes consignes mais respirez sur tuba, le masque posé sur la nuque pour le maintenir.

DIFFICULTÉS

❑ Si vous bloquez votre respiration

A terre les yeux fermés, inspirez régulièrement par la bouche et soufflez par le nez ; puis, faites de même, le nez immergé dans l'eau en vous tenant à un point d'appui.

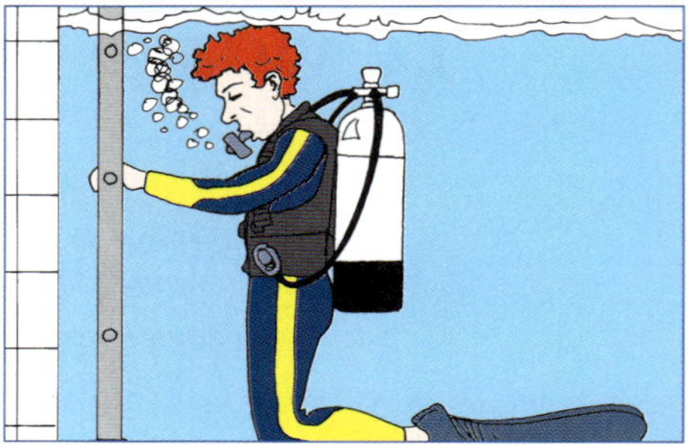

❑ Si vous inspirez de l'eau par le nez

En surface dans un premier temps, réalisez cet exercice en vous pinçant le nez lorsque vous n'expirez pas.

Puis, réalisez ce même exercice le nez immergé dans le petit bain.

VARIANTES

Après avoir réussi l'exercice n° 1, essayez de le réaliser :

1. les yeux ouverts.
2. sans vous tenir au bord.
3. en effectuant un court déplacement horizontal sur le fond.
4. en marchant une vingtaine de mètres sur le bord de la piscine, le masque rempli d'eau sous les yeux.
5. en bouteille, en effectuant en même temps un lâché et reprise d'embout.

Exercice n° 2

Respirez tête immergée en soufflant par la bouche.

- Mêmes consignes que pour l'exercice n° 1 page 235.

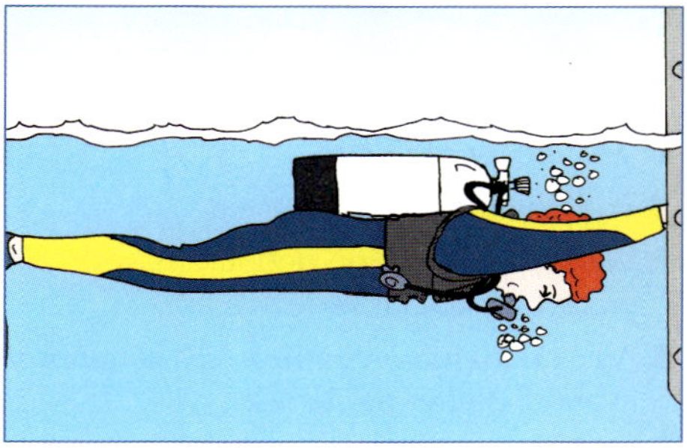

Pour réaliser l'exercice n° 2 sans bouteille, suivez les mêmes consignes. Mais respirez sur tuba, le masque posé sur la nuque, pour le maintenir.

DIFFICULTÉS

❑ Si vous bloquez votre respiration

A terre, les yeux fermés, inspirez et expirez régulièrement par la bouche.

❑ Si vous inspirez de l'eau par le nez

Les yeux fermés, pincez-vous le nez et relâchez progressivement vos doigts jusqu'à pouvoir les lâcher complètement.

VARIANTES

Après avoir réussi l'exercice n° 2, essayez de le réaliser suivant les mêmes variantes que l'exercice n° 1 page 236 et :

1. en effectuant en même temps le signe "*OK tout va bien*".
2. à terre, en expliquant durant 1 minute comment vous avez découvert la plongée à un coéquipier, le masque entièrement rempli d'eau.
3. en essayant de gonfler un sac plastique, en soufflant par la bouche, au fond.

Exercice n° 3

A terre, videz entièrement votre masque totalement rempli d'eau, sans vous aider de vos mains.

- Vos yeux sont fermés.
- Vous ventilez régulièrement.
- Vous êtes en station debout, masque en place légèrement serré.
- Au préalable, ventilez 20 secondes avant d'expirer par le nez.

DIFFICULTÉS

❑ S'il reste le même niveau d'eau, votre masque ne se vide pas

Soufflez par le nez pour chasser l'eau de votre masque.

❑ S'il reste un peu d'eau

Soufflez par le nez énergiquement plusieurs fois si nécessaire, pour chasser l'eau de votre masque.

VARIANTES

Après avoir réussi l'exercice n° 3, essayez de le réaliser :

1. en ouvrant les yeux.
2. en effectuant l'exercice à genoux.
3. en effectuant l'exercice en comptant tout haut.
4. même exercice que (1) mais en marchant.
5. par deux, suite à un signal sonore, en essayant de le vider le plus rapidement possible.
6. même exercice que (5) mais suite à un signal visuel.

Exercice n° 4

Videz votre masque rempli partiellement par votre moniteur.

- Vous devez très légèrement décoller la jupe du masque et incliner légèrement la tête en arrière.
- Vous respirez régulièrement.
- Vous fermez les yeux.
- Le masque est entièrement vidé avant de refaire surface.

Pour réaliser l'exercice n° 4 sans bouteille, suivez les mêmes consignes.

DIFFICULTÉS

Attention : si vous soulevez le bas de votre masque, vous devez doser le décollement de la jupe sous peine de voir rentrer plus d'eau que votre masque n'en contenait. En appuyant sur le haut du masque, le dosage du décollement de la jupe du masque est plus aisé.

❑ S'il reste le même niveau d'eau dans votre masque

Réalisez ces 3 actions simultanément :

- soufflez par le nez,
- inclinez légèrement votre tête en arrière,
- décollez légèrement la jupe de votre masque.

❑ S'il reste un peu d'eau dans votre masque :

Réalisez ces 3 actions simultanément :

- soufflez **énergiquement** par le nez,
- inclinez légèrement votre tête en arrière,
- décollez légèrement la jupe de votre masque.

❑ Si vous inspirez de l'eau par le nez

Ne basculez pas trop la tête en arrière lors de votre vidage de masque.

Retravaillez les exercices n°1 à 3 situés pages 235 à 238.

VARIANTES

Après avoir réussi l'exercice n° 4, essayez de le réaliser :

1. en ouvrant les yeux.
2. en remplissant vous-même partiellement votre masque.
3. en utilisant des masques différents (petit, grand volume).
4. en effectuant un déplacement horizontal sur le fond.
5. en remontant.
6. suite à un parcours de 10 mètres sur le fond, masque partiellement rempli d'eau (avec scaphandre).

Exercice n° 5

Videz votre masque que vous avez entièrement rempli d'eau.

- Mêmes consignes que pour l'exercice n° 4 page 239, mais vos yeux sont ouverts.
- Vous pouvez vous y reprendre à plusieurs fois afin de vider entièrement votre masque.

Pour réaliser l'exercice n° 5 sans bouteille, suivez les mêmes consignes.

VARIANTES

Après avoir réussi l'exercice n° 5, essayez de le réaliser suivant les mêmes variantes que l'exercice n° 4 page 240, sauf la variante n° 2.

Exercice n° 6

Retirez votre masque et videz-le entièrement.

- Mêmes consignes que pour l'exercice n° 5 page 240, mais vous devez réaliser au moins trois cycles ventilatoires complets avant de remettre votre masque.

Pour réaliser l'exercice n° 6 sans bouteille, suivez les mêmes consignes mais en réalisant une apnée, avant de remettre le masque.

VARIANTES

Après avoir réussi l'exercice n° 6, essayez de le réaliser suivant les variantes (3), (4), (5) et (6) de l'exercice n° 4 page 240 :

1. en réalisant au moins cinq cycles ventilatoires complets avant de remettre votre masque (avec scaphandre).
2. en échangeant votre masque par binôme.
3. en allant chercher votre masque sur 2 mètres et en le vidant avant de refaire surface.
4. en vidant votre masque après vous l'être fait enlever par votre moniteur, en étant prévenu.

Remarque importante : la variante n° 4 sera réalisée en fin de formation lorsque l'élève aura une aisance jugée suffisante. En aucun cas le masque ne sera arraché par le moniteur.

OBJECTIF N°22

La mise à l'eau par saut droit

INTÉRÊT PRATIQUE

Vous emploierez cette technique pour vous mettre à l'eau du rebord d'une piscine, d'un bateau équipé d'un bastingage bas, d'une digue…

Elle ne peut s'envisager que d'un lieu de départ relativement stable et suffisamment élevé (> 50-60 cm).

Critères de réussite acceptables : vous devez être capable de sauter à l'eau sans être déséquilibré, tout en conservant votre masque et embout en place.

Conditions de réalisation : de jour, visibilité égale supérieure à 5 mètres, en pleine eau, profondeur correspondant au niveau d'évolution du niveau 1/plongeur ☆ (zone des 20 mètres), mer calme à peu agitée.

Exercice n° 1

Mettez-vous à l'eau par saut droit.

- Assurez-vous que la zone de saut est dégagée.
- L'embout en bouche, placez-vous face à la zone de saut, vos talons à la limite du bord.
- Maintenez vos masque et embout à l'aide d'une main, l'autre bras est placé le long du corps.
- Visualisez un point fixe à l'horizon tout en effectuant un grand pas dans le vide.
- Regroupez vos deux jambes tendues.

Pour réaliser l'exercice n° 1 avec bouteille, suivez les mêmes consignes mais votre main libre tire la sangle de la bouteille dans le but de la caler si vous êtes équipé d'une bouteille avec sanglage.

DIFFICULTÉS

❑ Si vous êtes en déséquilibre avant ou si votre saut est réalisé trop près du bord

Effectuez à terre un saut droit, sans équipement, en vous réceptionnant dans un espace matérialisé au sol. Vous devez vous réceptionner les deux jambes groupées, équilibré, simulant la tenue du masque, de l'embout et de la bouteille.

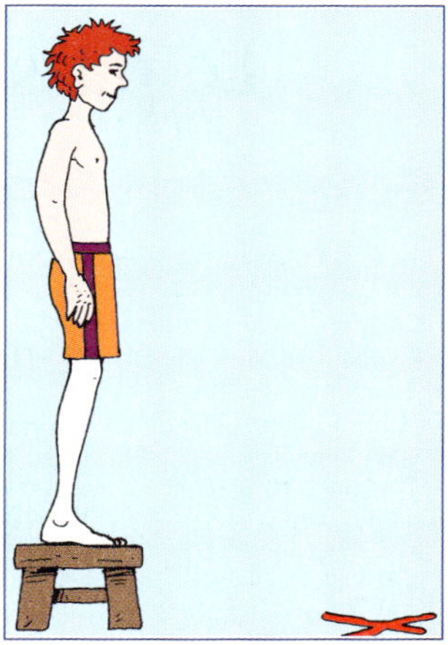

Remarque : s'assurer que le sol à la réception n'est pas glissant, hauteur de saut d'environ 50 cm ; espace matérialisé au sol par de la craie ou une corde à placer suivant la taille de la personne.

Effectuez sans équipement un saut droit, à hauteur d'un objet flottant. Vous devez vous réceptionner les deux jambes groupées, équilibré, simulant la tenue du masque, de l'embout et de la bouteille.

Remarque : éloignez l'objet suivant la taille de la personne. Il pourra être une planche de natation, une bouée de sauvetage, un gilet de remontée…
La hauteur de saut sera d'environ 70 cm.

VARIANTES

Après avoir réussi l'exercice n° 1, essayez de le réaliser :

1. d'une hauteur de 1,5 mètre.
2. en utilisant de longues palmes.
3. tuba en main, en le remettant et vidant avant de refaire surface (sans bouteille).
4. en enchaînant un lâcher et reprise d'embout avant de refaire surface.
5. en réalisant un vidage de masque à la suite avant de refaire surface.
6. en pleine eau, d'un bateau, par mer calme.
7. même exercice que (6) mais par mer peu agitée.

OBJECTIF N°23

Le passage tuba/embout et vice versa

INTÉRÊT PRATIQUE

Lors d'une plongée, pour vous rendre sur le lieu d'immersion, vous effectuerez un parcours en surface sur tuba, dans le but d'économiser votre air ; juste avant l'immersion, vous devrez effectuer un passage tuba/embout.

Par ailleurs, suite à votre remontée en surface, vous devrez effectuer un passage embout/tuba, dans le but de rejoindre le bateau ou le bord.

Critères de réussite acceptables : vous devez être capable de réaliser un passage tuba/embout et vice versa, sans utiliser votre gilet de remontée, ni un point d'appui pour vous maintenir en surface.

Conditions de réalisation : de jour, visibilité égale ou supérieure à 5 mètres, en pleine eau, mer calme à peu agitée.

Exercice n° 1

Passez du tuba à l'embout sans prendre appui.

- Maintenez-vous en surface sans l'aide de votre gilet de remontée.
- D'une main tenez le tuba, de l'autre le détendeur.
- Mettez l'embout fusant en bouche.
- Rangez votre tuba pour ne pas le perdre.

VARIANTES

Après avoir réussi l'exercice n° 1, essayez de le réaliser :

1. en effectuant à la suite un lâcher et reprise d'embout.
2. suite à un signal visuel.
3. suite à un signal sonore.

Exercice n° 2

Passez de l'embout au tuba sans prendre appui.

- Maintenez-vous en surface sans l'aide de votre gilet de remontée.
- Mettez votre tuba à poste, glissé dans la sangle du masque du côté opposé au tuyau M.P. de votre détendeur.
- D'une main tenez le détendeur, de l'autre le tuba.
- Ne lâchez votre détendeur que lorsque vous avez repris votre ventilation sur tuba.

VARIANTES

Après avoir réussi l'exercice n° 2, essayez de le réaliser :

1. en utilisant un tuba différent du vôtre (petit, gros diamètre).
2. suite à un signal visuel.
3. suite à un signal sonore.
4. en réalisant des passages embout/tuba et vice versa tous les 5 mètres environ sur une distance de 25 mètres.

L'hépatite B et la plongée

INTÉRÊT PRATIQUE

Le plongeur est concerné par les risques de transmission du virus de l'hépatite B en particulier lors des échanges d'embouts ou lors de l'utilisation d'un matériel collectif. Nous allons envisager les différents moyens de prévention afin de limiter les risques possibles de contamination.

UN VIRUS TRÈS CONTAGIEUX ET RÉSISTANT

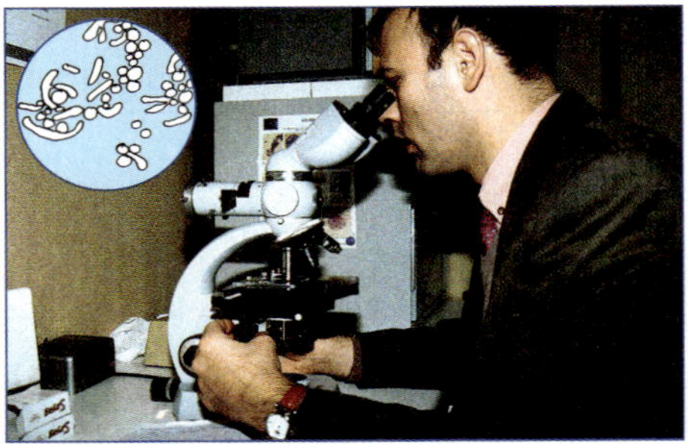

Le virus de l'hépatite B (VHB) est 100 fois plus infectieux que le virus du SIDA (VIH)[1]. L'infection est susceptible d'être transmise par 0,00004 ml de sang (contre 0,1 ml pour le VIH)[1]. Le risque de contamination pour l'entourage d'un porteur est important. D'après les statistiques[2], ce risque avoisine les 50 %. D'autre part, il semble que le virus de l'hépatite B résiste aussi bien en milieu aqueux que salin.

LES RISQUES ÉPIDÉMIQUES ET CONSÉQUENCES DE L'HÉPATITE B

L'hépatite B est un problème de santé publique à l'échelle mondiale puisque l'Organisation Mondiale de la Santé (OMS)[3] estime à plus de 300 millions le nombre de personnes contaminées dans le monde.

Elle représente en France d'après une étude menée en 1992 : [4]

- 300 000 porteurs chroniques,
- 100 000 nouveaux cas aigus,
- 2000 décès par an.

On peut considérer qu'il y a actuellement 1 à 2% de porteurs du virus dans la tranche des 20/40 ans [5].

Cette maladie infectieuse est grave puisqu'elle évolue dans de nombreux cas vers une forme chronique avec un risque de développer une cirrhose dans 10 % des cas. Son incubation est longue, elle varie de 5 à 14 semaines.

L'hépatite B est responsable de 80 % des cancers du foie.

[1] d'après « Risques d'infection par le virus de l'immunodéficience humaine (HIV). Synthèse des connaissances actuelles et évolution de la prévention ». - E. Bouvet - Journée de l'hôpital Claude Bernard - Paris 1992.

[2] d'après « Prévention de l'hépatite B par le vaccin et les immunoglobulines ». - T. Andréani - Revue du praticien - Tome XXXV n° 14.

[3] d'après « PEV : vaccin contre l'hépatite B, lutte contre une pandémie » - OMS - 1989.

[4] d'après « Hépatite B : 10 millions de français exposés » - Impact Médecin - J. P Benhamou - 26 juin 1992.

[5] d'après une communication personnelle du Professeur François Denis, Chef de service du laboratoire de bactériologie, virologie et hygiène du Centre Hospitalier Universitaire de Limoges - 04/08/97.

LES CONSÉQUENCES DE L'HÉPATITE B * : À TITRE D'EXEMPLE, LE CAS DE LA FRANCE

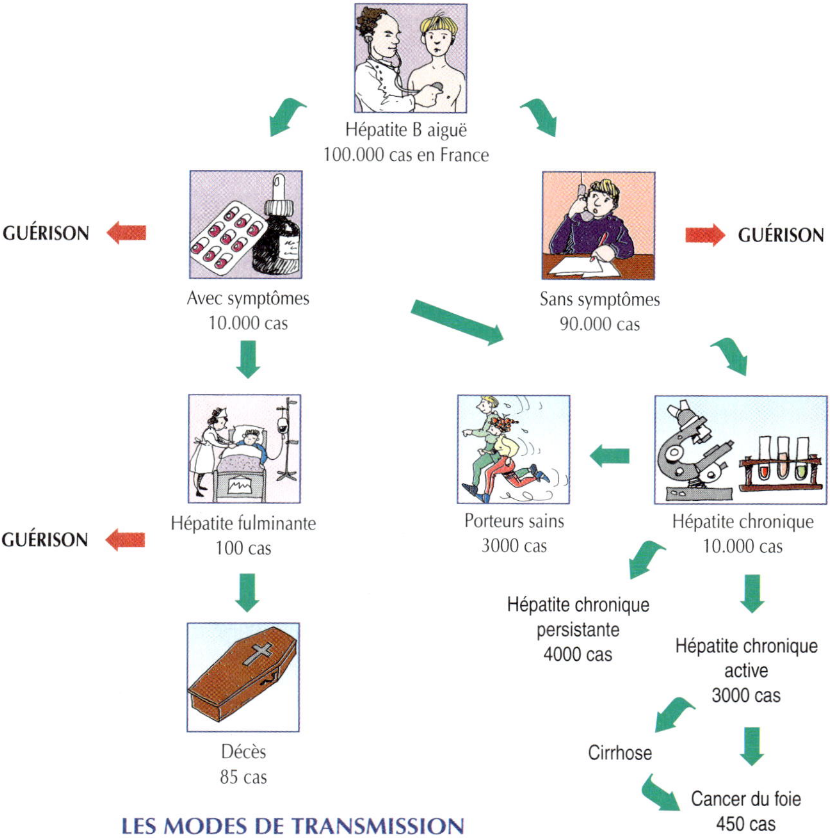

LES MODES DE TRANSMISSION CONNUS DE L'HÉPATITE B

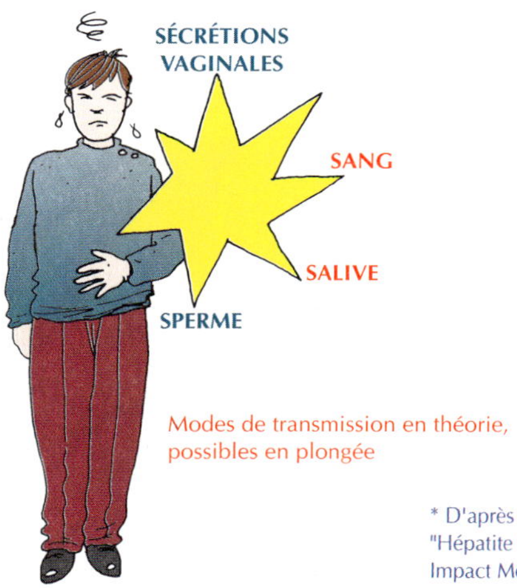

* D'après J.P. Benhamou
"Hépatite B, 10 millions de français exposés"
Impact Médecine - 26 juin 1992

LES DIFFÉRENTS MODES DE TRANSMISSION POSSIBLES EN PLONGÉE

Le virus de l'hépatite B (VHB) est présent dans tous les liquides biologiques de l'organisme. En plongée, la transmission est en théorie, possible par : le sang (érosion buccale, aphtes, blessures...) et la salive qui souillent l'embout buccal et le détendeur ou le tuba.

LES RISQUES DE TRANSMISSION POSSIBLES EN PLONGÉE

Lors de l'utilisation d'un matériel collectif (prêt ou location)

L'utilisation d'un détendeur ou d'un tuba à usage collectif augmente les risques de contamination s'ils ne sont pas désinfectés correctement après chaque utilisation.

Lors d'un échange d'embout

Comme nous venons de le voir précédemment, le sang et la salive sont des modes possibles de transmission. D'autre part, il semble que le virus résiste en milieu aqueux.

Le risque de transmission de l'hapatite B semble faible mais non nul lors des échanges d'embout en plongée [1].

LES MOYENS DE PRÉVENTION

La vaccination

La vaccination est de loin la prévention la plus efficace afin de se protéger contre le virus de l'hépatite B. N'hésitez pas à consultez votre médecin traitant. De plus, le vaccin est remboursable par la Sécurité Sociale (en France).

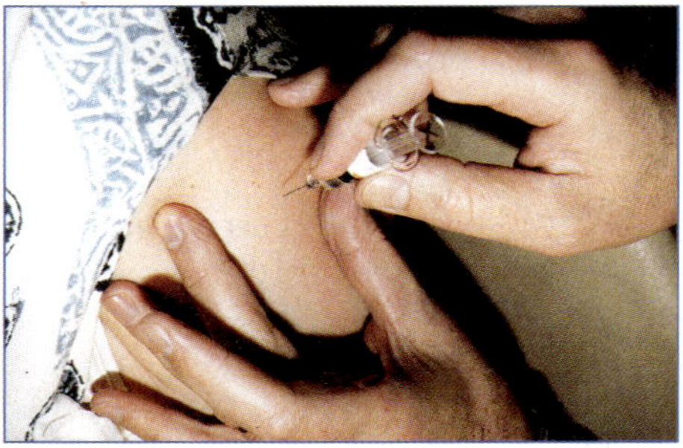

L'Organisation Mondiale de la Santé (OMS) recommande cette vaccination dans tous les pays.

En France, la Direction Générale de la Santé multiplie les campagnes d'incitation à la vaccination.

Le taux de couverture de cette vaccination, fin 1995, était estimé en France, en moyenne à 25% de la population totale [2].

[1] d'après une communication personnelle du Professeur François Denis, Chef de service du laboratoire de bactériologie, virologie et hygiène du Centre Hospitalier Universitaire de Limoges - 04/08/97.

[2] Vaccination contre l'hépatite B en France - Bilan de la campagne de vaccination en 1995- Collectif - La revue du practicien - médecine générale - Tome 11 - n°381 - 12 mai 1997

Les injections s'effectuent par voie intramusculaire. Le volume injecté réduit (0,5 ml) et la finesse de l'aiguille concourent au confort de la vaccination.

PROTOCOLES DE VACCINATION [1]

• **Standard**

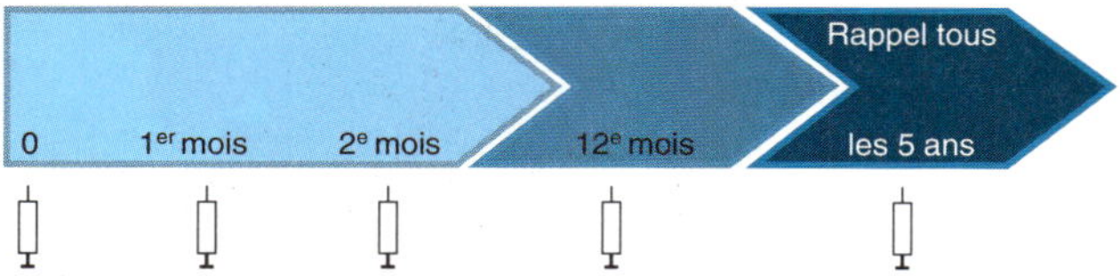

• **Accéléré**

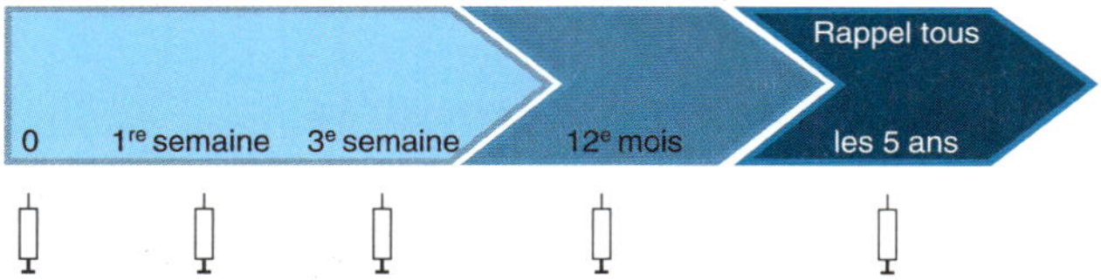

LA DÉSINFECTION DU MATÉRIEL À USAGE COLLECTIF

Les détendeurs, tubas loués ou prêtés devront être désinfectés soigneusement après chaque utilisation.

Il est recommandé de faire tremper ce matériel dans un désinfectant adapté, dilué dans de l'eau pendant 15 à 30 minutes selon les produits. Puis, il sera rincé à grande eau avant d'être confié à un nouvel utilisateur.

L'UTILISATION D'UN EMBOUT BUCCAL PERSONNEL

Dans le cas de l'utilisation d'un détendeur à usage collectif, vous pouvez utiliser votre propre embout buccal.

Un système de clip disponible chez les revendeurs permet de monter et démonter rapidement l'embout buccal d'un détendeur.

Le changement d'embout buccal après chaque utilisation, associé à la désinfection, permet d'assurer une bonne hygiène et par la même occasion de réduire sensiblement les risques de transmission.

[1] d'après « Relevé Épidémiologique hebdomadaire ». - OMS - 17 janvier 1992.

L'utilisation d'un détendeur personnel

Bien sûr, afin de limiter les risques de contamination, l'idéal est de posséder et d'utiliser son propre détendeur.

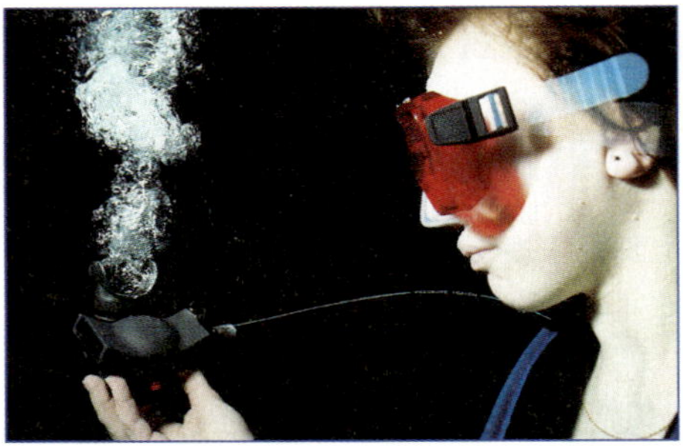

L'utilisation d'un détendeur de secours en cas de panne d'air

Dans la pratique, la loi française (arrêté du 20 septembre 1991) oblige votre moniteur, votre guide de palanquée ou chef de palanquée à posséder deux détendeurs distincts.

Dans le reste de l'Europe et au Québec, les différentes organisations recommandent fortement au guide ou chef de palanquée et au moniteur d'être équipé d'un deuxième détendeur.

En cas de panne d'air, ce qui est heureusement rare, vous respirerez sur le deuxième détendeur de votre moniteur afin de favoriser une ventilation normale garante d'une bonne décompression et limitant les risques de contamination. A terme, l'idéal serait que tous les plongeurs possèdent un détendeur de secours (octopus ou deux détendeurs).

Il permettrait de faire face à la panne d'air d'un coéquipier si nécessaire, le temps que le moniteur, le guide ou le chef de palanquée prenne le relais et ceci sans avoir à échanger son embout.

OBJECTIF N°24

La respiration sur un détendeur de secours

INTÉRÊT PRATIQUE

Lors d'une plongée, vous pouvez être amenés à recevoir ou à donner de l'air à la suite d'une panne d'air due au mauvais fonctionnement du matériel (détendeur ou réserve) ou d'une négligence (non contrôle de votre manomètre ou poursuite de la plongée, réserve baissée, réserve consommée, sans être passée). Ce cas de figure implique obligatoirement une remontée immédiate mais qui sera prise en charge à votre niveau par votre moniteur.

Critères de réussite acceptables : vous devez être capable, sans être prévenu, sur le signe "je n'ai plus d'air" :
- de respirer, au fond, sur le détendeur de secours de votre moniteur durant plusieurs cycles ventilatoires suite à un déplacement d'environ 5 mètres.
- de remonter en surface en respirant sur le détendeur de secours de votre moniteur.
- d'assister un coéquipier au fond avec votre détendeur de secours en attendant l'intervention de votre moniteur
- selon votre cursus de formation (voir chapitre 12, pages 329 à 351), de simuler ou de réaliser un échange d'embout avec un coéquipier sur le fond en attendant l'intervention de votre moniteur

Conditions de réalisation : de jour, visibilité égale ou supérieure à 5 mètres, en pleine eau, profondeur correspondant au niveau d'évolution du niveau 1/plongeur ☆ (zone des 20 mètres).

Remarques importantes

Privilégier l'utilisation d'un détendeur de secours

Dans la pratique, en cas de panne d'air, la respiration sur un détendeur de secours sera privilégiée car elle favorise une ventilation normale garante d'une bonne décompression et supprime les risques de transmission de l'hépatite B ou d'autres agents infectieux.

Remarques importantes (suite)

CONDITIONS DE RÉALISATION D'UNE SIMULATION OU D'UN ÉCHANGE D'EMBOUT

La respiration à deux sur un embout fait partie de certains contenus de formation préparant au niveau 1/plongeur ☆ (voir pages 329 à 351).

Comme nous l'avons déjà évoqué précédemment (voir page 248), nous attirons votre attention sur le fait que l'échange d'embout peut en théorie, favoriser la transmission du virus de l'hépatite B avec toutes les conséquences qui peuvent en résulter (voir page 246).

Au cours de votre visite médicale (voir pages 120 à 123), votre médecin vous a normalement sensibilisé au problème de l'hépatite B. Donc, vous devriez être vacciné aujourd'hui ou en passe de l'être.

En l'état actuel des connaissances médicales, il semble recommandé de réaliser une simulation de l'échange d'embout. Par contre, nous attirons votre attention sur les limites de la simulation quant à une préparation efficace à une situation réelle d'assistance.

A l'heure actuelle, il n'y a pas de consensus sur la méthode d'enseignement à privilégier (notamment en France).

Nous laissons donc les moniteurs se concerter avec les médecins et leurs élèves et libres de leurs choix pédagogiques.

Exercice n° 1

Respirez sur le détendeur de secours de votre moniteur.

Lire avec attention les remarques situées en pages 251 et 252.

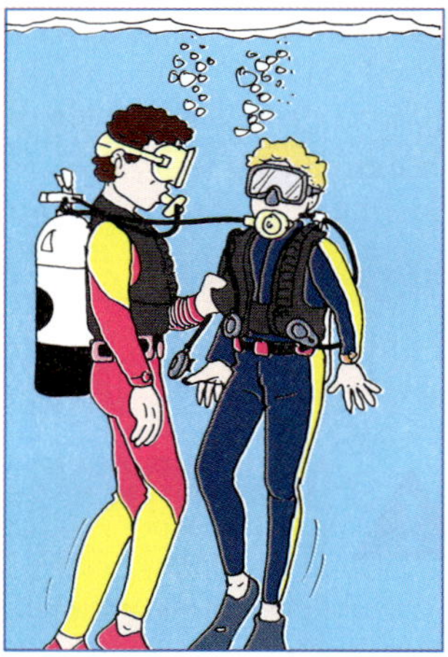

- Après avoir lâché votre embout, tenu en main, effectuez le signe "je n'ai plus d'air" à votre moniteur.
- Prenez son embout et mettez-le fusant en bouche, précisez si tout va bien.
- Respirez sur l'embout de votre moniteur en vous déplaçant sur une vingtaine de mètres puis reprenez le vôtre.

DIFFICULTÉS

❑ **Si votre signe n'est pas perçu par votre moniteur :**

Avant d'effectuer le signe, assurez-vous que votre moniteur vous observe, si ce n'est pas le cas, attirez son attention (tapez-lui sur l'épaule...). Effectuez le signe en étant suffisamment reculé pour être dans son champ de vision.

VARIANTES

Après avoir réussi l'exercice n° 1, essayez de le réaliser :

1. en remontant.
2. sur un signal visuel.
3. sur un signal sonore.
4. sur expiration.
5. en comptant jusqu'à 10 avant de respirer sur le détendeur de secours.
6. en réalisant un déplacement de 5 mètres sur le fond, accompagné de votre moniteur avant de prendre son embout.

Exercice n° 2

Assistez un coéquipier à l'aide de votre détendeur de secours en attendant l'intervention de votre moniteur.

Lire avec attention les remarques situées en pages 251 et 252.

- Sur le signe "je n'ai plus d'air", saisissez votre coéquipier sans le lâcher durant l'ensemble de l'exercice.
- Positionnez-vous de côté par rapport lui.
- Présentez-lui, fusant, votre embout de secours de la main située du même côté que le tuyau moyenne pression (M.P.).

- Demandez-lui "si tout va bien".
- Réalisez un parcours d'une dizaine de mètres sur le fond.
- Regardez régulièrement l'assisté dans les yeux.

DIFFICULTÉS

❑ Si votre intervention est lente ou si vous oubliez des éléments

A terre, les yeux fermés, au calme, visualisez mentalement le contexte, le signal : le signe "je n'ai plus d'air", votre position par rapport au receveur, la main utilisée pour présenter l'embout, l'ensemble des actions que vous envisagez de réaliser.

❑ Si votre tuyau (M.P.) est tordu lorsque vous passez votre embout, rendant l'échange inconfortable

Positionnez-vous sur la droite du receveur si votre tuyau M.P. est situé sur votre droite, et le contraire pour un tuyau (M.P.) situé à gauche.

VARIANTES

Après avoir réussi l'exercice n° 2, essayez de le réaliser :

1. sans être prévenu au préalable.
2. lors de la séance prochaine, chacun peut simuler une panne d'air, à tout moment.

Exercice n° 3

Recevez de l'air de votre coéquipier, en simulant un échange d'embout quelques minutes au fond, en attendant l'intervention de votre moniteur.

Lire avec attention les remarques situées en pages 251 et 252.

1re méthode

L'assisté ventile sur le deuxième détendeur de l'assistant afin de simuler l'échange d'embout. L'assistant ventile sur son détendeur principal durant l'ensemble de l'exercice.

Cette méthode a l'intérêt d'être plus réaliste mais nécessite l'utilisation d'un deuxième détendeur et ne permet de simuler un échange qu'avec un unique coéquipier, au cours d'une même séance.

- Après avoir lâché votre embout, effectuez le signe "je n'ai plus d'air" à votre coéquipier.
- Votre coéquipier qui conserve son embout en bouche vous présente son deuxième embout.
- Prenez en main l'embout, et mettez-le fusant, en bouche et précisez si tout va bien.
- A la suite, réalisez 3 cycles ventilatoires complets et représentez l'embout à votre coéquipier.
- Votre coéquipier conserve alors son deuxième détendeur en main, durant 2 cycles ventilatoires complets, avant de vous le représenter.
- Réalisez un parcours d'une dizaine de mètres sur le fond.

2e méthode

L'assisté ventile sur son propre détendeur pour simuler l'échange d'embout. Le détendeur de l'assisté est conservé en main par l'assistant quand c'est son tour. L'assistant ventile sur son propre détendeur durant l'ensemble de l'exercice.

- Après avoir lâché votre embout, effectuez le signe "je n'ai plus d'air" à votre coéquipier.
- Votre coéquipier qui conserve son embout en bouche, saisi votre embout et vous le présente.
- Prenez en main votre embout et mettez-le fusant en bouche et précisez si tout va bien.
- A la suite, réalisez 3 cycles ventilatoires complets et représentez votre embout à votre coéquipier.
- Votre coéquipier conserve alors votre détendeur en main, durant 2 cycles ventilatoires complets, avant de vous le représenter.
- Réalisez un parcours d'une dizaine de mètres sur le fond.

DIFFICULTÉS

❑ **Si vous conservez l'embout durant plus de 3 cycles ventilatoires ou si vous ne rendez pas l'embout ou si vous reprenez votre embout avant la fin des 2 cycles ventilatoires de votre coéquipier :**

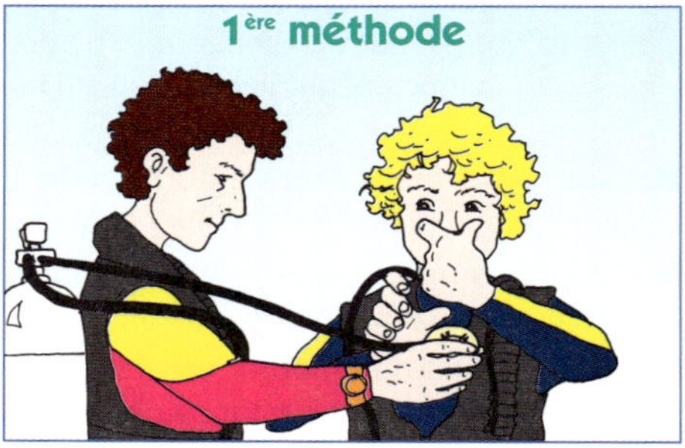

A terre, nez pincé, simulez un échange d'embout avec votre coéquipier, entre chaque cycle respiratoire, restez en apnée. Respirez normalement lors de l'échange.

Dans le petit bain, effectuez une série de lâchers d'embout suivis de légères expirations de 10 secondes avant de reprendre votre embout. Respirez normalement durant l'exercice.

Dans le petit bain, à genoux, simulez un échange d'embout avec votre coéquipier.

Respirez normalement lors de la simulation.

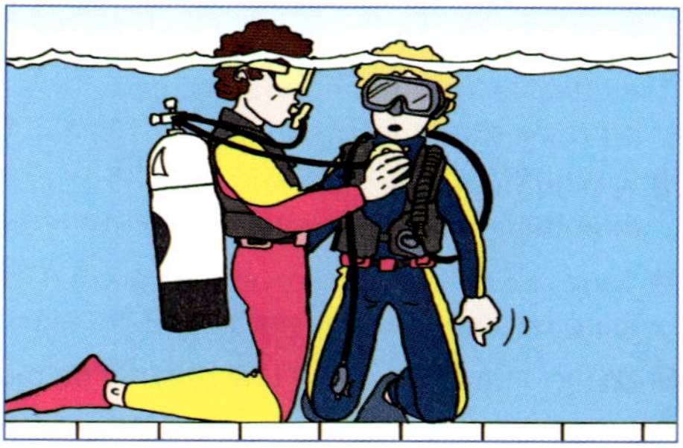

VARIANTES

Après avoir réussi l'exercice n° 3, essayez de le réaliser :

1. sur signal visuel convenu au préalable.
2. lors d'un déplacement sur le fond de 15 puis 25 mètres.
3. sur expiration.
4. en comptant jusqu'à 10 avant de respirer sur l'embout.
5. en réalisant un déplacement de 5 mètres sur le fond, accompagné de votre moniteur avant de prendre son embout.

Exercice n° 4

Recevez de l'air de votre coéquipier, échangez l'embout quelques minutes au fond, en attendant l'intervention de votre moniteur.

Lire avec attention les remarques situées en pages 251 et 252.

Mêmes consignes que pour l'exercice n°1 page 252 mais :

- Lors de l'échange, effectuez 3 cycles ventilatoires avant de rendre l'embout.
- Réalisez un parcours d'une dizaine de mètres sur le fond.

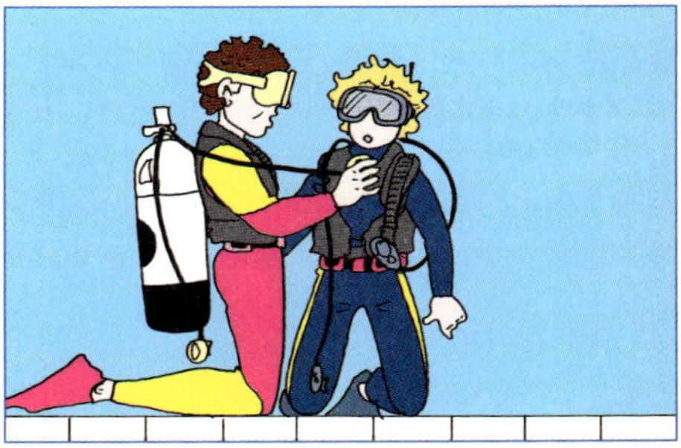

DIFFICULTÉS

Voir les difficultés de l'exercice n°3 page 256, mais remplacer les termes "simulez un échange d'embout" par "réalisez un échange d'embout".

VARIANTES

Après avoir réalisé l'exercice n°4, essayez de le réaliser selon les mêmes variantes que l'exercice n°3 page 257.

Exercice n° 5

Donnez de l'air à votre coéquipier, en simulant un échange d'embout quelques minutes au fond, en attendant l'intervention de votre moniteur.

Lire avec attention les remarques situées en pages 251 à 252.

1re méthode

L'assistant ventile sur son détendeur principal et utilise un deuxième détendeur afin de simuler l'échange d'embout.

Cette méthode a l'intérêt d'être plus réaliste mais nécessite l'utilisation d'un deuxième détendeur et ne permet de simuler un échange qu'avec un unique coéquipier, au cours d'une même séance.

- Sur le signe "je n'ai plus d'air", saisissez votre coéquipier sans le lâcher durant l'ensemble de l'exercice.
- Vous conservez votre détendeur principal en bouche durant l'ensemble de l'exercice.
- Présentez-lui votre deuxième détendeur, fusant, de la main située du même côté que votre tuyau M.P.
- Demandez-lui à la suite si "tout va bien".
- Votre coéquipier réalise 3 cycles ventilatoires maximum avant de le rendre.
- Lors de l'échange, effectuer 2 cycles ventilatoires avant de lui représenter votre deuxième détendeur.
- Regardez l'assisté régulièrement dans les yeux.
- Réalisez un parcours d'une dizaine de mètres sur le fond.

2e méthode

L'assistant ventile sur son détendeur qu'il conserve en bouche durant l'ensemble de l'exercice et donne à l'assisté son propre détendeur pour simuler l'échange d'embout. Il conserve le détendeur de l'assisté en main lorsque c'est son tour de le prendre.

- Sur le signe "je n'ai plus d'air", saisissez votre coéquipier sans le lâcher durant l'ensemble de l'exercice.
- Vous conservez votre détendeur en bouche durant l'ensemble de l'exercice.
- Présentez-lui son propre détendeur fusant en bouche.
- Demandez-lui à la suite si "tout va bien".
- Votre coéquipier ventile durant 3 cycles ventilatoires maximum avant de le rendre.
- A la suite, reprenez son propre détendeur et conservez-le en main durant 2 cycles ventilatoires avant de lui représenter.
- Regardez l'assisté régulièrement dans les yeux.
- Réalisez un parcours d'une dizaine de mètres sur le fond.

DIFFICULTÉS

Voir les difficultés de l'exercice n°2 page 254.

VARIANTES

Après avoir réalisé l'exercice n°5, essayez de le réaliser selon les mêmes variantes que les exercices n°2 et 4 pages 254 et 257.

Exercice n° 6

Donnez de l'air à votre coéquipier, échangez l'embout quelques minutes au fond, en attendant l'intervention de votre moniteur.

Lire avec attention les remarques situées en pages 251 et 252.

- Sur le signe "je n'ai plus d'air", saisissez votre coéquipier sans le lâcher durant l'ensemble de l'exercice.
- Présentez-lui votre embout fusant, de la main située du même côté que votre tuyau M.P.
- Demandez-lui à la suite "si tout va bien".
- Lors de l'échange, réalisez 2 cycles ventilatoires avant de lui représenter votre embout.
- Regardez l'assisté régulièrement dans les yeux.
- Réalisez un parcours d'une dizaine de mètres sur le fond.

DIFFICULTÉS

Voir les difficultés de l'exercice n°2 page 254.

VARIANTES

Après avoir réalisé l'exercice n°6, essayez de le réaliser selon les mêmes variantes que les exercices n°2 et n°4 pages 254 et 257.

OBJECTIF N°25

La nage, bouteille capelée, en surface

INTÉRÊT PRATIQUE

La nage, bouteille capelée, est employée par la palanquée pour rejoindre le point d'immersion prévu par le guide ou chef de palanquée (l'avant du bateau…) et pour revenir au bateau ou au bord, en fin de plongée. Au retour, la distance à parcourir varie suivant le courant éventuel et les qualités en orientation qui ont caractérisé votre guide ou chef de palanquée lors de la plongée.

La nage dorsale, bouteille capelée, permet de nager en cas de perte de tuba, de respirer à l'air libre dans une position décontractante.

CRITÈRES DE RÉUSSITE ACCEPTABLES : vous devez être capable de nager 100 mètres, la bouteille capelée, sur le ventre, tuba en bouche, sans vous arrêter ; nager 50 mètres, la bouteille capelée, sur le dos, en respirant à l'air libre, sans vous arrêter.

CONDITIONS DE RÉALISATION : de jour, en pleine eau, mer calme à légèrement agitée.

Exercice n° 1

Tuba en bouche, nagez bouteille capelée, sur le ventre.

- binôme, gilet purgé, côte à côte, déplacez-vous le long du bord que vous pouvez agripper.
- Regardez le fond et palmez amplement, bras le long du corps.
- Tenez votre détendeur en main durant l'ensemble du trajet.
- Relevez de temps en temps la tête pour vous orienter et vous assurer du parcours effectué.

DIFFICULTÉS

❑ **Si vous coulez, ou si vous avez des difficultés à rester en surface**

Nagez détendeur en bouche. Vous utiliserez un gilet de remontée que votre moniteur gonflera légèrement pour vous assurer une flottabilité suffisante.

Progressivement, il purgera votre gilet jusqu'à ce que vous n'en ayez plus besoin.

VARIANTES

Après avoir réussi l'exercice n° 1, essayez de le réaliser :

1. sur 25 mètres.
2. en effectuant un lâcher et reprise d'embout avant de réaliser 50 mètres.
3. en réalisant un parcours de 50 mètres capelé, en effectuant un lâcher et reprise d'embout tous les 10 mètres.
4. sur 100 mètres, sans vous arrêter.
5. même exercice que (4) mais sur 200 mètres.

Exercice n° 2

Nagez allongé sur le dos, la bouteille capelée, en ventilant à l'air libre.

- Gilet purgé, déplacez-vous le long du bord que vous pouvez agripper.
- Prenez des repères à terre, dans l'alignement de votre trajet.
- Palmez amplement, bras le long du corps, le torse émergeant.
- Il est nécessaire d'acquérir une certaine vitesse pour se maintenir en surface.
- Regardez le ciel.
- Tenez votre détendeur en main durant l'ensemble du trajet.

DIFFICULTÉS

❑ **Si vous coulez, ou si vous avez des difficultés à rester en surface**

Voir les difficultés de l'exercice n° 1 page 261.

VARIANTES

Après avoir réussi l'exercice n° 2, essayez de le réaliser :

1. sur 25 mètres.
2. même exercice que (1) mais sans prendre appui.
3. par binôme, en effectuant 25 mètres, en se tenant la main.
4. sur 50 mètres, sans prendre appui.

OBJECTIF N°26

Le décapelage/recapelage en surface

INTÉRÊT PRATIQUE

Vous pouvez être amené, en surface, à capeler une bouteille dans l'eau, ou à l'échanger avec un coéquipier. Notamment dans le cas où vous plongez d'une petite embarcation, équipé d'un gilet de remontée.

Par ailleurs, vous devez décapeler votre bouteille si vous désirez remonter à bord d'une petite embarcation : bateau pneumatique… ou sur le bord d'une piscine, sans vous servir d'une échelle.

Critères de réussite acceptables : vous devez être capable de vous équiper dans l'eau, de votre gilet, sans utiliser un point d'appui, pour vous maintenir en surface ; de décapeler votre bouteille équipée d'un gilet et de la passer à un coéquipier situé sur le bord.

Conditions de réalisation : de jour, en pleine eau, mer calme à légèrement agitée.

Exercice n° 1

Capelez votre bouteille équipée d'un gilet de remontée, en surface.

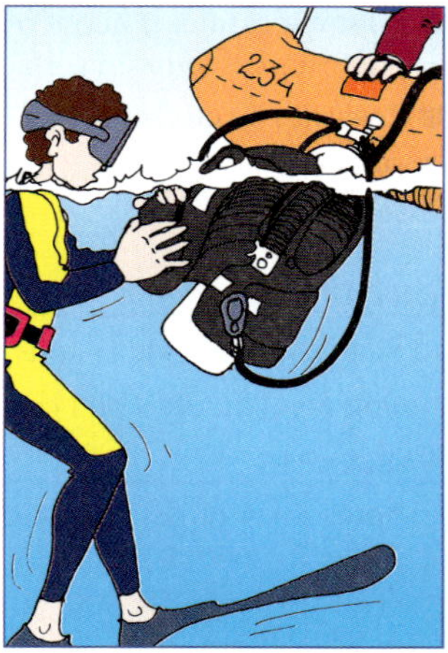

- Face au bord, faites-vous passer votre bouteille dans l'eau, le gilet suffisamment gonflé pour qu'il flotte.
- Placez le détendeur en bouche avant d'enfiler le gilet.
- Après avoir enfilé un bras, purgez suffisamment le gilet pour faciliter son enfilage.

VARIANTES

Après avoir réussi l'exercice n° 1, essayez de le réaliser :

1. suivi d'un passage embout/tuba.
2. suivi d'un parcours capelé de 150 mètres.
3. en utilisant un gilet différent du votre.
4. par mer peu agitée.

Exercice n° 2

Décapelez votre bouteille équipée d'un gilet de remontée et donnez-la à un coéquipier situé sur le bord.

- Face au bord, purgez votre gilet en réalisant un palmage de sustentation.
- Après avoir retiré un bras, regonfler votre gilet suffisamment pour qu'il flotte.
- Conservez le détendeur en bouche jusqu'à ce que vous ayez entièrement retiré votre gilet.
- Ne lâchez votre bouteille que lorsqu'elle est saisie par votre coéquipier situé sur le bord.
- Aidez votre coéquipier à hisser votre scaphandre hors de l'eau.

DIFFICULTÉS

❑ **Si vous êtes obligé d'enlevez votre détendeur avant d'avoir entièrement décapelé votre scaphandre.**

Enlevez en premier le bras situé à l'opposé de l'arrivée de votre tuyau de détendeur MP.

Ceci afin de pouvoir conserver votre détendeur en bouche jusqu'à la fin de votre décapelage.

❑ Si vous n'êtes pas ou peu efficace dans l'aide apportée à votre coéquipier pour hisser votre bouteille hors de l'eau

Poussez votre bouteille par son culot vers le haut, tout en vous aidant du palmage de sustentation.

VARIANTES

Après avoir réussi l'exercice n° 2, essayez de le réaliser :

1. suite à un parcours capelé de 100 mètres.

2. suite à un passage embout/tuba.

3. en utilisant un gilet différent du vôtre (avec et sans sangles d'épaules).

4. par mer calme à peu agitée.

OBJECTIF N° 27

Les consignes de sécurité en plongée

Critères de réussite acceptables : vous devez être capable de préciser les consignes individuelles de sécurité de formation et de les suivre dans votre pratique.

INTRODUCTION

Le plan de cette présentation suit volontairement la chronologie des faits d'une plongée en milieu naturel.

Remarque importante : L'auteur et l'éditeur rejettent toute responsabilité concernant l'utilisation des tables de plongée, courbes et procédures présentées dans ce livre.

CONDITIONS PRÉALABLES AVANT DE PLONGER

Il est important d'avoir envie de plonger, c'est-à-dire de ne pas être contraint. La fatigue, l'anxiété, d'importants troubles digestifs, les affections O.R.L., le mal de mer, un traitement médicamenteux en cours, peuvent être des contre-indications temporaires à la plongée car ils sont susceptibles de favoriser certains accidents. Ne plongez pas juste après un long trajet, une "nuit blanche", comme le font certains clubs qui descendent des zones intérieures pour plonger sur le littoral, lors de week-ends prolongés. Préférez vous reposer la demi-journée de votre arrivée et ne plongez que la demi-journée suivante, pleinement reposé.

Vous êtes le seul apte à juger de votre état psychique et physique, ne vous laissez pas influencer par les autres. Plongez reposé et uniquement si vous en avez véritablement envie. Par ailleurs, si vous n'avez pas plongé depuis un certain temps ou si vous utilisez un matériel nouveau, effectuez une plongée de réadaptation, à une profondeur limitée et dans des conditions relativement faciles.

NOTIONS SUR LES PLONGÉES NE NÉCESSITANT PAS DE PALIER DE DÉCOMPRESSION

Le temps de plongée

Le temps de plongée débute lorsque l'on s'immerge et s'arrête lorsque l'on débute la remontée. On le mesure avec sa montre.

Il est différent du temps donné par un profondimètre électronique ou par un ordinateur qui correspond au temps total d'immersion.

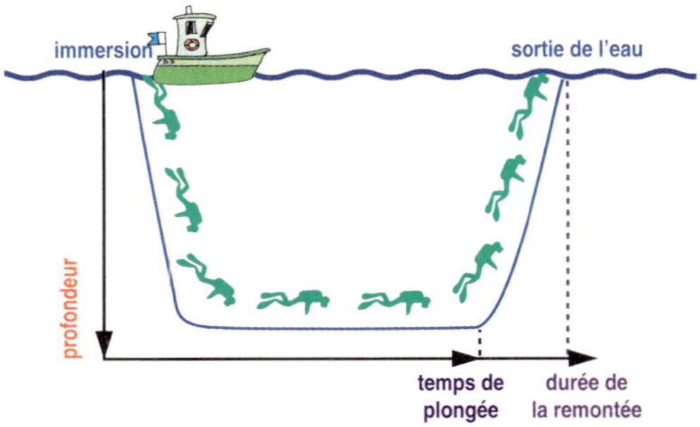

La courbe des plongées sans palier

Selon les tables de plongée, cette courbe prend différentes appellations :

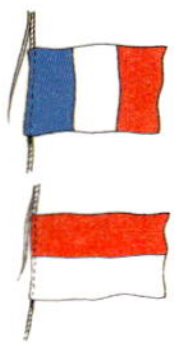

Tables MN 90 : courbe de sécurité.

Tables MT 92 : courbe de décompression sans palier.

Tables © A. A. Bühlmann 86 : courbe de sécurité.

Tables © LIFRAS 94 : courbe de plongées sans palier.

Tables © DICIEM 95 : courbes des limites de non décompression.

La courbe représente les temps maxima de plongée à une profondeur déterminée qui n'impose pas de faire des paliers (arrêts à des profondeurs pendant un temps déterminé, dans le but d'éviter un accident de décompression).

Si la profondeur n'y figure pas, prenez la profondeur immédiatement supérieure. Vous ne pouvez pas utiliser une courbe différente pour réaliser une autre plongée (deuxième plongée) car les courbes sont extraites de deux tables de plongée différentes basées sur des données différentes.

Certaines personnes correspondent à des profils pénalisants : âgées de plus de 40 ans, possédant de l'embonpoint, fumeurs, en mauvaise condition physique, plongeant en eau froide.

Nous conseillons à ces personnes de réduire les temps maxima de plongée de la courbe utilisée.

Les plongées d'un plongeur Niveau 1/plongeur ☆ s'effectueront dans cette courbe des plongées sans palier.

Il existe différentes courbes des plongées sans palier en fonction des tables de plongée utilisées dans votre pays :

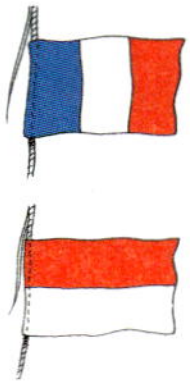

En France et dans la Principauté de Monaco, deux principales tables de plongée sont utilisées :

1. tables Marine Nationale Française 1990 (MN90)
2. tables Ministère du Travail Français 1992 (MT92)

Les tables MN90 servent de référence pour les examens de plongée de la FFESSM (voir pages 44 à 47), du Ministère Français de la Jeunesse et des Sports (BEES), sont conseillées par la FMAS (voir pages 56 à 57) et sont couramment utilisées dans la pratique.

Courbe de sécurité des tables MN90

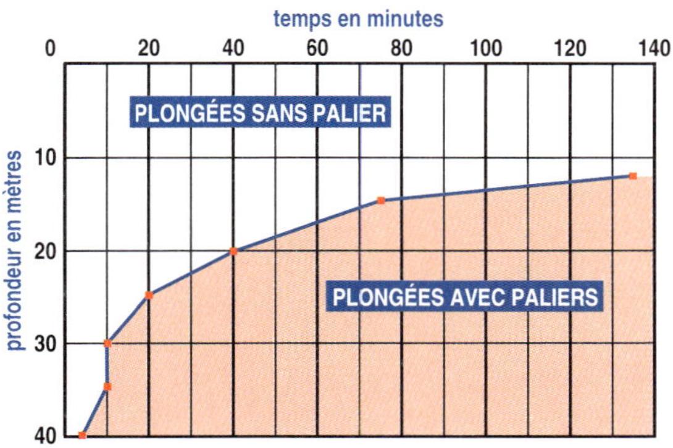

Il n'est pas nécessaire de faire un palier si vous séjournez à une profondeur de :	**pendant moins de :**
9,25 mètres	illimité
10 mètres	5 h 30 mn
12 mètres	2 h 15 mn
15 mètres	1 h 15 mn
18 mètres	50 mn
20 mètres	40 mn
22 mètres	35 mn
25 mètres	20 mn
28 mètres	15 mn
30 mètres	10 mn
La vitesse de remontée préconisée est de 15 à 17 mètres/mn	

L'utilisation de cette courbe n'est valable que dans le cadre de plongées réalisées au niveau de la mer durant lesquelles l'effort fourni par les plongeurs doit être relativement modéré.

Vous ne pouvez replonger en utilisant cette courbe sans corrections que 8 h 30 après une première plongée, sans faire plus de deux plongées par 24 heures.

Courbe de décompression sans palier MT92

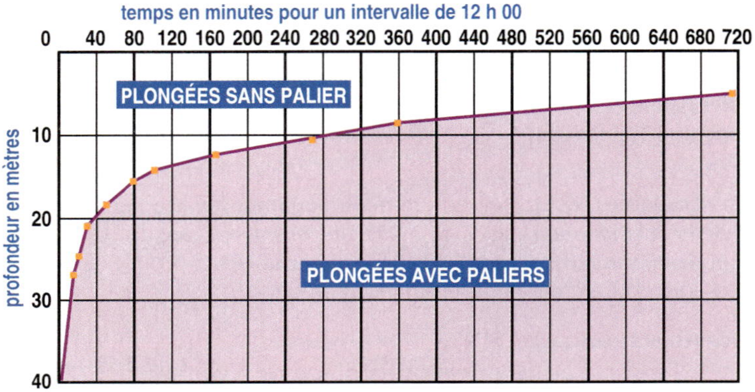

Il n'est pas nécessaire de faire de palier si vous séjournez à :	pendant un intervalle avant de plonger de :		
Profondeur	**12h00**	**6h00**	**4h00**
7,5 mètres	illimité	illimité	illimité
9 mètres	6 h 00	5 h 30 mn	5 h 00
10,5 mètres	4 h 30 mn	4 h 10 mn	4 h 00
12 mètres	2 h 45 mn	2 h 30 mn	2 h 15 mn
13,5 mètres	1 h 40 mn	1 h 30 mn	1 h 30 mn
15 mètres	1 h 20 mn	1 h 10 mn	1 h 00
18 mètres	50 mn	40 mn	35 mn
21 mètres	35 mn	25 mn	20 mn
24 mètres	25 mn	20 mn	10 mn
27 mètres	20 mn	15 mn	10 mn
30 mètres	15 mn	10 mn	5 mn
La vitesse de remontée préconisée est de 9 à 15 mètres/mn			

L'utilisation de cette courbe n'est valable que dans le cadre de plongées réalisées à une altitude comprise entre 0 et 300 mètres.

L'intervalle correspond au temps compris entre la fin d'une première plongée éventuelle et le début d'une autre plongée. Pour une première plongée, prendre l'intervalle de 12h00.

Si l'intervalle ne figure pas dans le tableau, prendre la valeur d'intervalle inférieure pour aller dans le sens de la sécurité. Un maximum de deux plongées par 24 heures est autorisé en utilisant ces tables.

En Belgique, ce sont les tables © Lifras 94 qui sont utilisées. Elles ont été réalisées d'après les tables de plongée de l'U.S. Navy 1993.

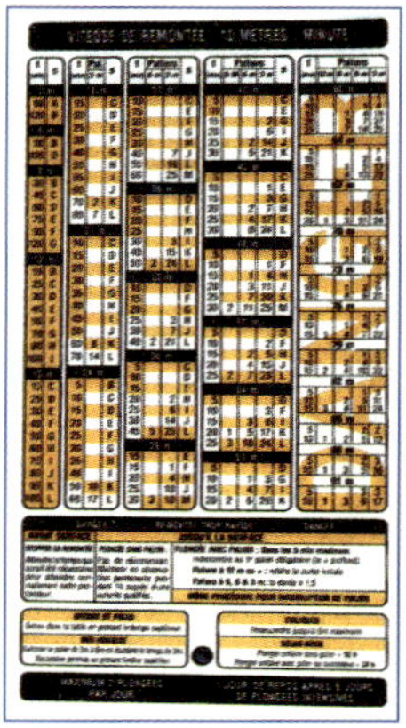

Courbe de plongées sans palier © Lifras 94*

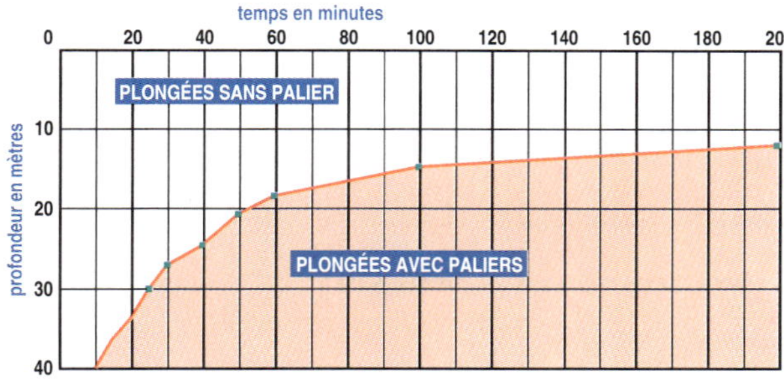

Il n'est pas nécessaire de faire de palier si vous séjournez à une profondeur de :	pendant moins de :
9 mètres	illimité
12 mètres	3 h 20 mn
15 mètres	1 h 40 mn
18 mètres	1 h 00
21 mètres	50 mn
24 mètres	40 mn
27 mètres	30 mn
30 mètres	25 mn
La vitesse de remontée préconisée est de 10 mètres/mn	

L'utilisation de cette courbe n'est valable que dans le cadre de plongées à une altitude comprise entre 0 et 700 mètres et durant lesquelles l'effort fourni par les plongeurs doit être relativement modéré.

Vous ne pouvez replonger en utilisant cette courbe sans corrections que plus de 12 h 00 après une première plongée, sans faire plus de deux plongées par jour et en respectant un jour de repos après cinq jours de plongées intensives.

** Les tables et la courbe de plongées sans palier des tables © LIFRAS 94 sont reproduits avec l'aimable autorisation de la LIFRAS.*

Au Québec, ce sont les tables © DCIEM 95 (ou IMCME 95) qui sont utilisées. Elles ont été réalisées en 1986-87 par l'Institut Militaire et Civil de Médecine Environnementale : le "Defense and Civil Institute for Environmental Medecine" (Toronto), centre de recherche placé sous l'autorité du ministère de la défense nationale du Canada.

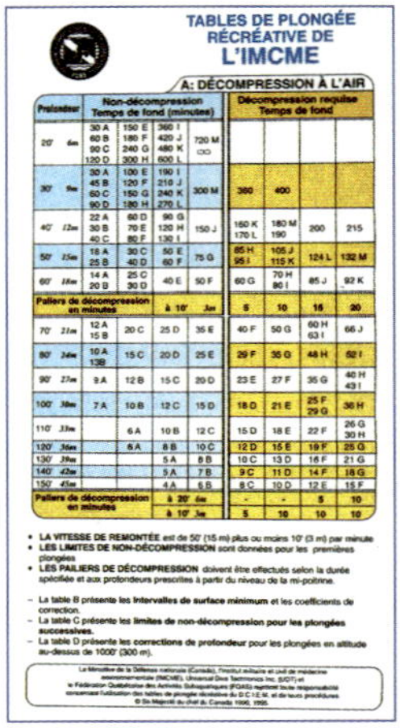

TABLES DE PLONGÉE RÉCRÉATIVE DE L'IMCME

A: DÉCOMPRESSION À L'AIR

Profondeur	Non-décompression Temps de fond (minutes)				Décompression requise Temps de fond			
20' 6m	30 A 60 B 90 C 120 D	150 E 180 F 240 G 300 H	360 I 420 J 480 K 600 L	720 M ∞				
30' 9m	30 A 45 B 60 C 90 D	100 E 120 F 150 G 180 H	190 I 210 J 240 K 270 L	300 M	380	400		
40' 12m	22 A 30 B 40 C	60 D 70 E 80 F	90 G 120 H 130 I	150 J	160 K 170 L	180 M 190	200	215
50' 15m	18 A 25 B	30 C 40 D	50 E 60 F	75 G	85 H 95 I	105 J 115 K	124 L	132 M
60' 18m	14 A 20 B	25 C 30 D	40 E	50 F	60 G	70 H 80 I	85 J	92 K
Paliers de décompression en minutes		à 10'	3m		5	10	15	20
70' 21m	12 A 15 B	20 C	25 D	35 E	40 F	50 G	60 H 63 I	66 J
80' 24m	10 A 13B	15 C	20 D	25 E	29 F	35 G	48 H	52 I
90' 27m	9 A	12 B	15 C	20 D	23 E	27 F	35 G	40 H 43 I
100' 30m	7 A	10 B	12 C	15 D	18 D	21 E	25 F 29 G	36 H
110' 33m		6 A	10 B	12 C	15 D	18 E	22 F	26 G 30 H
120' 36m		6 A	8 B	10 C	12 D	15 E	19 F	25 G
130' 39m			5 A	8 B	10 C	13 D	16 F	21 G
140' 42m			5 A	7 B	9 C	11 D	14 F	18 G
150' 45m			4 A	6 B	8 C	10 D	12 E	15 F
Paliers de décompression en minutes		à 20' 6m			-	-	5	10
		à 10' 3m			5	10	10	10

- **LA VITESSE DE REMONTÉE** est de 50' (15 m) plus ou moins 10' (3 m) par minute
- **LES LIMITES DE NON-DÉCOMPRESSION** sont données pour les premières plongées
- **LES PAILIERS DE DÉCOMPRESSION** doivent être effectués selon la durée spécifiée et aux profondeurs prescrites à partir du niveau de la mi-poitrine.

- La table B présente les **intervalles de surface minimum** et les coefficients de correction.
- La table C présente les **limites de non-décompression pour les plongées successives.**
- La table D présente les **corrections de profondeur** pour les plongées en altitude au-dessus de 1000' (300 m).

COURBE DES LIMITES DE NON DECOMPRESSION © DCIEM 95 OU IMCME 95*

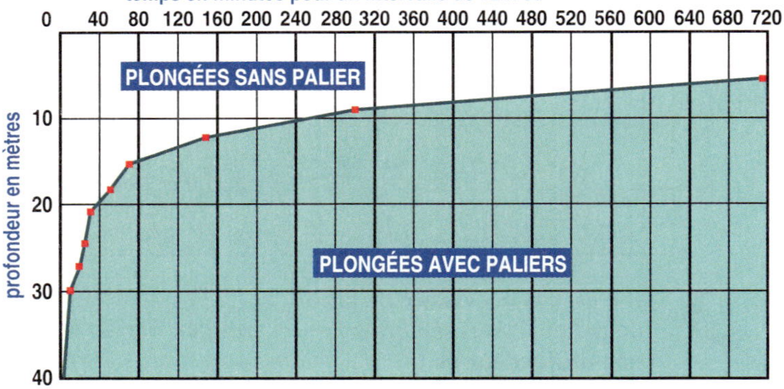

Il n'est pas nécessaire de faire de palier si vous séjournez à une profondeur de :		**pendant moins de :**
En pieds	En mètres	En minutes
20'	6 m	7 h 00
30'	9 m	5 h 00
40'	12 m	2 h 30 mn
50'	15 m	1 h 15 mn
60'	18 m	50 mn
70'	21 m	35 mn
80'	24 m	25 mn
90'	27 m	20 mn
100'	30 m	15 mn
La vitesse de remontée préconisée est de 50 pieds (15 m) plus ou moins 10 pieds (3 m) par minute soit 40 (12 m) à 60 pieds (18 m)/mn.		

** Les tables et la courbe des limites de non décompression des tables © DCIEM 95 (ou IMCME 95) sont reproduites avec l'aimable autorisation de M. Gain Wong d'Universal Dive Techtronics (UDT Canada).*

L'utilisation de cette courbe n'est valable que dans le cadre de plongées à une altitude comprise entre 0 et 1000 pieds (0 et 300 mètres) et durant lesquelles l'effort fourni par les plongeurs doit être relativement modéré.

Vous ne pouvez replonger en utilisant cette courbe sans corrections que plus de 18 h 00 après une première plongée, sans faire plus de trois plongées par jour et en respectant un jour de repos après trois jours de plongées successives.

En Suisse, les tables de plongée utilisées sont les tables © Bühlmann 1986 conçues par l'équipe du Professeur A.A. Bühlmann de l'Université Suisse de Zürich.

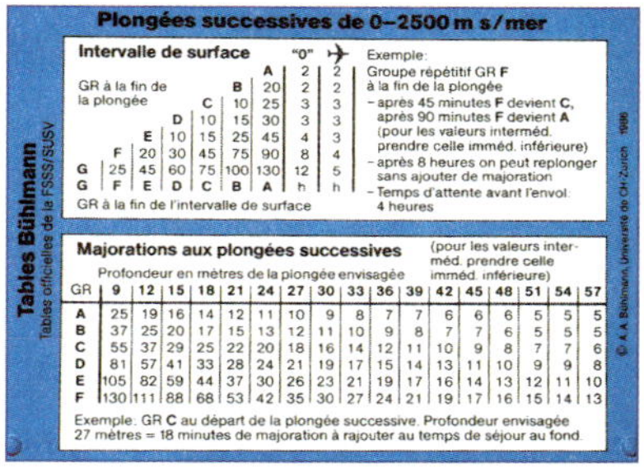

Plongées successives de 0–2500 m s/mer

Tables Bühlmann
Tables officielles de la FSSS/SUSV

Intervalle de surface

GR à la fin de la plongée	G	F	E	D	C	B	A	"0"	✈
A								2	2
B							20	2	2
C						10	25	3	3
D					10	15	30	3	3
E				10	15	25	45	4	3
F			20	30	45	75	90	8	4
G		25	45	60	75	100	130	12	5
	G	F	E	D	C	B	A	h	h

GR à la fin de l'intervalle de surface

Exemple:
Groupe répétitif GR **F** à la fin de la plongée
- après 45 minutes **F** devient **C**, après 90 minutes **F** devient **A** (pour les valeurs interméd. prendre celle levée immméd. inférieure)
- après 8 heures on peut replonger sans ajouter de majoration
- Temps d'attente avant l'envol: 4 heures

Majorations aux plongées successives (pour les valeurs interméd. prendre celle imméd. inférieure)

Profondeur en mètres de la plongée envisagée

GR	9	12	15	18	21	24	27	30	33	36	39	42	45	48	51	54	57
A	25	19	16	14	12	11	10	9	8	7	7	6	6	6	5	5	5
B	37	25	20	17	15	13	12	11	10	9	8	7	7	6	5	5	5
C	55	37	29	25	22	20	18	16	14	12	11	10	9	8	7	7	6
D	81	57	41	33	28	24	21	19	17	15	14	13	11	10	9	9	8
E	105	82	59	44	37	30	26	23	21	19	17	16	14	13	12	11	10
F	130	111	88	68	53	42	35	30	27	24	21	19	17	16	15	14	13

Exemple: GR **C** au départ de la plongée successive. Profondeur envisagée 27 mètres = 18 minutes de majoration à rajouter au temps de séjour au fond.

© A.A. Bühlmann, Université de CH-Zürich 1986

Courbe de sécurité © A.A. Bühlmann 86, Université de Zürich*

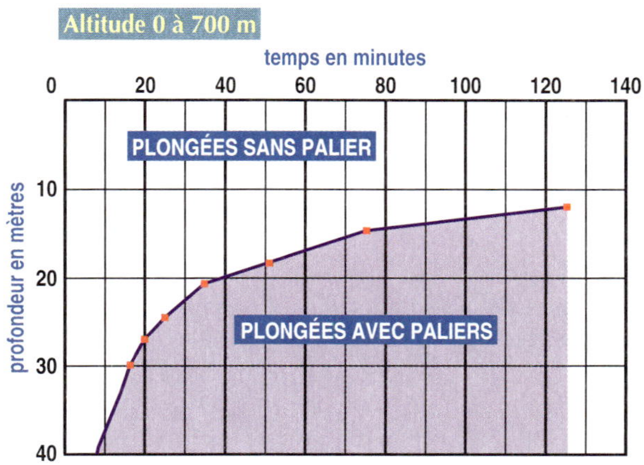

** Les tables et la courbe de sécurité des tables © Bühlmann 86 sont reproduites avec l'aimable autorisation de la FSSS.*

Altitude 701 à 2500 m

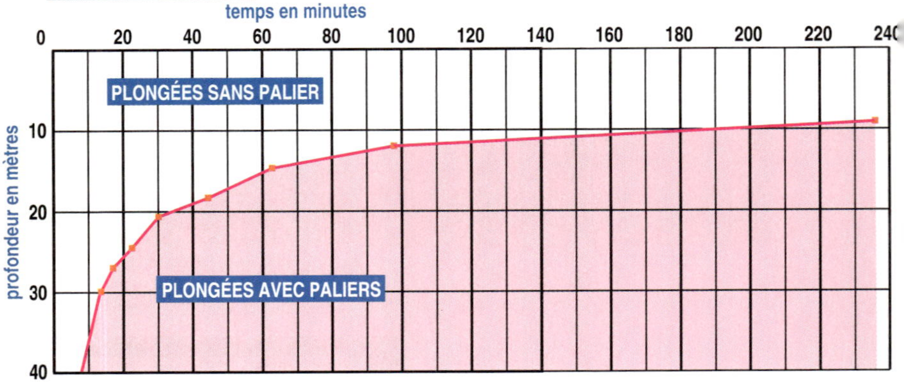

Il n'est pas nécessaire de faire un palier si vous séjournez à une profondeur de :	**pendant moins de :**	
	Altitude 0 à 700 m	Altitude 701 à 2500 m
9 mètres	-	3 h 58 mm
12 mètres	2 h 05 mn	1 h 39 mn
15 mètres	1 h 15 mn	1 h 02 mn
18 mètres	51 mn	44 mn
21 mètres	35 mn	30 mn
24 mètres	25 mn	22 mn
27 mètres	20 mn	18 mn
30 mètres	17 mn	15 mn
La vitesse de remontée préconisée est de 10 mètres/mn		

L'utilisation de ces courbes n'est valable que dans le cadre de plongées durant lesquelles l'effort fourni par les plongeurs doit être relativement modéré.

Vous ne pouvez replonger en utilisant ces courbes sans corrections qu'après un intervalle minimum après la première plongée (voir tableau ci-après page 273), sans faire plus de deux plongées par jour.

Intervalles de temps minimum à respecter en surface, entre deux plongées pour pouvoir utiliser de nouveau la courbe de sécurité des tables © Bühlmann 86* (de 0 à 700 mètres d'altitude)		
Profondeur maximum atteinte au cours de la première plongée (en mètres)	**Temps de plongée de la première plongée (en minutes)**	**Intervalle de temps minimum, en surface, à respecter (en heures)**
12 m	20 mn	2 h
	40 mn	3 h
	1 h 00 mn	4 h
	1 h 20 mn	4 h
	2 h 05 mn	12 h
15 m	20 mn	2 h
	40 mn	4 h
	1 h 00 mn	6 h
	1 h 15 mn	12 h
18 m	20 mn	3 h
	40 mn	6 h
	51 mn	8 h
21 m	20 mn	3 h
	35 mn	4 h
Pour des raisons de sécurité, la deuxième plongée sans palier de décompression doit être planifiée à une profondeur moins profonde que la première, prendre les valeurs de la première plongée (profondeur et temps) immédiatement supérieures si elles ne figurent pas dans le tableau.		

* *tableau réalisé d'après les tables © Bülhmann 86*

Le palier de principe

Il est nécessaire ou recommandé selon les tables d'effectuer **un palier de principe,** avant de remonter en surface, afin d'accroître sa sécurité quand on réalise des plongées supérieures à 12 mètres (40 pieds) et ne nécessitant pas de palier dans la courbe de plongées sans palier, ou lorsque l'on possède un profil pénalisant (voir page 266).

	Tables	**Palier de principe de**
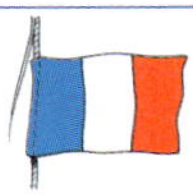 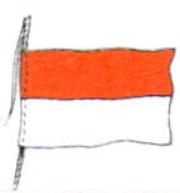	MN90 MT92	3 à 5 minutes à 3 mètres recommandés
	© LIFRAS 94	3 minutes à 3 mètres recommandés
	© DCIEM 95	3 minutes à 15 pieds (4,5 mètres)
	© Bühlmann 86	altitude de 0 à 700 mètres : 1 minute à 3 mètres altitude de 701 à 2500 mètres : 1 minute à 2 mètres

PRÉPARATIFS

Prenez votre temps, ne vous laissez pas stresser par vos coéquipiers, votre sécurité et votre confort dépendent de votre préparation.

Écoutez les directives que va donner votre guide ou chef de palanquée : but et intérêt de la plongée, profondeur, temps de plongée, déroulement...

Ayez un matériel adapté à votre niveau (voir check-list page 136).

Utilisez une bouteille contrôlée pleine par votre guide ou chef de palanquée ou une personne compétente.

Assurez-vous que le mécanisme de réserve fonctionne en le manœuvrant, et qu'il possède une tige selon le cas.

Montez votre gilet de remontée et vérifiez qu'il est correctement fixé.

Connectez votre direct-system et vérifiez qu'il est correctement monté.

Montez votre détendeur et mettez-le en pression.

Vérifiez la pression de votre bouteille : 180 à 230 bars (2592 à 3312 lbs/po^2 ou psi) selon la pression de service.

Faites fuser et respirer sur chacun de vos détendeurs pour vous assurer qu'ils fonctionnent.

Actionnez votre direct-system afin de vous assurer qu'il est en état de marche

Équipez-vous de votre matériel individuel.

Endossez votre bouteille équipée de votre gilet et ajustez les différentes sangles sans trop les serrer.

Assurez-vous que votre ceinture de lest est apparente et largable.

Assurez-vous que votre manomètre et détendeur de secours soient accessibles.

Contrôlez votre équipement, mutuellement par deux.

Pression

Réserve (selon le cas)

Gilet

Direct-system

Détendeur(s)

Ceinture de lest

Contrôle mutuel

LA MISE À L'EAU

Le guide ou chef de palanquée saute à l'eau en premier.

Vérifiez qu'aucun obstacle (coéquipier...) n'encombre la zone de saut.

Adaptez le type de mise à l'eau :

- quai, bateau à haut franc bord : saut droit (voir pages 242 à 243)
- plage : à reculons (voir page 305)
- pneumatique, bateau à faible franc bord : bascule arrière (voir page 313)

Après votre mise à l'eau, dégagez rapidement l'aire de saut.

Guide à l'eau
Vérifier la zone de saut
Sauter et dégager

ATTENTE EN SURFACE

Après le saut, il faut se regrouper et attendre, la plongée s'effectuant en groupe.

Gonflez votre gilet de remontée pour vous maintenir en surface.

Regroupement
Attente

LA PLONGÉE

CONSIGNES GÉNÉRALES

- Ne plongez jamais seul.
- Suivez les instructions données par votre guide ou chef de palanquée.
- Restez groupés et surveillez-vous mutuellement.
- Avertissez votre guide ou chef de palanquée de toute anomalie.

Groupe
Instructions à suivre
Surveillance mutuelle
Anomalie à signaler

DURANT LA DESCENTE

Descendez sur indication de votre guide ou chef de palanquée.

Ne forcez pas les oreilles ou les sinus. En cas de problème, arrêtez-vous et avertissez votre guide ou chef de palanquée.

Ne descendez jamais plus bas que votre guide ou chef de palanquée.

N'attendez pas pour passer sur réserve et prévenez votre guide ou chef de palanquée, il rassemblera la palanquée et fera signe de remonter.

Descendre **J**amais
Plus
Bas que le guide
Mano ou **R**éserve

Durant la remontée

Ne remontez jamais plus haut que votre guide ou chef de palanquée, c'est lui qui vous indique la vitesse de remontée.

Ne remontez jamais plus vite que les plus petites bulles que vous expirez. La vitesse préconisée varie en fonction des tables de plongée utilisées.

	Tables	Vitesse de remontée préconisée
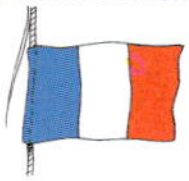	MN90	15 à 17 mètres/mn
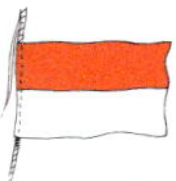	MT92	9 à 15 mètres/mn
	© LIFRAS 94	10 mètres/mn
	© DCIEM 95	40 à 60 pieds/mn soit 12 à 18 mètres/mn
	© Bühlmann 86	10 mètres/mn

Remonter Jamais
Plus
Haut que le guide

CAS PARTICULIERS : la perte de palanquée, la remontée rapide

EN CAS DE PERTE DE PALANQUÉE

Restez où vous êtes et signalez votre présence à la palanquée, par exemple en tapant sur votre bouteille avec votre poignard.

Si votre palanquée n'apparaît pas au bout d'une minute, il faut envisager de remonter.

Vous devez remonter à la vitesse de remontée préconisée par vos tables de plongée, sans jamais dépasser la vitesse de vos plus petites bulles (voir page 277).

Réalisez un tour d'horizon.

Dès votre arrivée en surface, rejoignez et prévenez la personne responsable de la sécurité en surface (bateau...).

Stop

Avertir palanquée

Remonter

Tour d'horizon

Avertir surface

EN CAS DE REMONTÉE RAPIDE :
VITESSE SUPÉRIEURE À LA VITESSE PRÉCONISÉE PAR LES TABLES DE PLONGÉE UTILISÉES

Procédures d'urgences à respecter en cas de remontée trop rapide, pour les différentes tables de plongée

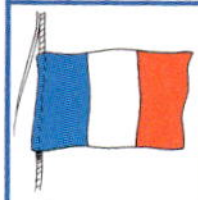 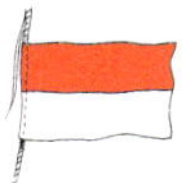	MN90 MT92	**La procédure est à appliquer si la vitesse de remontée dépasse 17 m/mn (MN90) ou 15 m/mn (MT92).**

Redescendre avec votre guide ou chef de palanquée dès que possible et avant 3 minutes à mi-profondeur pendant 5 minutes et réaliser des paliers éventuels.

	© LIFRAS 94	**La procédure est à appliquer si la vitesse de remontée dépasse 10 m/mn.**

Remontée trop rapide sans faire surface :

- stopper immédiatement la remontée
- attendre le temps qui aurait été nécessaire pour atteindre normalement cette profondeur

Remontée trop rapide jusqu'à la surface

- pour les plongées dans la courbe de plongées sans palier :
  - pas de réimmersion
  - rester en observation permanente pendant 1 heure auprès d'une autorité qualifiée
- pour les plongées avec palier :
  - dans les 5 minutes maximum, redescendre avec son guide ou chef de palanquée au premier palier obligatoire (le plus profond) :
    - ☛ paliers à 12 mètres ou plus : faire la durée initialement prévue
    - ☛ paliers à 9, 6, 3 mètres : faire la durée préconisée x 1,5

	© DCIEM 95	**La procédure est à appliquer si la vitesse de remontée dépasse 18 m/mn.**

Il ne semble pas exister de procédure spécifique. Dans ce cas de figure, les forces militaires canadiennes préconisent de placer le plongeur sous observation pendant une heure.*

** communication personnelle de M. Gain Wong (14/01/1997) de la firme Universal Dive Techtronics (UDT) de Toronto, commercialisant les tables © DCIEM 95.*

	© Bühlmann 86	**La procédure est à appliquer si la vitesse de remontée dépasse 10 m/mn à partir de la moitié de la profondeur maximale atteinte.**

Dans ce cas, redescendre avec votre guide ou chef de palanquée dès que possible avant trois minutes à mi-profondeur pendant cinq minutes et réaliser des paliers éventuels.
Dans le cas de plongées réalisées dans la courbe de sécurité, il n'est pas indispensable de suivre cette procédure.

Important : à la suite d'une remontée rapide, le plongeur sera placé dans tous les cas sous observation pendant au moins une heure.

Si les signes ou les symptômes d'un accident de décompression apparaissent, la victime ne sera pas réimmergée mais évacuée dans les meilleurs délais vers le centre thérapeutique hyperbare le plus proche.

PRÉVENTION DES ACCIDENTS DE SURFACE

Des accidents peuvent être provoqués par le passage en surface de bateaux à moteurs ou d'embarcations à voile qui sont silencieuses.

Marquez un arrêt vers 3 mètres, écoutez si vous entendez des bruits éventuels.

Scrutez la surface en réalisant un tour d'horizon afin de vous assurer qu'elle est dégagée. Poursuivez la remontée en réalisant un tour d'horizon (360°), bras tendu, en effectuant le signe *OK* et en regardant la surface.

Refaites un tour d'horizon, en surface, une embarcation peut arriver dans votre dos. Sur indication du guide ou chef de palanquée, revenez au bateau ou à la plage, groupés, tuba en bouche.

LA REMONTÉE SUR LE BATEAU

Ne restez pas sous l'échelle du bateau si quelqu'un remonte. Le guide ou chef de palanquée remonte le dernier.

APRÈS VOTRE SORTIE DE L'EAU

Dans un premier temps, rangez l'ensemble de votre matériel de plongée.

Démontez votre détendeur, votre gilet, baissez votre réserve si elle ne l'est pas, selon le cas.

Dans un second temps, le guide ou chef de palanquée mène une discussion avec la palanquée sur le déroulement de la plongée ; n'hésitez pas à le questionner sur la faune et la flore, un problème technique...

Relevez les paramètres de votre plongée, la profondeur maximale atteinte, le temps de plongée, l'heure de sortie et le palier éventuel. Si vous ne possédez pas d'instruments, demandez ces indications au guide ou chef de palanquée. Vous inscrirez ensuite ces renseignements sur votre carnet de plongée (voir page 315).

Avertissez votre guide ou chef de palanquée de toute sensation inhabituelle (fatigue, picotements, malaise). Ne faites pas d'effort violent ou important. Ne plongez pas en apnée avant un délai de 6 heures. Attendez 12 à 24 heures avant de monter en altitude ou de prendre un moyen aérien (demandez conseil à votre moniteur).

Rangement matériel
Discussion
Paramètres
Repos
Surveillance de son état

Consignes individuelles de sécurité

Conditions préalables

1. Conditions administratives

- Être licencié ou assuré.
- Autorisation parentale pour les mineurs.

2. Connaissances techniques

- Signes et interprétation.
- S'entraîner régulièrement à exécuter les différents exercices de sécurité.

3. Normes d'encadrement

- Respecter et connaître les normes d'encadrement.
- Exécuter une plongée adaptée à son niveau réel.

4. État psychique et physique

S'abstenir de plonger :

- En cas de fatigue, froid, affection O.R.L., troubles digestifs, mal de mer, traitement médical, stress important, climat psychologique défavorable.
- Après un long trajet, une nuit blanche.
- Si l'on n'en a pas envie.

Faire une plongée de réadaptation :

- Si vous n'avez pas plongé depuis un certain temps.
- Si vous utilisez un matériel que vous ne connaissez pas.

5. Matériel

- Entretenir et vérifier régulièrement son matériel de plongée.
- Confiez son matériel de plongée à réviser régulièrement chez un spécialiste.

Organisation de la plongée

1. Vérifications matérielles

- Vérifier la pression de sa bouteille : 180/230 bars (2592 à 3312 lbs/po^2 ou psi).
- Réserve haute, vérifier le fonctionnement de son détendeur.
- S'assurer que sa ceinture de lest est largable.
- Avoir le matériel adapté à son niveau.
- Contrôler son matériel mutuellement, deux par deux.

2. Consignes générales

- Ne jamais plonger seul.
- Suivre les instructions données par le guide ou chef de palanquée.
- Le guide ou chef de palanquée saute à l'eau en premier.
- Rester groupés, se surveiller mutuellement.
- Avertir son guide ou chef de palanquée de toute anomalie.
- Le guide ou chef de palanquée sort de l'eau en dernier.

3. En plongée

Descente :

- Descendre sur indications du guide ou chef de palanquée.
- Ne pas forcer tympans ou sinus.
- Ne jamais descendre plus bas que son guide ou chef de palanquée.
- Ne pas attendre de passer sur réserve : 50 bars (720 lbs/po^2 ou psi) et prévenir son guide ou chef de palanquée.

Remontée :

- Ne remonter jamais plus vite que les plus petites bulles expirées.
- Vitesse de remontée des tables :

MN 90 : 15 à 17 m/mn

MT 92 : 9 à 15 m/mn.

© LIFRAS 94 : 10 m/mn.

© DCIEM 95 : 12 à 18 m/mn (40 à 60 pieds/mn).

© Bühlmann 86 : 10 m/mn.

- Respirer normalement, ne pas faire de Valsalva.
- Ne pas remonter plus haut que son guide ou chef de palanquée.
- Paliers éventuels à respecter, palier de principe de 1 à 5 mn en fonction des tables de plongées utilisées (voir page 273).
- Tour d'horizon, signe OK.
- Revenir groupés, sur tuba.

4. Cas particuliers

Perte de palanquée :

- Attendre 1 mn, si la palanquée ne vous a pas retrouvé, remonter et l'attendre en surface, prévenir le responsable de la sécurité en surface.

Remontée rapide :

- Appliquer la procédure d'urgence à réaliser en fonction des tables de plongée utilisées (voir page 279).

5. Après la plongée

- Relever les paramètres de la plongée.
- Avertir le guide ou chef de palanquée de toute sensation inhabituelle (fatigue, picotements, malaise...).
- Ne pas faire d'effort violent ou important.
- Ne plonger en apnée qu'après un délai de 6 heures.
- Attendre 12 à 24 heures avant de prendre un moyen aérien ou de monter en altitude en fonction des tables de plongée utilisées.

Test de contrôle (solutions page 352)

■ Questions éliminatoires

1 *Dans quels cas est-il déconseillé de plonger ?*

- ❑ **a**. lorsque l'eau est trop froide
- ❑ **b**. si vous êtes fatigué
- ❑ **c**. en cas d'affections O.R.L.
- ❑ **d**. si vous avez mangé depuis moins de 3 heures

2 *Quand devez-vous effectuer une plongée de réadaptation ?*

- ❑ **a**. si vous n'avez pas plongé depuis 1 an
- ❑ **b**. à chaque fois que vous changez de palanquée
- ❑ **c**. à chaque fois que vous utilisez un matériel que vous ne connaissez pas

3 *Le temps de plongée :*

- ❑ **a**. est la durée totale de la plongée
- ❑ **b**. s'arrête quand vous décidez de remonter
- ❑ **c**. s'arrête quand vous sortez de l'eau
- ❑ **d**. est le temps donné par un profondimètre électronique

4 *La courbe de plongée sans palier correspond à :*

- ❑ **a**. des temps à ne pas dépasser à des profondeurs données, n'imposant pas de palier
- ❑ **b**. des paliers qu'il est nécessaire de réaliser pour éviter d'avoir un accident de décompression

5 *Pour vérifier que votre détendeur fonctionne :*

- ❑ **a**. vous contrôlez la pression au manomètre
- ❑ **b**. vous respirez sur l'embout du détendeur

6 *En fonction de la courbe de plongées sans palier que vous utilisez, à 20 mètres et au niveau de la mer, vous pouvez rester sans faire de palier :*

- ❑ **a**. 35 minutes
- ❑ **b**. 40 minutes
- ❑ **c**. 50 minutes
- ❑ **d**. 60 minutes

7 *Qu'est-il conseillé de réaliser dans le but d'accroître sa sécurité ?*

❑ **a**. un palier de principe

❑ **b**. une remontée à 25 m/mn

❑ **c**. un valsalva à la remontée

8 *Quel doit être la pression de l'air contenu dans votre bouteille avant d'effectuer une plongée ?*

❑ **a**. 180 bars

❑ **b**. 90 bars

❑ **c**. 60 bars

9 *Lors de la descente :*

❑ **a**. vous devez être situé plus profond que votre guide ou chef de palanquée

❑ **b**. vous devez être situé moins profond que votre guide ou chef de palanquée

❑ **c**. vous devez être situé derrière votre guide ou chef de palanquée

10 *Quel moyen possédez-vous pour éviter une embarcation éventuelle lors de vos remontées ?*

❑ **a**. remonter en pleine eau

❑ **b**. réaliser un tour d'horizon

❑ **c**. lâcher de l'air pour faire des bulles en surface

11 *Vous devez remonter :*

❑ **a**. à la vitesse de votre guide ou chef de palanquée

❑ **b**. entre 15 et 17 m/mn

❑ **c**. entre 12 et 18 m/mn

❑ **d**. à 10 m/mn

❑ **e**. entre 9 et 15 m/mn

❑ **f**. à une vitesse inférieure à celle des plus petites bulles que vous expirez

12 *Qui saute à l'eau le premier ?*

❑ **a**. les membres de la palanquée, autres que le guide ou chef de palanquée car il doit vérifier leur équipement

❑ **b**. le guide ou chef de palanquée

❑ **c**. les plongeurs ou le guide ou chef de palanquée

10. DAUPHIN 3

10

DAUPHIN 3

TYPE	OBJECTIFS	EXERCICES PRÉPARANT À L'OBJECTIF	CONDITIONS DE RÉALISATION
	28 - page 287	Le poumon ballast.	De jour, profondeur de 1,5 m. Visibilité égale ou supérieure à la profondeur. Eau calme sans courant. Lestage déterminé par votre moniteur.
	29 - page 289	L'essoufflement en plongée.	
	30 - page 290	Le passage sur réserve.	Mêmes conditions que pour l'objectif 28, mais profondeur proche de 3 à 5 mètres.
	page 295	Le matériel complémentaire.	
	31 - page 300	Le lestage.	Mêmes conditions que pour l'objectif 28, mais profondeur de 4 mètres.

TYPE	OBJECTIFS	EXERCICES PRÉPARANT À L'OBJECTIF	CONDITIONS DE RÉALISATION
	32 - page 301	La protection de l'environnement et du patrimoine historique.	
	33 - page 305	La mise à l'eau à partir d'une plage.	Mer calme à peu agitée.
	34 - page 306	Premières plongées en milieu naturel (départ du bord).	De jour. Profondeur inférieure à 10 m. Visibilité égale ou supérieure à 5 m. Eau calme. Pas ou peu de courant.
	page 307	Plonger à partir d'un bateau.	Mer calme.
	35 - page 313	La mise à l'eau par bascule arrière.	De jour, profondeur de 3 à 5 m. Visibilité égale ou supérieure à la profondeur. Mer calme ou peu agité. Pas ou faible courant
	page 314	Le carnet de plongée.	
	36 - page 316	La remontée contrôlée	De jour. Profondeur inférieure à 10 m. Visibilité égale ou supérieure à 5 m. Eau calme. Pas ou peu de courant.
	page 319	Le poignard, la lampe ou le phare de plongée	
	37 - page 321	Le palier.	Mêmes conditions que l'objectif 34 mais profondeur proche de 4 m.
	page 323	Le passeport de plongée.	
	page 324	Les équivalences internationales.	
	page 326	Test de contrôle	

OBJECTIF N°28

Le poumon ballast

INTÉRÊT PRATIQUE

La maîtrise de cette technique permet par sa respiration, de contrôler, d'affiner son niveau d'évolution, sans avoir besoin nécessairement de palmer ou de modifier sa flottabilité à l'aide du gilet.

Critères de réussite acceptables : lors d'une plongée, vous devez être capable de rester entre 0,5 et 1,5 mètre d'un fond irrégulier, sans vous aider du palmage pour maintenir votre niveau d'évolution et après avoir rendu nulle votre flottabilité grâce à un gonflage unique de votre gilet de remontée.

Conditions de réalisation : de jour, visibilité égale ou supérieure à 5 mètres, en pleine eau, profondeur correspondant au niveau d'évolution du niveau 1/plongeur ☆ (zone des 20 mètres).

Exercice n° 1

Dans le petit bain, détendeur en bouche, restez entre deux eaux, au-dessus de votre bouteille.

- Utilisez uniquement votre respiration pour vous équilibrer entre deux eaux.
- Pour que votre flottabilité soit modifiée, il est nécessaire d'insister suffisamment longtemps sur l'inspiration ou l'expiration.
- Ne bloquez en aucun cas votre respiration.

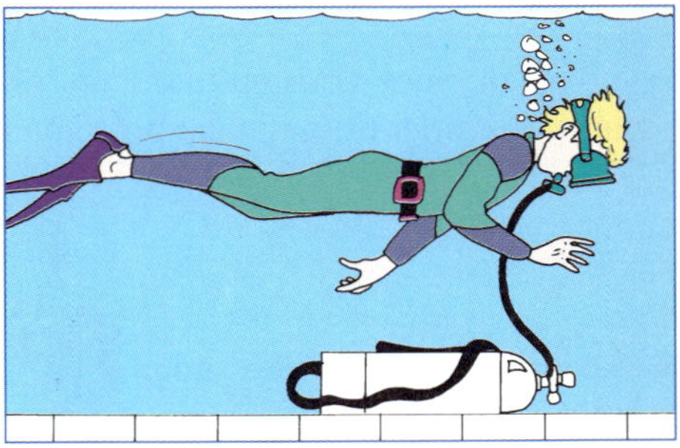

DIFFICULTÉS

❑ Si vous avez tendance à descendre ou toucher le fond

En ayant une flottabilité nulle, le fait d'inspirer profondément a tendance à vous faire remonter.

DIFFICULTÉS

❑ Si vous avez tendance à remonter ou émerger

En ayant une flottabilité nulle, le fait d'expirer profondément a tendance à vous faire descendre.

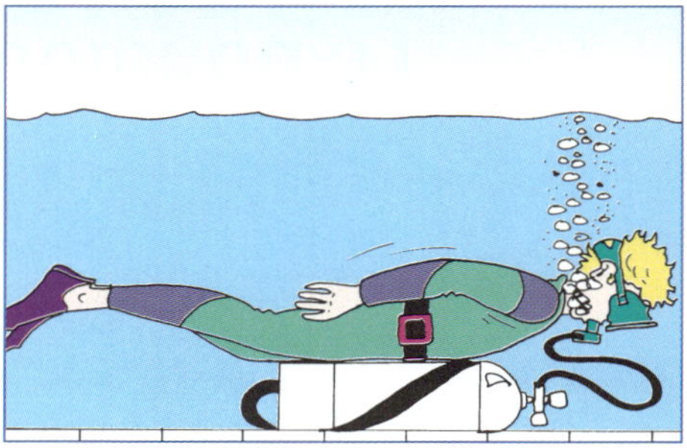

VARIANTES

Après avoir réussi l'exercice n° 1, essayez de le réaliser :

1. les yeux fermés, en ayant pour but de ne pas toucher le fond et émergez.
2. sur signal sonore, touchez le fond puis, suite à un second signal sonore, émergez.
3. même exercice que (2) mais suite à un signal visuel.

Exercice n° 2

Maintenez-vous entre 0,5 et 1,5 mètre, d'un fond régulier, sans vous aider du palmage pour maintenir votre niveau d'évolution.

■ Mêmes consignes que pour l'exercice n° 1 page 287.

VARIANTES

Après avoir réussi l'exercice n° 2, essayez de le réaliser :

1. sur un fond accidenté.
2. en essayant de conserver le même niveau d'évolution que votre moniteur.
3. même exercice que le (2) mais sur un fond accidenté.
4. sur signal sonore rapprochez-vous du fond, sur signal visuel, éloignez-vous du fond.

OBJECTIF N°29

L'essoufflement en plongée

CRITÈRES DE RÉUSSITE ACCEPTABLES : le débutant qui maîtrise encore mal sa ventilation peut être confronté à ce type d'incident. Il doit connaître la prévention et les moyens dont il dispose pour enrayer le processus de l'essoufflement.

Les causes sont multiples, mais le plus souvent, c'est le résultat d'une mauvaise adaptation respiratoire à l'effort.

CONDUITE À TENIR EN PLONGÉE

L'ESSOUFFLÉ

Vous devez arrêter tout mouvement et vous forcer à expirer, pour enrayer le processus.

Vous devez faire le signe : *je suis essoufflé* (voir page 234) au guide ou chef de palanquée.

Éventuellement, vous passez votre réserve si vous en possédez une.

LE GUIDE OU CHEF DE PALANQUÉE

Celui-ci vous passera votre réserve si vous ne l'avez pas déjà fait et si vous en possédez une, puis vous remontera.

En général, les troubles disparaissent lors de la remontée, avant l'arrivée en surface.

PRÉVENTION

Vous devez :

Ouvrir correctement votre robinet de conservation.

Ne pas vous immerger si vous êtes déjà essoufflé en surface, car ce problème s'aggraverait avec la profondeur.

Produire un palmage lent, adapté à la profondeur.

Être correctement lesté.

Ne pas faire des apnées poussées, l'embout en bouche.

Avoir une bonne protection isothermique.

Plonger dans un climat affectif et n'entraînant pas de peur ou d'angoisse excessives.

Ne pas attendre de passer sur réserve.

Entretenir et vérifier régulièrement votre matériel de plongée.

OBJECTIF N°30

Le passage sur réserve

INTÉRÊT PRATIQUE

Comme nous l'avons vu précédemment, la réserve est une "sonnette d'alarme" indiquant au plongeur qu'il lui reste 30 à 50 bars (432 à 720 lbs/po² ou psi) d'autonomie dans sa bouteille (selon les modèles).

Il est primordial de percevoir le signal entraînant le passage sur réserve et d'agir en conséquence.

Critères de réussite acceptables : vous devez être capable de passer ou d'aider quelqu'un à passer sur réserve au moment opportun et de prévenir votre guide ou chef de palanquée.

Conditions de réalisation : de jour, visibilité égale à 5 mètres, en pleine eau, profondeur correspondant au niveau d'évolution du niveau 1/plongeur ☆ (zone des 20 mètres).

Exercice n° 1

Lors de la séance, vous passerez sur réserve en utilisant un manomètre immergeable.

Remarque : la pression sera d'environ 60 bars, cette situation sera incluse dans une séance regroupant d'autres exercices à réaliser.

- Consultez régulièrement votre manomètre durant toute la plongée.
- *Le signal :* l'aiguille du manomètre indique 50 bars (720 lbs/po² ou psi).
- Au signal, effectuez de suite à votre guide ou chef de palanquée le signe *"je suis sur réserve"* (voir page 234), qui indiquera de remonter.

DIFFICULTÉS

❑ Si votre signe n'est pas perçu par votre guide ou chef de palanquée

Avant d'effectuer le signe, assurez-vous que votre guide ou chef de palanquée vous observe ; si ce n'est pas le cas, attirez son attention (tapez-lui sur l'épaule...). Effectuez le signe en étant suffisamment reculé pour être dans son champ de vision.

VARIANTES

Après avoir réussi l'exercice n° 1, essayez de le réaliser :

1. sans être prévenu au préalable par votre moniteur.

2. en milieu naturel, lors d'une promenade entre 3 et 5 mètres.

Exercice n° 2

Lors de la séance vous passerez sur réserve
en utilisant une réserve classique.

Remarque : mêmes remarques que pour l'exercice n° 1 page 290. Le manomètre de l'élève sera utilisé par le moniteur pour contrôler sa pression.

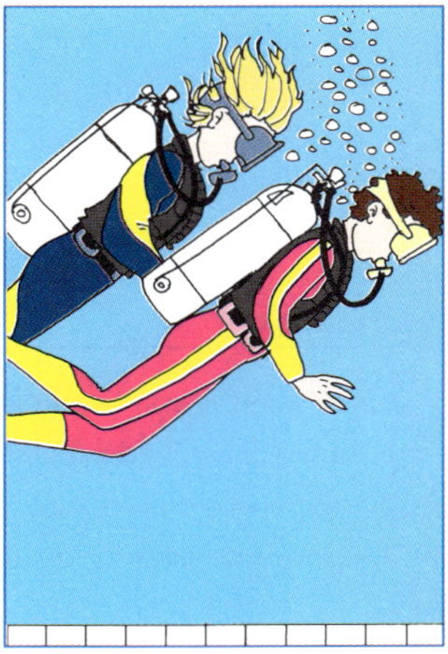

- Ne regardez pas le manomètre.
- *Le signal :* à un certain moment, l'air sera de plus en plus difficile à respirer.
- Au signal, n'attendez pas, passez de suite sur réserve, en actionnant votre tige de réserve.
- Effectuez de suite le signe *"je suis sur réserve"* (voir page 234) à votre guide ou chef de palanquée, qui contrôlera votre pression au manomètre et vous ordonnera de remonter.

DIFFICULTÉS

❑ Si vous ne percevez pas le signal, si vous "tétez" votre réserve

A terre, les yeux fermés, en respirant sur votre bouteille*, précisez en levant le bras, quand vous percevez le signal.

La pression de la bouteille sera inférieure à 30 bars ; la réserve, au départ, est en position basse.

Vous respirez normalement lors de l'exercice, en essayant de vous concentrer sur votre inspiration ; à un certain moment votre moniteur actionnera votre tige de réserve vers le haut, rendant votre respiration plus difficile.

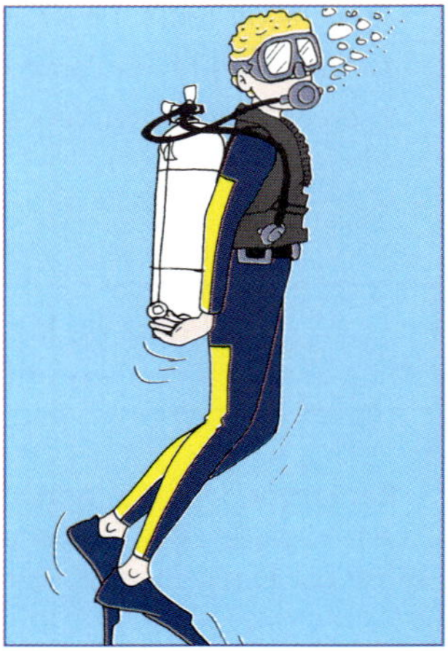

❑ Si vous ne trouvez pas la tige de votre réserve

A terre ou dans peu d'eau, bouteille capelée, repérez le côté où est située la tige de votre réserve et entraînez-vous à l'actionner.

VARIANTES

Après avoir réussi l'exercice n° 2, essayez de le réaliser :

1. sans être prévenu de la pression d'utilisation en début de séance.

2. même exercice que le (1) mais sans pouvoir contrôler votre pression.

3. en milieu naturel, lors d'une promenade entre 3 et 5 mètres.

Exercice n° 3

Intervenez sur le signe de votre coéquipier :
"je n'arrive pas à passer sur réserve" (réserve haute).

Si la réserve est haute

- Actionnez sa tige de réserve vers le bas.
- Demandez à votre coéquipier si tout va bien.
- Votre coéquipier indiquera au guide ou chef de palanquée qu'il est sur réserve ; celui-ci indiquera de remonter.

Si la réserve est basse

- Intervenez comme sur une panne d'air (voir pages 251 à 259).

DIFFICULTÉS

❑ Si votre intervention est lente ou si vous oubliez des éléments

A terre, les yeux fermés, au calme, visualisez mentalement le contexte : le côté sur lequel vous allez aborder votre coéquipier..., l'ensemble des actions que vous envisagez d'exécuter lors de l'exercice.

VARIANTES

Après avoir réussi l'exercice n° 3, essayez de le réaliser :

1. sans être prévenu au préalable.

2. même exercice que le (1) mais réserve baissée.

3. lors d'une remontée.

4. même exercice que le (3) mais réserve baissée.

5. même exerice que (3) mais sans être prévenu.

6. même exercice que le (5) mais réserve baissée.

DIFFICULTÉS

❑ Si votre réaction est inadaptée

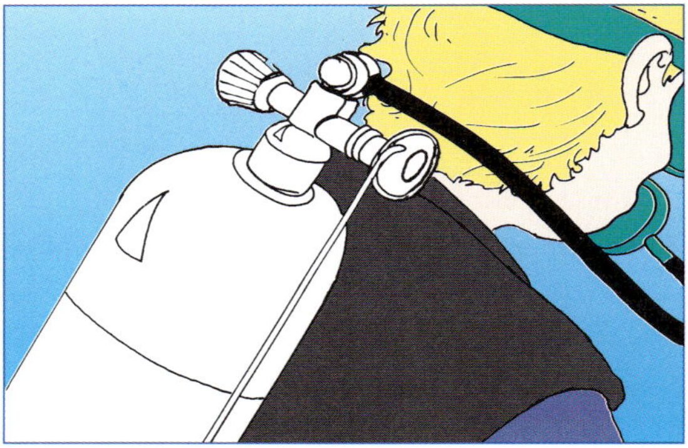

Avant d'agir, regardez si la réserve de votre coéquipier sur lequel vous allez intervenir est haute ou basse, pour adapter votre intervention selon le cas.

Le matériel complémentaire

LA COMBINAISON ISOTHERMIQUE

Le plongeur qui fréquente nos eaux tempérées est confronté au problème posé par le froid. La température de l'eau est souvent inférieure à 20° C.

La combinaison permet de résoudre ce problème en permettant un séjour prolongé avec un confort appréciable.

Il est important d'adapter votre protection selon la température de l'eau dans laquelle vous allez plonger.

1. maillot de bain

2. combinaison légère en lycra

3. shorty en néoprène de 3 mm

4. combinaisons tropicales mono pièce en néoprène de 3 mm

5. combinaisons eaux tempérées en néoprène de 5,5 mm

6. combinaisons eaux froides en néoprène de 7 mm

7. combinaisons eaux froides semi-étanches de 7 mm

8. vêtements secs à volume variable pour eaux froides et très froides

Le maillot de bain (1), la combinaison légère en lycra (2), le shorty (3) et la combinaison tropicale mono pièce (4), sans cagoule, sont adaptés à la plongée en piscine ou en eaux chaudes tropicales.

Les combinaisons eaux tempérées (5) et eaux froides (6) sont les combinaisons les plus utilisées en "plongée loisir", sous nos latitudes, dans nos eaux tempérées de l'Atlantique et de la Méditerranée.

Elles représentent une protection suffisamment efficace pour un prix abordable.

La combinaison semi-étanche (7) présente un avantage supplémentaire par rapport aux vêtements traditionnels, elle limite les entrées d'eau grâce à une fermeture étanche et à des manchons d'étanchéité aux poignets, chevilles et cagoule.

Les vêtements secs à volume variable (8) sont recommandés pour plonger en eaux froides et très froides, sous la glace. Il est nécessaire de suivre une formation afin de maîtriser leur utilisation (voir à ce sujet le Code Vagnon de la plongée préparant au niveau 2/plongeur ☆☆).

Principe d'isolation du néoprène

La combinaison est fabriquée en néoprène cellulaire, caoutchouc constitué de milliers de petites cavités indépendantes les unes des autres, qui emprisonnent une quantité d'eau qui, au contact du corps, se réchauffe, diminuant ainsi les pertes calorifiques.

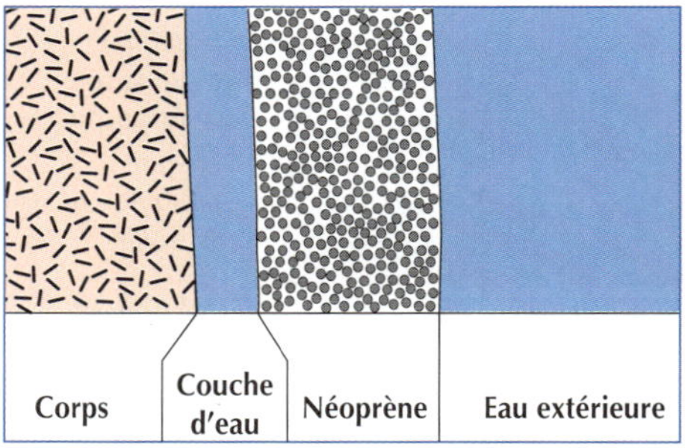

Dans les vêtements secs, l'eau ne pénètre pas et c'est de l'air insufflé dans le vêtement qui isole le corps. La flottabilité de la combinaison doit être compensée à l'aide d'une ceinture de lest munie de plombs ou de sachets de grenaille (voir page 299).

Conseils d'achat

Pour plonger dans nos eaux européennes, il est conseillé d'utiliser un vêtement de 5,5 à 7 mm d'épaisseur en fonction de la température de l'eau.

Nos amis plongeurs québécois ont tout intérêt à plonger sous leurs latitudes équipés de combinaisons semi-étanches ou vêtements secs à volume variable afin d'apprécier leurs plongées en milieu naturel, en eau froide.

Pour commencer, il est préférable d'acheter un vêtement doublé deux faces, plus solide et facile à enfiler. Vous pouvez acheter une taille standard, mais une fabrication sur mesure vous assurera un meilleur ajustage. Elle doit vous coller sans vous serrer, permettant de respirer sans effort et ne gênant pas la circulation aux chevilles et aux poignets. Il faut savoir que plus il y a de fermetures et plus le vêtement est sujet aux entrées d'eau.

TABLEAUX DES TAILLES STANDARD

HOMME

Taille	0	1	2	3	4
Correspondance mannequin	40/42	42/44	44/46	46/48	50/52
Hauteur sous la toise	156/165	164/172	171/178	177/184	183/188
Tour de poitrine	80/85	85/91	91/97	97/104	104/111
Tour de taille	69/74	74/80	80/86	86/92	92/99
Tour de hanches	82/87	87/93	93/99	99/105	105/112
Entrejambes/sol	74/76	76/79	79/82	82/85	85/88

FEMME

Taille	0	1	2	3
Correspondance mannequin	38/40	40/42	44/46	46/48
Hauteur sous la toise	154/160	160/166	165/171	170/176
Tour de poitrine	85/89	89/94	94/99	99/104
Tour de taille	61/65	65/70	70/75	75/80
Tour de hanches	84/88	88/93	93/98	98/102

ENFANT

Taille	000	00
Correspondance mannequin	36/38	38/40
Hauteur sous la toise	140/150	148/156
Tour de poitrine	70/77	77/83
Tour de taille	59/65	65/72
Tour de hanches	71/78	78/83
Entrejambes/sol	68/70	70/73

Conseils d'entretien

Lorsque votre combinaison a des accrocs, réparez-la avec de la colle néoprène, sinon rincez-la à l'eau douce et faites-la sécher à l'ombre.

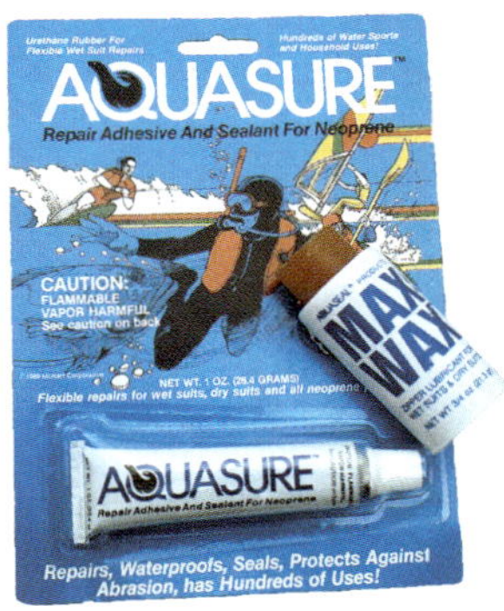

LES CHAUSSONS, BOTTILLONS ET GANTS DE PLONGÉE

Ils deviennent indispensables pour la plongée en eau froide. Ils évitent les crampes mais aussi de se couper ou de s'écorcher la peau, sachant qu'elle est ramollie par l'eau. Ils ne doivent pas être trop épais (3 à 5 mm) pour permettre une certaine souplesse dans les mouvements.

De plus, ils ne doivent pas être trop ajustés pour ne pas couper la circulation. **Les bottillons** (6) et (7) qui sont **des chaussons** (5) munis d'une semelle antidérapante ne peuvent être portés qu'avec des palmes équipées de simples sangles de réglage.

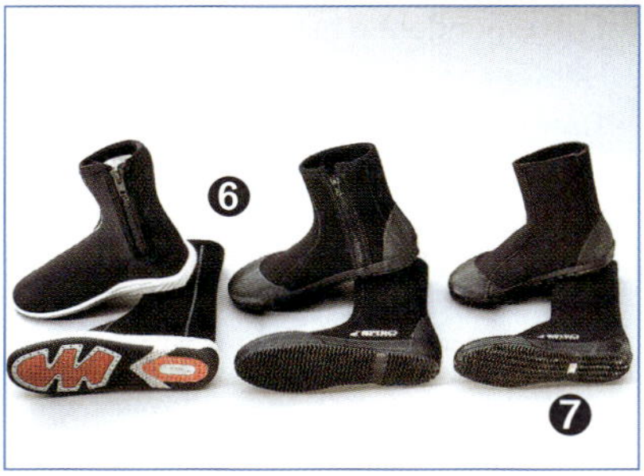

1. gants 5 doigts en nylon pour eaux chaudes
2. gants 5 doigts en néoprène avec paumes en cuir pour eaux chaudes
3. gants 5 doigts en néoprène 3 mm
4. gants 5 doigts en néoprène 5 mm
5. chaussons en néoprène 3 ou 5 mm
6. bottillons équipés de fermetures
7. botillons sans fermeture

Les gants 5 doigts (1) à (4) et (8) sont portés pour plonger en eaux chaudes ou tempérées.

En eaux froides ou très froides, il est conseillé de porter des gants 3 doigts (9) en néoprène de 6 mm d'épaisseur afin de se protéger efficacement du froid.

8. gants cinq doigts
9. gants trois doigts

LA CEINTURE DE LEST

Lors du port de la combinaison, il faudra vous équiper d'une ceinture de lest afin de compenser votre flottabilité.

1. plombs avec enrobage vinyl de couleur

2. sachet de grenaille

3. ceinture à poches avec boucle aviation ou américaine

4. ceinture nylon avec boucle aviation ou américaine

5. ceinture nylon avec boucle rapco pour sous-cutale

La ceinture à poches (3) permet de porter des plombs classiques (1) ou des sachets de grenaille (2). Ce type de ceinture permet de changer facilement de lestage.

Les sachets de grenaille (2) sont plus confortables à porter que les plombs classiques (1).

La ceinture avec boucle rapco (5) permet d'accrocher une sous-cutale qui maintient la bouteille calée sur le dos (voir page 167) utile pour ceux qui ne sont pas équipés de gilets de remontée.

CONSEILS D'ACHAT

La ceinture de lest doit permettre un largage rapide, grâce à son système de boucle, pour faciliter la remontée en cas de malaise ou d'accident éventuel.

Une sangle en coton ou en caoutchouc ne laisse pas glisser les plombs mais par contre le coton à tendance à se détériorer rapidement. Quant au caoutchouc, il s'écrase avec la pression et rattrape le jeu dû à l'écrasement de la combinaison.

Le nylon laisse glisser les plombs plus facilement, pour cette raison les fabricants proposent des anneaux d'arrêt en plastique.

L'idéal est bien sûr la ceinture à poches équipée de sachets de grenaille qui est plus confortable à porter.

OBJECTIF N° 31

Le lestage

INTÉRÊT PRATIQUE

Il est important d'être correctement lesté, c'est-à-dire équilibré à 3 mètres, la zone de paliers.

Un mauvais lestage peut entraîner une fatigue, une consommation d'air inutile, un essoufflement et rend difficile la progression en plongée, la tenue de palier.

Critères de réussite acceptables : en fin de plongée, vous devez être capable de vous maintenir entre deux eaux (4 m/3 m), sans palmer et sans vous aider de la flottabilité du gilet de remontée.

Conditions de réalisation : de jour, visibilité égale ou supérieure à 5 mètres, en pleine eau, profondeur de 4 mètres.

Exercice n° 1

Déterminez votre lestage pour être équilibré à 3 mètres.

Vous réaliserez cet exercice en fin de séance, la pression de votre bouteille devant être voisine de 50 bars (sur réserve)

- Équipez-vous de l'ensemble du matériel que vous envisagez d'utiliser lors d'une plongée en milieu naturel.
- Si vous possédez un gilet de remontée, dégonflez-le.
- Munissez-vous d'une ceinture équipée de 6 à 9 kg (en fonction de votre morphologie).
- Retirez vos plombs ou sachets de grenaille, un à un, que vous poserez sur le fond, jusqu'à être équilibré entre deux eaux.
- N'utilisez ni vos bras, ni le palmage pour vous équilibrer.

Pour réaliser l'exercice n° 1 sans bouteille :

Si vous êtes correctement équilibré, vous devez pouvoir vous immerger en phoque à la suite d'une expiration et d'un palmage de sustentation modéré.

De même, équipez-vous de l'ensemble du matériel que vous envisagez d'utiliser en plongée libre.

OBJECTIF N°32

La protection de l'environnement et du patrimoine historique

INTÉRÊT PRATIQUE

En tant que plongeur, vous avez des droits mais aussi des devoirs. Mais au-delà des textes de lois, vous devez prendre conscience que les étendues d'eau constituent un patrimoine commun qui fait l'attrait de nos plongées et qu'il faut protéger.

Critères de réussite acceptables : vous devez être capable de préciser les aspects légaux de la protection de l'environnement et du patrimoine historique relatif à votre pays.

LA PROTECTION DE L'ENVIRONNEMENT

LE MILIEU MARIN OU LACUSTRE : UN MILIEU FRAGILE

Les causes de la dégradation du monde sous-marin sont nombreuses et variées.

Beaucoup de fonds et rivage ressemblent, malheureusement, plus à de vastes dépotoirs qu'à des lieux paradisiaques.

L'opinion publique prend de plus en plus conscience de la nécessité de préserver l'environnement, des réserves marines se sont aussi créées pour contribuer à cet effort.

UNE CONDUITE RESPECTUEUSE DE L'ENVIRONNEMENT

N'ancrez pas sur les champs de posidonies. Ces herbiers fragiles, poumons de la Méditerranée se raréfient de plus en plus.

Ne jetez pas vos déchets à la mer : bouteilles plastiques, sacs plastiques, papiers, mégots…

Participez à cet effort en apprenant à respecter le milieu marin si vous voulez continuer à faire de belles plongées, riches d'intérêt.

Contentez-vous de contempler cette explosion de vie.

Ne touchez pas à la faune ou à la flore ; dans certains cas, le seul fait de toucher un organisme le détruit ou perturbe son comportement et peut avoir des conséquences néfastes.

Évitez de nourrir de façon systématique les poissons car votre action a pour effet de modifier leur comportement et de les rendre plus vulnérables pour leurs prédateurs.

Ne remontez rien du fond.

Trop souvent, l'homme a l'instinct de rapporter des souvenirs de vagabondages qui l'ont enthousiasmé, pour les revivre dans le futur. Il va être tenté d'exposer chez lui, un objet fétiche, par exemple une gorgone qui va dépérir et perdre au fil du temps les couleurs qui faisaient son attrait.

Par ce type d'actions, mêmes réduites par le nombre, il contribuera, par son égoïsme, à la destruction de cette richesse commune.

N'évoluez pas trop près du fond.

Ne palmez pas trop près du fond, soyez correctement équilibré à l'aide de votre gilet de remontée pour éviter de détruire la faune fragile fixée sur le fond : gorgones, éponges...

N'est-il pas désolant de passer derrière certaines palanquées qui labourent véritablement le fond détruisant tout sur leur passage ?

LA RÉGLEMENTATION RELATIVE À LA FAUNE ET À LA FLORE SOUS-MARINE

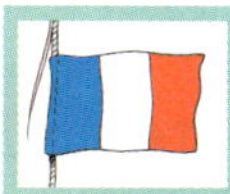

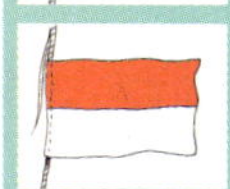

Les lois française et monégasque interdisent au plongeur équipé de scaphandre autonome de remonter tout organisme vivant et de pratiquer la pêche sous-marine (voir pages 30 à 31).

Au Québec, la plongée dans les parcs nationaux, provinciaux et réserves fauniques est soumise à des autorisations préalables.

Dans les eaux intérieures, la pêche sous-marine peut être pratiquée dans certaines zones, en bouteille. De plus, la pêche sous-marine est autorisée de nuit à l'aide de lampe.

La FQAS (voir pages 58 à 60) n'encourage pas ces pratiques qu'elle considère comme non respectueuses de l'équilibre écologique.

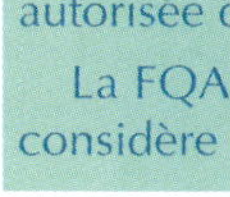

Pour vous renseigner sur la réglementation provinciale, procurez-vous la brochure "La pêche sportive au Québec" éditée annuellement par le Ministère de l'environnement et de la faune qui réglemente cette activité. Les eaux maritimes de l'est du Canada ne sont pas soumises à la même réglementation, elles relèvent de la juridiction fédérale.

Le Ministère des Pêches et Océans qui réglemente ce domaine interdit toute forme de pêche sous-marine.

LA PROTECTION DU PATRIMOINE HISTORIQUE

L'OBJET ARCHÉOLOGIQUE : UNE SOURCE DE RENSEIGNEMENTS SCIENTIFIQUES

Le fait de déplacer ou de remonter un objet archéologique peut nuire à l'analyse scientifique faite par les archéologues d'un chantier de fouilles.

En effet, l'aspect archéologique isolé de son contexte de découverte n'a qu'une valeur purement symbolique. C'est l'exploitation de l'ensemble des indices trouvés sur un chantier de fouilles qui va concourir à enrichir les connaissances sur une période de notre histoire.

LA RÉGLEMENTATION RELATIVE AU PATRIMOINE HISTORIQUE

La législation des différents pays francophones interdit à quiconque de toucher à tout objet archéologique et impose de déclarer le lieu de la découverte auprès des autorités administratives. Notamment, nul ne peut procéder à des prospections à l'aide de matériels spécialisés permettant d'établir la localisation d'un bien culturel, à des fouilles ou à des sondages sans en avoir, au préalable obtenu l'autorisation administrative.

De plus, tout déplacement d'un bien ou tout prélèvement sur celui-ci est soumis, dans les mêmes conditions à l'obtention préalable d'une autorisation administrative.

En France (loi n°89-874 du 01/12/89), la déclaration doit être faite dans les 48 heures de la découverte d'un bien culturel maritime ou de l'arrivée au premier port.

Cette formalité doit être effectuée auprès du quartier des affaires maritimes le plus proche du lieu de la découverte ou du premier port d'arrivée.

OBJECTIF N°33

La mise à l'eau à partir d'une plage

INTÉRÊT PRATIQUE

Cette mise à l'eau permet, comme son nom l'indique, de se mettre à l'eau à partir d'un plan incliné tel qu'une plage.

Critères de réussite acceptables : vous devez être capable de vous mettre à l'eau à partir d'une plage sans chuter.

Conditions de réalisation : mer peu agitée, sans trop de ressac ; terrain peu incliné, non glissant et présence d'obstacles limitée (rochers...).

Exercice n° 1

Mettez-vous à l'eau d'une plage sans chuter.

- Équipez-vous de l'ensemble de votre matériel sauf de vos palmes.
- Rejoignez la proximité du bord et chaussez vos palmes.
- Visualisez d'éventuels obstacles sur votre parcours de mise à l'eau.
- Déplacez-vous dos à la mer en vous retournant régulièrement afin d'évaluer le chemin restant à parcourir.
- S'il y a des vagues, déplacez-vous de côté afin de pouvoir les surveiller.
- Fléchissez les genoux pour amortir le choc des vagues.

- Immergez-vous sur signe de votre moniteur lorsque vous avez de l'eau au niveau du thorax.

Pour réaliser l'exercice n° 1 avec bouteille, suivez les mêmes consignes ; mais à proximité du bord, positionnez votre détendeur en bouche après avoir vérifié son fonctionnement, conservez-le en bouche durant l'ensemble de votre mise à l'eau.

OBJECTIF N° 34

Premières plongées en milieu naturel

INTÉRÊT PRATIQUE

Vous avez suivi un apprentissage en piscine ou en milieu naturel aménagé et vous allez être confronté à un milieu variant : la mer, le lac, la rivière...

Cette première plongée en milieu naturel va constituer pour vous un second baptême ; vous allez découvrir le monde sous-marin.

Critères de réussite acceptables : vous devez être capable de réaliser une plongée d'exploration encadrée.

Conditions de réalisation : de jour, visibilité égale ou supérieure à 5 mètres, profondeur correspondant au niveau d'évolution du niveau 1/plongeur ☆, mer calme.

Exercice n° 1

Réalisez une balade de 30 minutes, en partant du bord.

- Vérifiez votre matériel deux par deux.
- Écoutez attentivement les indications données par votre moniteur.
- Mettez-vous à l'eau après votre moniteur.
- Restez groupés à proximité de votre moniteur durant l'ensemble de la plongée.
- Signalez toute anomalie.
- Votre moniteur sort de l'eau en dernier.

VARIANTES

Après avoir réussi l'exercice n° 1, essayez de le réaliser :

1. à la suite d'une descente en pleine eau le long d'un pendeur ou d'un mouillage.
2. même exercice que le (1) mais sans pendeur ou mouillage.

Plonger à partir d'un bateau

INTÉRÊT PRATIQUE

Le bateau est un moyen de transport très utilisé en plongée. Il permet de rallier plus ou moins rapidement des sites de plongée qui ne sont pas accessibles depuis le bord. Nous allons voir à la suite, des conseils qui vous seront utiles pour voyager et plonger dans de bonnes conditions.

PLONGER À PARTIR D'UNE PETITE EMBARCATION

Nous entendons par petites embarcations, des bateaux qui ont un faible franc-bord qui permet de se mettre à l'eau par bascule arrière.

Il s'agit des pneumatiques, canots à moteur, dinghys ou barges...

Certains, tels que les pneumatiques ou certaines barges permettent de partir ou d'atterrir sur une plage.

AVANT D'EMBARQUER

Dans ce type d'embarcation, l'espace est restreint pour transporter le matériel et s'équiper. De plus, lors du trajet, il y a souvent des embruns.

Pour ces raisons, équipez-vous de votre combinaison avant d'embarquer et n'embarquez que le strict minimum.

Prévoyez un coupe-vent que vous porterez selon le cas sur votre combinaison afin d'éviter d'avoir froid. En effet, il faut prendre en compte, en plus, des conditions météo, le vent apparent créé par la vitesse du bateau qui est source de refroidissement.

Avant d'embarquer, vérifiez la pression de votre bouteille, que son joint torique est en bon état et que vous disposez de l'ensemble de votre matériel de plongée. Utilisez le check-list (page 136) ou visualisez-vous mentalement en train de vous équiper.

Vu le peu de place pour s'équiper à bord, montez votre gilet et détendeur sur votre bouteille.

Une caisse ou un sac commun sera embarqué pour ranger le petit matériel du groupe : palmes, masques, tubas, lampes...

Embarquement et rangement du matériel

Faites attention à certains planchers ou ponts de bateau qui sont particulièrement glissants, c'est le cas notamment des planchers en aluminium de certains pneumatiques.

Si le bateau est stationné face aux vagues pour partir d'une plage, ne restez jamais à proximité entre le bateau et la plage. Une vague qui pourrait l'emporter risquerait de vous blesser.

Préférez transporter le petit matériel rangé dans une caisse ou un sac afin d'éviter qu'il ne tombe à l'eau.

S'il n'y a pas de rack, les bouteilles seront rangées et calées dans le sens de la longueur du bateau afin d'éviter qu'elles roulent.

Les gilets de remontée seront dégonflés et lovés autour de la bouteille à l'aide de la sangle ventrale, tout en protégeant le détendeur.

Le matériel est lourd et il faudra veiller à le répartir de façon à bien équilibrer l'embarcation.

Vérifiez avant de partir que le matériel est bien calé et qu'il ne risque pas de tomber à l'eau à cause de la vitesse du bateau.

Lors des manœuvres

Ne gênez pas le pilote dans ses différentes manœuvres. Placez-vous de manière à ne pas gêner sa visibilité et sa conduite s'il pilote à l'aide d'une barre franche. Aidez-le, s'il vous le demande, en suivant ses instructions.

Lors du trajet

Placez-vous à l'arrière de manière à équilibrer l'assiette du bateau.

Si vous êtes sujet au mal de mer, placez-vous complètement à l'arrière, endroit le plus stable et confortable. Évitez de respirer les odeurs d'essence qui se dégagent de la nourrice.

Fixez l'horizon ou la côte et occupez-vous l'esprit en discutant par exemple avec un coéquipier.

Préparation et mise à l'eau

Évitez de vous déplacer d'un bord sur l'autre en fonction du type d'embarcation car cela peut la rendre instable.

L'équipement et la mise à l'eau se font individuellement ou par petits groupes afin d'éviter de se gêner mutuellement.

Une fois le matériel capelé et vérifié, la mise à l'eau est effectuée par bascule arrière sur signe du pilote du bateau.

A bord d'un pneumatique, il est aussi possible de se mettre à l'eau dans un premier temps et de capeler dans un deuxième temps son scaphandre dans l'eau (voir pages 262 à 264).

Sortie de l'eau et rangement du matériel

Si l'embarcation ne possède pas d'échelle rigide, la sortie de l'eau est réalisée après avoir fait passer sa bouteille et ceinture de lest à un coéquipier monté à bord. Pour vous hisser à bord d'un pneumatique, utilisez la saisine qui courre le long des boudins et le palmage de sustentation.

Après être remonté, rangez votre bouteille et votre petit matériel car le désordre s'installe rapidement à bord, au fur et à mesure que les plongeurs remontent.

Avant que le bateau appareille, vérifiez que le matériel est bien calé et qu'il ne risque pas de tomber à l'eau.

DÉBARQUEMENT

Sur ordre du pilote, débarquez du bateau sans le rendre instable. Le matériel sera passé par une personne restée à bord et débarqué sur la terre ferme.

PLONGER À PARTIR D'UNE GROSSE EMBARCATION

Nous entendons par grosses embarcations, des bateaux de taille conséquente qui ont un franc-bord élevé qui ne permet pas de se mettre à l'eau par bascule arrière. Il s'agit des vedettes, chalutiers, langoustiers, cabin-cruisers, trawlers, yachts...

AVANT D'EMBARQUER

Vérifiez que vous n'avez rien oublié en utilisant un check-list (voir page 136) ou en vous visualisant mentalement en train de vous équiper.

Le plus souvent, ce type de bateau possède une cabine qui permet d'abriter les affaires au sec et dans certains cas les passagers.

Prévoyez des vêtements adaptés aux conditions climatiques que vous mettrez dans un sac à part.

Avant d'embarquer, vérifiez la pression de votre bouteille, qu'elle possède un joint torique en bon état.

EMBARQUEMENT ET RANGEMENT DU MATÉRIEL

Faites attention à certains ponts de bateau qui sont particulièrement glissants, évitez de porter des sandales en plastique, préférez porter des chaussures de sport équipées de semelles antidérapantes.

Embarquez votre matériel à bord et rangez-le à proximité de celui de votre guide ou chef de palanquée ou moniteur.

Le regroupement par palanquée, surtout lorsque le nombre de personnes embarquées est important, facilite la communication lors du briefing, la préparation et la mise à l'eau.

Rangez votre sac à même le pont sans qu'il encombre le passage.

Votre bouteille sera fixée dans un rack prévu à cet effet pour qu'elle ne puisse pas tomber lors du trajet.

LORS DES MANŒUVRES

Ne limitez pas la visibilité du pilote lors de ses différentes manœuvres et aidez-le, en suivant ses instructions.

LORS DU TRAJET

Si vous êtes sujet au mal de mer, restez à l'air frais, au centre du bateau et évitez les positions extrêmes, confinement et les fortes odeurs (tabac, gasoil...). Fixez l'horizon ou la côte et occupez-vous l'esprit en discutant par exemple avec un coéquipier. En cas de mer formée, vérifiez la bonne fixation de votre bouteille.

Préparation et mise à l'eau

Préparez votre scaphandre et équipez-vous sur ordre de votre moniteur ou guide ou chef de palanquée. Vérifiez par binôme votre matériel. La mise à l'eau se fait par palanquée sur ordre du pilote du bateau.

Sortie de l'eau et rangement du matériel

Ne restez pas sous l'échelle du bateau lorsque quelqu'un remonte. Remontez l'embout conservé en bouche.

Après être remonté, dégagez le haut de l'échelle pour ne pas bloquer la remontée des autres plongeurs. Déséquipez-vous et arrimez votre bouteille dans son rack avant de ranger votre matériel de plongée. Baissez votre réserve si vous en possédez une.

Avant que le bateau appareille, vérifiez que le matériel est bien calé et qu'il ne risque pas de tomber à l'eau.

Débarquement

Vérifiez que vous n'avez rien oublié à bord.

Sur ordre du pilote, débarquez avec votre matériel.

OBJECTIF N°35

La mise à l'eau par bascule arrière

INTÉRÊT PRATIQUE

Vous emploierez cette technique pour vous mettre à l'eau d'un lieu peu élevé (inférieur à 50 cm) et manquant de stabilité, tels qu'un bateau pneumatique ou une petite embarcation.

Critères de réussite acceptables : vous devez être capable de vous mettre à l'eau par bascule arrière, sans vriller, masque et embout conservés à poste.

Conditions de réalisation : de jour, visibilité égale ou supérieure à 5 mètres, en pleine eau, profondeur correspondant au niveau d'évolution du niveau 1/plongeur ☆ (zone des 20 mètres), mer calme à peu agitée.

Exercice n° 1

Mettez-vous à l'eau par bascule arrière.

- Assurez-vous que la zone de saut est dégagée.

L'embout en bouche, asseyez-vous dos au point de chute, les fesses positionnées à l'extérieur.

- Maintenez votre masque et votre embout à l'aide d'une main.
- Visualisez un point fixe à l'horizon, jambes jointes et tendues, tout en vous laissant chuter en arrière.

Pour réaliser l'exercice n° 1, avec bouteille, suivez les mêmes consignes mais votre main libre tire la sangle de la bouteille vers le bas, pour la caler, si vous ne possédez pas de gilet.

DIFFICULTÉS

❑ Si vous réalisez la bascule trop près du bord, à plat dos

Donnez une légère impulsion des jambes pour aider la bascule.

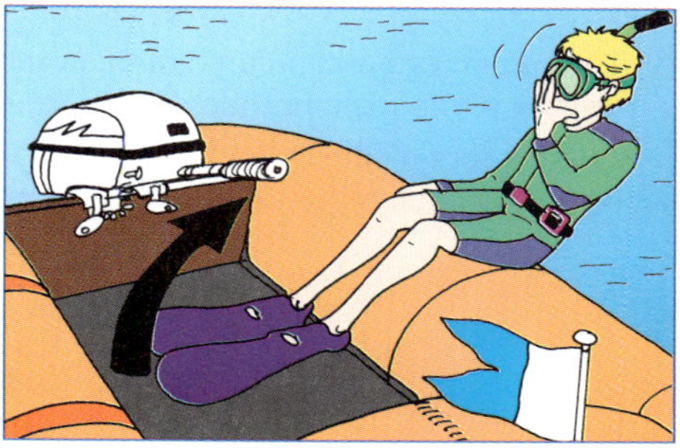

Le carnet de plongée

INTÉRÊT PRATIQUE

Le carnet de plongée permettra au moniteur qui ne vous connaît pas d'apprécier dans une certaine mesure votre vécu en plongée. Pour cette raison, il faut l'apporter lors de vos plongées, séjours, stages... D'autre part, il vous servira de carnet souvenir, vous permettant de vous remémorer vos plongées passées.

SA PRÉSENTATION

Il existe différents modèles qui diffèrent selon l'organisme de formation pour lequel vous avez opté.

D'autre part, la marque Spiro® commercialise un "Passeport Plongée" qui est plus qu'un carnet de plongée.

Son format de poche est pratique et il est vendu dans une pochette plastique afin de le protéger des projections d'eau. Il permet de consigner 50 plongées en disposant de suffisamment de place pour noter tous vos commentaires.

Il contient également un grand nombre de conseils et d'informations utiles au plongeur.

Certains sont d'ailleurs traduits en anglais pour faciliter vos contacts lors de séjours à l'étranger.

Son utilisation

Remplissez-le soigneusement au fur et à mesure de vos plongées.

Précisez dans les emplacements prévus à cet effet : la date, le lieu de plongée, la profondeur maximale atteinte, le temps de plongée (voir page 266).

N'hésitez pas à préciser dans les observations : le nom des participants, l'intérêt de la plongée, ce qui vous a plu, les conditions de plongée, les faits marquants, les exercices réalisés s'il s'agit d'une plongée technique, l'heure de sortie...

Faites signer et tamponner vos plongées par votre moniteur.

Lorsque vous plongez avec un moniteur qui ne vous connaît pas, n'oubliez pas de lui présenter votre carnet de plongée. Le fait d'avoir un aperçu de votre expérience en plongée, lui permettra de vous proposer plus facilement des conditions de plongée qui vous sont adaptées.

OBJECTIF N°36

La remontée contrôlée

INTÉRÊT PRATIQUE

Nous avons vu que pour le niveau 1/plongeur ☆, votre guide ou chef de palanquée vous indique la vitesse de remontée à respecter (voir page 277) ; son niveau d'évolution étant la limite supérieure à ne pas dépasser. Mais vous pouvez perdre par mégarde votre palanquée (inattention, visibilité réduite...) ; il est donc primordial de savoir remonter à la bonne vitesse, en surface.

Critères de réussite acceptables : vous devez être capable, sur un signal de votre moniteur, de remonter à la bonne vitesse en surface, en vous aidant uniquement des plus petites bulles et d'effectuer la procédure à suivre en cas de perte de palanquée.

Conditions de réalisation : de jour, visibilité égale ou supérieure à 5 mètres, en pleine eau, profondeur correspondant au niveau d'évolution du niveau 1/plongeur ☆ (zone des 20 mètres).

Exercice n° 1

Remontez de 5 mètres en restant au même niveau que votre moniteur.

- Purgez entièrement votre gilet de remontée, si vous en possédez un.
- Envisagez la procédure de sécurité en cas de remontée trop rapide. (voir page 279).
- En aucun cas, vous ne devez être moins profond que votre moniteur.
- Restez groupés autour de votre moniteur sans être trop près, pour visualiser ses signes éventuels.
- Soyez attentif à ses instructions.
- Respirez normalement durant toute la remontée.

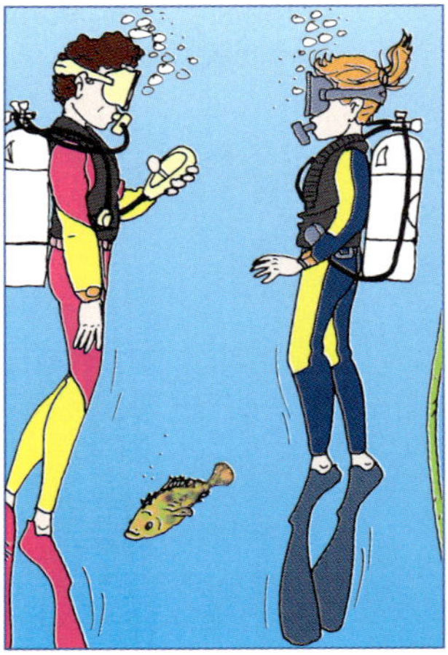

VARIANTES

Après avoir réussi l'exercice n° 1, essayez de le réaliser :

1. de 20 à 10 mètres.
2. de 10 mètres à la surface.
3. de 20 mètres à la surface.

Exercice n° 2

Remontez de 5 mètres en vous aidant des plus petites bulles.

Mêmes consignes que pour l'exercice n° 1 page 316, mais :

- Durant toute la remontée, visualisez vos plus petites bulles.
- La vitesse de remontée des plus petites bulles expirées correspond environ à une vitesse de remontée de 17 à 20 mètres/mn (57 à 67 pieds/mn).
- En aucun cas, vous ne devez être situé plus haut que vos plus petites bulles expirées.
- Remontez à la vitesse préconisée par les tables de plongée que vous utilisez.
- Votre remontée doit être continue, vous ne devez pas redescendre.

VARIANTES

Après avoir réussi l'exercice n° 2, essayez de le réaliser selon les mêmes variantes que pour l'exercice n° 1 page 317, puis :

1. à la suite de la remontée, réalisez la procédure à suivre en cas de remontée trop rapide accompagné de votre moniteur.
2. réalisez la procédure à suivre en cas de perte de palanquée accompagné de votre moniteur, en réalisant une remontée.

Exercice n° 3

Remontez de 5 mètres en contrôlant votre vitesse à l'aide d'un profondimètre.

Mêmes consignes que pour l'exercice n° 1 page 316, mais :

- Votre remontée doit être continue, vous ne devez pas redescendre.
- En fonction des tables de plongée utilisées, vous devez être remonté :

	Tables	remontée de	en comptant à haute voix jusqu'à
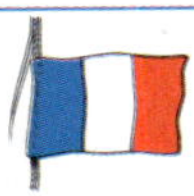	MN90	1 mètre	**≤ 4** (≈ 1 mètre en un peu moins de 4 secondes)
	MT92	1 mètre	**4** (1 mètre en 4 secondes)
	© LIFRAS 94	1 mètre	**6** (1 mètre en 6 secondes)
	© DCIEM 95	3 pieds ou 1 mètre	**≤ 4** (≈ 1 mètre en un peu moins de 4 secondes)
	© Bühlmann 86	1 mètre	**6** (1 mètre en 6 secondes)

Le poignard, la lampe ou le phare de plongée

LE POIGNARD DE PLONGÉE

Le poignard de plongée sert à couper les mailles d'un filet abandonné lorsqu'on s'est pris dedans par inadvertance ou pour prévenir sa palanquée en tapant avec sur sa bouteille lorsqu'on s'est perdu.

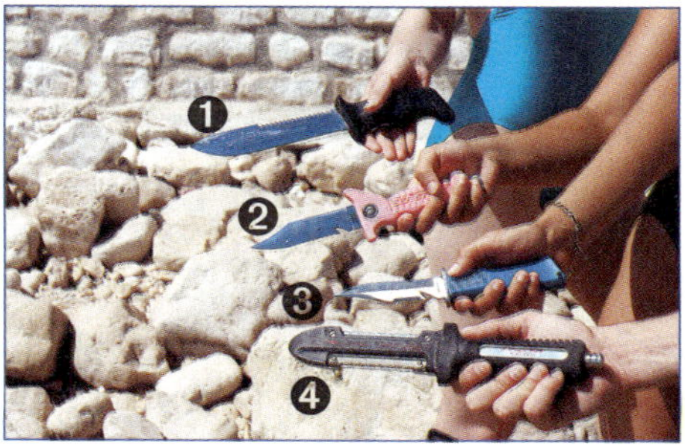

1. 2. et 3. poignards classiques.

4. poignard sans pointe, à lames interchangeables.

Le poignard de plongée doit posséder une lame en acier inoxydable (inox) large et résistante avec un tranchant et des dents de scie.

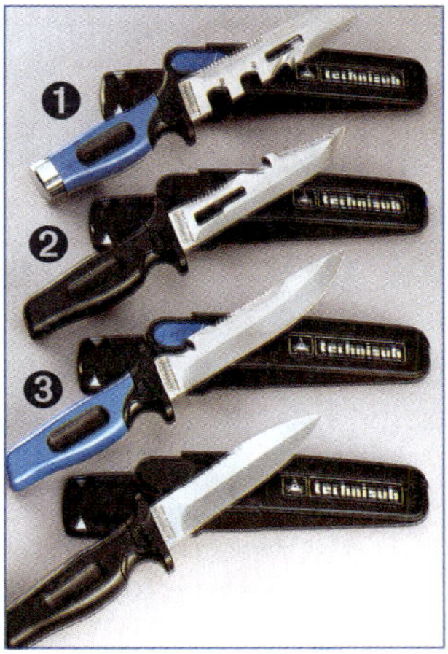

Il existe différentes formes de lames dont certaines intègrent des outils :

(1), (2) et (3) entaille coupe ligne qui sert à sectionner des cordelettes, des lignes de pêche - (1) et (2) démanilleur - (1) clefs de 14 et 16

Le poignard est fixé au mollet, à l'avant bras ou sur le gilet de remontée selon le cas.

Il est maintenu dans une gaine en plastique grâce à un système de maintien qui doit être fiable. Un système avec pinces moulées est à proscrire.

Les sangles de fixation doivent être en néoprène (non en plastique) pour éviter que la gaine ne flotte autour du mollet, au fond.

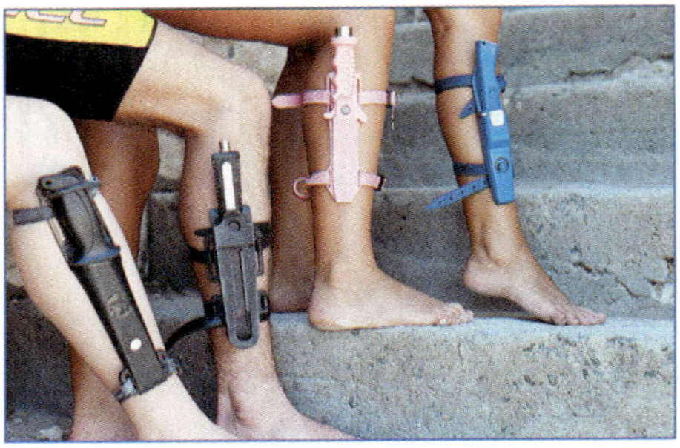

Toute lame, même fabriquée en inox de bonne qualité, rouille. Elle doit être rincée à l'eau douce après chaque plongée.

LA LAMPE OU LE PHARE DE PLONGÉE

Ils sont indispensables lors de la visite d'épaves ou d'une plongée de nuit. Ils peuvent, de jour, permettre de redonner aux couleurs leurs teintes réelles.

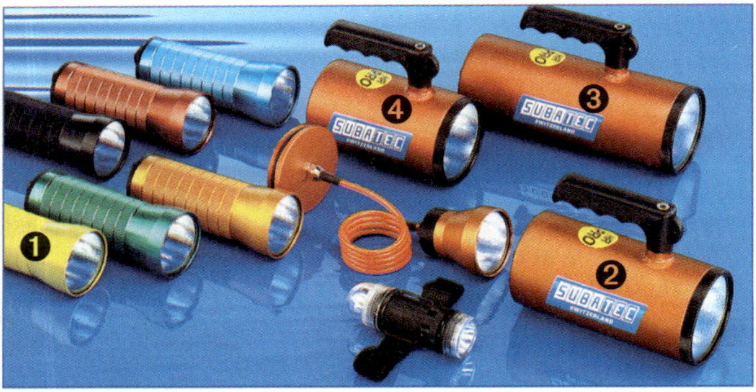

1. lampe de 6 à 35 watts - autonomie de 2 h 30 à 25 mn
2. phare de 20 à 175 watts - autonomie de 3 h 10 à 25 mn
3. phare de 20 à 175 watts - autonomie de 5 h 30 à 45 mn
4. phare de 10 à 80 watts - autonomie de 5 h 40 à 45 mn.

Ils sont alimentés par des piles ou des accus rechargeables selon le cas. L'étanchéité est assurée par un ou deux joints toriques. Pour être d'une qualité suffisante, ils doivent être garantis étanches au moins à quarante mètres.

OBJECTIF N°37

Le palier

INTÉRÊT PRATIQUE

Au niveau 1/plongeur ☆, vous plongerez dans la courbe des plongées sans palier, mais nous avons vu qu'il est conseillé d'effectuer malgré tout un palier de principe (voir page 273).

Lors d'un palier, il est important de contrôler et de maintenir sa profondeur de réalisation. Pour l'instant, c'est votre moniteur qui contrôle la durée du palier.

CRITÈRES DE RÉUSSITE ACCEPTABLES : vous devez être capable d'effectuer un palier de principe, en contrôlant votre profondeur et en restant dans la fourchette des 3-4 mètres.

CONDITIONS DE RÉALISATION : de jour, visibilité égale ou supérieure à 5 mètres, en pleine eau, profondeur correspondant au niveau d'évolution du niveau 1/plongeur ☆ (zone des 20 mètres).

Exercice n° 1

Réalisez un palier de principe, le long d'un pendeur étalonné.

- Vous êtes sur réserve (50 bars ou 720 lbs/po²).
- N'utilisez pas vos bras pour vous équilibrer.
- Maintenez-vous au même niveau que le repère matérialisé sur le pendeur.
- Vous ne devez en aucun cas toucher le pendeur ou le fond ou émerger.
- Respirez amplement durant l'ensemble du palier.

VARIANTES

Après avoir réussi l'exercice n° 1, essayez de le réaliser :

1. en pleine eau.

2. même variante que (1) mais avec une mer légèrement agitée.

Exercice n° 2

Réalisez un palier de principe, en vous maintenant au même niveau que votre moniteur.

Mêmes consignes que pour l'exercice n° 1 page 321.

VARIANTES

Après avoir réussi l'exercice n° 2, essayez de le réaliser selon les mêmes variantes que l'exercice n° 1 page 321.

Exercice n° 3

Réalisez un palier de principe à l'aide d'un profondimètre.

Mêmes consignes que pour l'exercice n° 1 page 321, mais vous contrôlez votre profondeur à l'aide d'un profondimètre ou ordinateur de plongée.

VARIANTES

Après avoir réussi l'exercice n° 3, essayez de le réaliser selon les mêmes variantes que l'exercice n° 1 page 321.

Le passeport de plongée

INTÉRÊT PRATIQUE

Sur ce carnet, vous ferez valider vos qualifications en plongée et vous conserverez un certain nombre d'informations utiles.

Il permettra au moniteur qui ne vous connaît pas de prendre connaissance de vos qualifications.

SA PRÉSENTATION

Il existe différents modèles qui diffèrent selon l'organisme de formation pour lequel vous avez opté.

SON UTILISATION

Remplissez-le soigneusement lors de son acquisition : identité, personne à prévenir en cas d'accident, adresses utiles...

Faites-le remplir par votre médecin lors de votre visite médicale pour attester de votre aptitude à plonger.

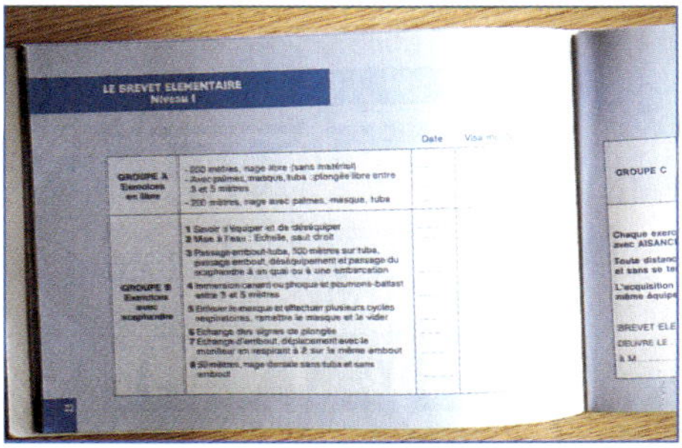

Faites valider vos groupes d'épreuves et qualifications par votre moniteur, en fin de formation.

Lorsque vous plongez avec un moniteur qui ne vous connaît pas, présentez-lui votre passeport qui atteste de vos qualifications en plongée.

Les équivalences internationales

INTÉRÊT PRATIQUE

Si vous désirez faire reconnaître votre niveau de plongée, lors d'un séjour à l'étranger, il est utile de demander une équivalence internationale.

CMAS (Confédération Mondiale des Activités Subaquatiques)
Viale Tiziano, 74 - 00196 Rome - Italie
Tel. +39 6 36 85 84 80 - Fax +39 6 36 85 84 90
Internet : http://www.cmas.org

La CMAS (voir pages 40 à 43) qui est représentée et reconnue sur cinq continents et dans plus de quatre-vingt dix pays de par le monde délivre par le biais de ses fédérations nationales ou groupements nationaux (voir pages 44 à 63) des brevets de plongeurs internationaux par équivalence.

Sur votre demande, au vu de votre diplôme national, vous sera délivrée une carte brevet double face par votre fédération nationale ou ses organismes décentralisés. Elle comporte votre qualification nationale et votre équivalence de niveau international CMAS.

Avec votre brevet élémentaire/Niveau 1 (FFESSM), plongeur ☆ (LIFRAS et FSSS), plongeur élémentaire (FQAS), vous pouvez obtenir par équivalence le niveau de "Plongeur/Diver ☆ CMAS" (voir pages 43 et 329).

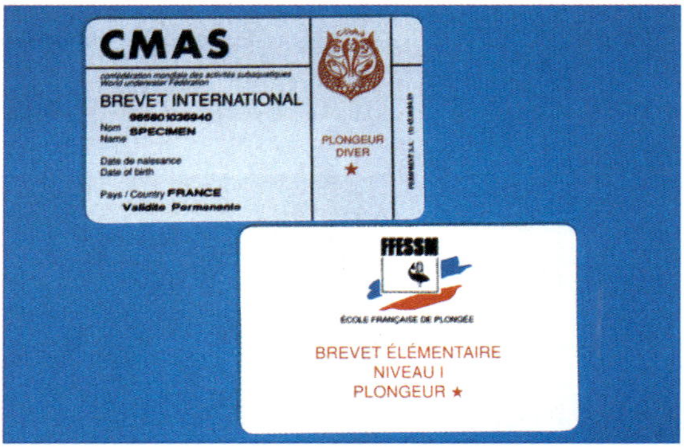

C.E.D.I.P. (European Committee of Professional Diving Instructors)
62, avenue des Pins du Cap - 06160 Antibes / Juan les Pins - France
Tel. 04 93 61 45 45 - Fax 04 93 67 34 93
Siège social : Beatrijslaan, 25 - 2050 Antwerpen - Belgique
Tel. 032 19 69 67 - Fax 032 19 77 00

Le CEDIP (voir page 65) qui regroupe à ce jour dix organisations européennes de moniteurs professionnels de plongée délivre par le biais de ses organisations nationales, une carte brevet utilisant une ligne commune mais qui se distingue d'un pays à l'autre de la Communauté Européenne par la langue et le drapeau.

Des attestations de niveau de pratique peuvent être délivrées par des moniteurs membres du CEDIP à des plongeurs qualifiés, en prenant en compte leur cursus de formation, leur niveau de pratique et leurs prérogatives.

Le plongeur Niveau 1/☆ (ANMP), l'open diver ☆ (UMPM/BTLV) correspondent à l'équivalence de niveau "Plongeur/Diver ☆ CEDIP".

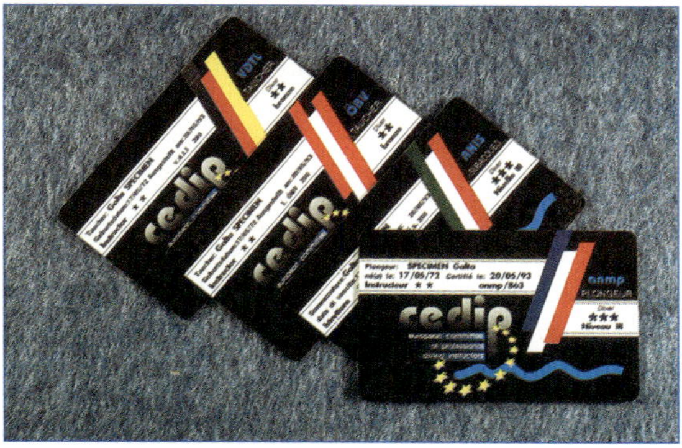

Test de contrôle (solutions page 352)

■ Questions éliminatoires

1 *Vous effectuez une manœuvre de valsalva :*

- ❑ **a**. à la remontée
- ❑ **b**. à la descente
- ❑ **c**. au palier

2 *Lorsque vous ressentez une gêne au niveau des oreilles :*

- ❑ **a**. vous soufflez dans votre masque
- ❑ **b**. vous soufflez de l'air par le nez, le nez pincé et la bouche fermée

3 *Lorsque votre masque se plaque :*

- ❑ **a**. vous soufflez de l'air dans votre masque
- ❑ **b**. vous le videz

4 *En cas de problème pour équilibrer les oreilles :*

- ❑ **a**. vous prévenez votre guide ou chef de palanquée
- ❑ **b**. vous effectuez une manœuvre de valsalva, en forçant l'expiration de l'air que vous insufflez

5 *Lors de la remontée :*

- ❑ **a**. vous pouvez bloquer votre respiration pour économiser votre air
- ❑ **b**. vous remontez en respirant normalement en insistant légèrement sur l'expiration

6 *Quel accident arrive à la descente ?*

- ❑ **a**. la surpression pulmonaire
- ❑ **b**. le placage de masque

7 *En cas d'essoufflement, vous devez :*

- ❑ **a**. remonter d'une dizaine de mètres
- ❑ **b**. arrêter tout mouvement et vous forcer à expirer
- ❑ **c**. le signaler à votre guide ou chef de palanquée
- ❑ **d**. vous mettre en apnée pour enrayer le processus

8 ***Lorsque vous découvrez un objet archéologique isolé en plongée, vous devez :***

- ❑ **a**. le remonter et le déclarer aux autorités
- ❑ **b**. le laisser et le déclarer aux autorités

9 ***La pêche sous-marine est autorisée :***

- ❑ **a**. avec bouteille de plongée
- ❑ **b**. à l'aide d'une lampe
- ❑ **c**. sans bouteille de plongée

10 ***En plongée scaphandre, il est autorisé de remonter :***

- ❑ **a**. aucun organisme vivant
- ❑ **b**. des coquillages
- ❑ **c**. la faune fixée
- ❑ **d**. une amphore par plongée

11 PERFECTIONNEMENT DAUPHIN 4

Vous reprendrez les trois niveaux d'initiation (dauphins 1 2 3) en réalisant de nouveau certaines variantes des exercices, mais dans un milieu voulu de plus en plus contraignant et s'approchant progressivement des conditions de réalisation précisées pour chaque objectif pratique.

Cette période est propice à la vérification de l'acquisition des objectifs.

Lors des plongées d'exploration, qui développeront votre aisance, consacrez du temps pour travailler ce niveau et pour vous évaluer par rapport aux objectifs pratiques.

LES BREVETS ET FORMATIONS DE NIVEAU 1/PLONGEUR ☆

La qualification de plongeur niveau 1 est employée principalement en France. Dans les autres pays francophones, on se référera au niveau de plongeur ☆ CMAS ou CEDIP selon le cas.

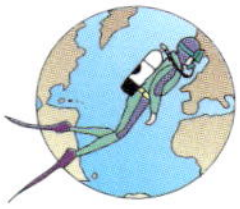

PLONGEUR ☆ CMAS

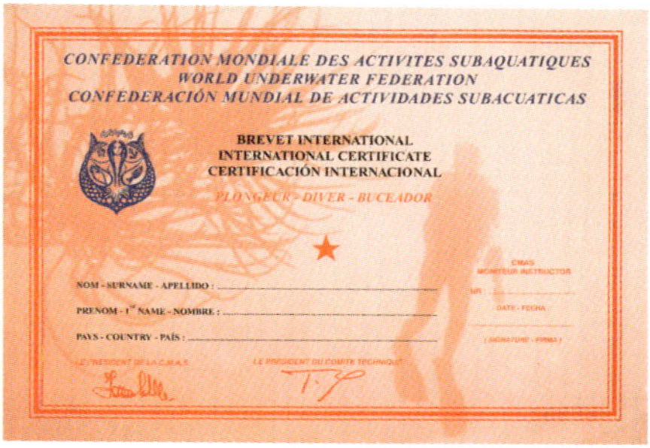
CONFEDERATION MONDIALE DES ACTIVITES SUBAQUATIQUES
WORLD UNDERWATER FEDERATION
CONFEDERACIÓN MUNDIAL DE ACTIVIDADES SUBACUATICAS

BREVET INTERNATIONAL
INTERNATIONAL CERTIFICATE
CERTIFICACIÓN INTERNACIONAL
PLONGEUR - DIVER - BUCEADOR

★

NOM - SURNAME - APELLIDO :
PRENOM - 1st NAME - NOMBRE :
PAYS - COUNTRY - PAÍS :

CMAS MONITEUR INSTRUCTOR
DATE - FECHA
(SIGNATURE - FIRMA)

LE PRESIDENT DE LA C.M.A.S.
LE PRESIDENT DU COMITE TECHNIQUE

DÉFINITION

Le plongeur ☆ CMAS est capable d'utiliser de façon correcte et sûre tout le matériel de plongée adapté à son niveau dans une zone aquatique abritée et de plonger en compagnie d'un plongeur expérimenté.

PRÉ REQUIS

14 ans.

CONTENU DE LA FORMATION

Connaissance

Compréhension basique de :

- relations pression/volume et leur effet sur le plongeur et son équipement.
- conditions de vie sous pression, ainsi que les complications causées par le fait d'être sous l'eau.
- le but, la fonction et les caractéristiques de l'équipement de plongée sportive utilisé en formation et son utilisation correcte.
- les règles de la plongée en sécurité, d'auto-assistance et les procédures élémentaires de sauvetage.
- les techniques de plongée sans décompression.

Compétences

Être compétent dans la préparation, l'entretien et l'utilisation de l'équipement de "plongée loisir", le contrôle de la flottabilité, le maintien hors de l'eau des voies aériennes en surface.

Être capable de contrôler son déplacement dans toutes les directions et de nager en utilisant efficacement et avec économie ses palmes.

Être capable d'entrer et de sortir de l'eau en toute sécurité.

Être capable de réaliser des techniques de remontée contrôlée en cas de problème et des techniques de base de sauvetage de son équipier.

Être capable de se comporter comme membre d'une palanquée supervisée et faire preuve de la discipline nécessaire.

Pour être proposé à la certification, le plongeur ☆ CMAS doit avoir réalisé un minimum de 5 plongées en milieu naturel.

ÉVALUATION

Dans le cadre du contrôle continu, les connaissances et compétences ci-dessus sont évaluées à différents moments de la formation et le brevet n'est délivré que lorsque le plongeur est jugé comme ayant atteint le standard requis.

Afin d'atteindre le niveau plongeur ☆ CMAS, les élèves doivent faire preuve durant la formation de leur capacité à faire les choses suivantes dans une eau "abritée" :

1. Entrer dans l'eau en sautant ou plongeant et nager en nage libre au moins 100 mètres, sans équipement.
2. Préparer et ajuster le matériel de plongée, comprenant la bouteille, le détendeur, le gilet de remontée, le masque, les palmes, la ceinture de lest, le tuba, une combinaison adaptée aux conditions envisagées et d'autres accessoires.
3. Maîtriser les techniques pour entrer et sortir de l'eau dans différentes conditions : jetée, bateau de plongée, faible embarcation, plage.
4. Maîtriser les techniques pour quitter la surface, faire une descente et faire une remontée contrôlée jusqu'à la surface.
5. Maîtriser les techniques pour se maintenir et s'assumer en surface, avec et sans utilisation du masque et du détendeur.
6. Remettre son masque, enlever et remettre son embout en bouche, sous l'eau.
7. Faire preuve d'aisance dans les techniques de respiration sur une source d'air de secours et/ou d'échange d'embout et leur utilisation en situation d'urgence ainsi que les signaux de sécurité associés.
8. Maîtriser les techniques de contrôle de sa flottabilité sous l'eau et de capacité à assurer une flottabilité positive en surface.

Un test oral ou écrit peut être utilisé pour établir que le niveau de connaissance du plongeur correspond au niveau de connaissance requis, précisé ci-dessus.

L'évaluation est normalement réalisée conformément aux règles de la fédération nationale, mais dans le cas où le niveau est décerné directement par une école de plongée reconnue par la CMAS, l'évaluation doit être réalisée par un instructeur au minimum niveau ☆☆ CMAS.

*Traduit et adapté de l'anglais d'après « Standards and Requirements » - CMAS - 1993

QUALIFICATION DU BREVET ÉLÉMENTAIRE NIVEAU 1 FFESSM

CONDITIONS DE CANDIDATURE

Être licencié à la FFESSM.

Être âgé de 14 ans au moins (autorisation du responsable légal pour les moins de 18 ans).

L'âge minimum peut être ramené à 12 ans sous les conditions suivantes :

1) demande formulée par l'enfant
2) demande de dérogation formulée par les parents auprès du Président du club
3) avis favorable du moniteur
4) avis favorable du Président du club
5) présentation d'un certificat favorable à la délivrance de ce brevet établi par un médecin fédéral

Être en possession d'un certificat médical de non contre-indication à la pratique de la plongée subaquatique établi depuis moins d'un an à la date d'exécution des épreuves.

ORGANISATION GÉNÉRALE

Les sessions du brevet élémentaire sont organisées à l'échelon du club, en formation continue ou sous la forme d'un examen ponctuel.

L'acquisition des groupes d'exercices A, B et C doit se faire au sein d'une même équipe pédagogique.

JURY

Les groupes d'exercices A, B et C jugés satisfaisants devront être signés par le responsable technique du club, ou par le président du Club après avis du responsable technique.

CONTRÔLE DES ACQUIS

Exercices pratiques

GROUPE A

Pour le groupe A, si la température de l'eau est inférieure à 18°C, le port minimum de la veste et de la cagoule est obligatoire.

De 18°C à 24°C, le port d'un vêtement est facultatif.

Lorsque le candidat est vêtu de cet équipement, il doit porter un lestage annulant la flottabilité de la protection isothermique.

Effectuer 200 mètres de nage libre, en continu, sans limitation de temps.

Avec palmes, masque et tuba.

- Descendre en apnée à une profondeur comprise entre 3 et 5 mètres.
- Parcourir 200 mètres, en nage ventrale, avec utilisation des bras.

GROUPE B

En préalable aux exercices du groupe B en immersion entre 3 et 5 mètres, le moniteur devra s'assurer, dans l'ordre chronologique ci-dessous :

a) que l'élève maîtrise la remontée en expiration de cette profondeur et effectue cette remontée en conservant impérativement l'embout en bouche.

b) que son élève est apte à remonter vers la surface par phases successives au cours desquelles il ôtera son détendeur de la bouche et le conservera en main, remontera en expiration en reprenant obligatoirement son détendeur au moins une fois au cours de la remontée afin d'effectuer un cycle ventilatoire complet (simulation de la reprise d'embout dans l'exercice d'échange).

Avec le scaphandre autonome :

- s'équiper et se déséquiper
- se mettre à l'eau par un moyen approprié à l'embarcation ou au lieu de plongée (de préférence par saut)
- à la suite d'une immersion, passer de l'embout au tuba, effectuer en surface un parcours de 100 mètres, repasser à l'embout, décapeler le scaphandre et le donner à un coéquipier (à quai ou sur une embarcation).
- s'immerger en canard et/ou en phoque et effectuer un exercice de poumon ballast entre 3 et 5 mètres
- enlever le masque et effectuer plusieurs cycles respiratoires, remettre le masque et le vider
- échanger les signes de plongée nécessaires à sa propre sécurité
- effectuer avec le moniteur un exercice de respiration à 2 sur un même embout en déplacement
- nager 50 mètres en nage dorsale, sans embout, ni tuba

CONNAISSANCES THÉORIQUES

GROUPE C

Questions orales portant sur :

- l'utilisation du matériel de plongée individuel (niveau élémentaire)
- la prévention des barotraumatiques
- les consignes de sécurité

PRÉROGATIVES

Plongées d'exploration encadrées, limitées à l'espace médian (zone de profondeur des 20 mètres).

Une palanquée de plongeurs de niveau 1 ne peut évoluer au-delà de l'espace médian.

A l'issue d'une formation adaptée, le directeur de plongée peut autoriser les plongeurs de niveau 1 à plonger en équipe dans une zone n'excédant pas 10 mètres. Cette zone de plongée doit être dépourvue de courants et présenter une visibilité verticale au moins égale à la profondeur. Aucun point de cette zone ne doit être éloigné de plus de 30 mètres d'un point fixe d'appui.

Cette zone est surveillée en surface par deux personnes dont l'une possède au moins le niveau 3 d'encadrement (MF1 ou BEES 1°) et l'autre un niveau 4 de plongeur au minimum, prêtes à intervenir à tout moment à l'aide d'une embarcation à moteur. Un des surveillants se tient en permanence équipé et paré à plonger.

Un même groupe de deux surveillants ne peut prendre en charge plus de cinq équipes.

Extrait du manuel du Moniteur - Brevets et Qualifications - Commission Technique Nationale - FFESSM - 17/06/95

BREVET ÉLÉMENTAIRE NIVEAU 1 FSGT

DÉFINITION DU NIVEAU

C'est la première phase de la formation du plongeur. Ce brevet représente l'aboutissement logique d'une saison complète d'entraînement physique et d'apprentissage technique qui lui permet de démontrer une aisance suffisante pour évoluer en sécurité dans l'environnement aquatique.

Le succès aux épreuves de ce brevet permet à son titulaire l'approche en toute sécurité des premières plongées dans la zone médiane avec un encadrant, comme défini dans les normes de sécurité.

CONDITIONS DE CANDIDATURES

Être âgé au moins de 12 ans à la remise du brevet.

Être licencié à la FSGT.

Être en possession d'un certificat médical de non contre-indication à la pratique de la plongée.

Pour les mineurs, présenter une autorisation parentale signée.

CURSUS DE FORMATION

Pour l'obtention de ce brevet, le candidat devra avoir validé sur son carnet de plongée au minimum 4 plongées d'exploration en milieu naturel sur un fond de 15 à 20 mètres en milieu naturel ou en fosse artificielle (il est demandé d'effectuer un contrôle de l'interprétation des signes en début de chaque plongée). Les épreuves 8 et 9 peuvent être incluses dans ces plongées suivant l'aisance de l'adhérent.

ORGANISATION DE L'EXAMEN

Le passage des épreuves de ce brevet est organisé au niveau du club par le Président ou le Responsable Technique du club.

Le brevet peut être acquis :

- en examen sanction
- en contrôle continu sur une période de douze mois
- en contrôle continu au cours de stages organisés par le Club

La validation des épreuves réussies est acquise sur une durée de douze mois (période entre la première et la dernière épreuve).

JURY

Un encadrant niveau II (Aspirant Fédéral).

DÉLIVRANCE DU BREVET

Brevet décerné sous la responsabilité conjointe du Président du Club et de l'encadrant ayant fait passer les épreuves.

Pour être valable, il doit être numéroté et frappé du tampon Club.

PRÉROGATIVES

Permet au titulaire de plonger en milieu naturel au sein d'une palanquée avec encadrement sur décision du Directeur de plongée dans le respect des règles de sécurité en vigueur.

❶ - ÉPREUVES PRATIQUES (milieu aquatique : piscine, mer, lac)

EN LIBRE SANS ÉQUIPEMENT

1. Après un départ plongé, réaliser 200 mètres en nage libre continue.

AVEC PALMES - MASQUE - TUBA

2. Démonstration des sauts usuels permettant de s'adapter aux situations courantes (droit - bascule) suivie de 200 mètres.
3. 100 mètres sur tuba, masque derrière la tête, face en immersion (nage sans les bras).

TOTALEMENT ÉQUIPÉ AVEC SCAPHANDRE

4. Présentation du matériel : équipement correct, montage du détendeur, réglage des sangles, lestage éventuel, déséquipement.
5. Saut au choix de l'examinateur, masque à la main : vidage de masque en immersion, OK surface, en palanquée effectuer 100 mètres (50 mètres sur tuba, 50 mètres sur embout), une minute de sustentation et déséquipement en surface (ceinture puis bloc à fixer ou à échanger avec un autre équipier).
6. Sur fond de 3 à 5 mètres : décapelage, OK. surface, canard, recapelage correct.
7. Interprétation des signes.

ÉPREUVE EN MILIEU NATUREL OU ARTIFICIEL AVEC ÉQUIPEMENT BOUÉE OU GILET

8. Parcours avec changement de direction, de profondeur et stabilisation entre deux eaux à niveau d'immersion constant, à la palme et/ou au moyen d'une enveloppe gonflable, bouée ou gilet.
9. D'un fond de 10 à 15 mètres, après exercice d'échange d'embout en déplacement, effectuer une remontée lente à 2 sur l'embout. Cet exercice est à réaliser avec l'examinateur après avoir effectué les signes de demande d'assistance correspondant.

❷ - ÉPREUVES THÉORIQUES (écrites et/ou orales)

ÉPREUVE PORTANT SUR LES CONNAISSANCES ÉLÉMENTAIRES

Du matériel utilisé par le plongeur : description, fonctionnement, montage, utilisation, entretien courant (rinçage...), dangers.

Lois physiques et leurs principales applications à la plongée (prévention des accidents).

Éléments de prévention des accidents : noyade, barotraumatismes, froid, essoufflement et intoxication, accidents de décompression.

Courbe de sécurité et utilisation des tables de plongée unitaire.

Déroulement général d'une plongée de type exploration : préparation de la plongée, ordre de mise à l'eau, descente, composition d'une palanquée et déplacement, consignes à appliquer en cas de perte de palanquée, la remontée, actions après la plongée.

D'après le recueil individuel des brevets FSGT PLONGÉE - 1995.

NIVEAU 1 - PLONGEUR ☆ ANMP

MODULE 1

ACCOUTUMANCE AU MILIEU

- Acquisition des bases de l'évolution aquatique
- Préparation à l'apprentissage des techniques de plongée
- Découvertes des sensations propres au milieu
- Accoutumance aux principales perturbations liées au milieu.

Validation en milieu naturel ou en piscine.

MODULE 2

TECHNIQUES ET CONNAISSANCES DE BASE

- Utilisation du matériel individuel
- Mises à l'eau et immersions
- Maîtrise de la respiration
- Déplacement en palanquée dans l'espace proche
- Communication avec son moniteur
- Prise en compte de sa propre sécurité
  - en surface
  - en immersion

Validation en milieu naturel ou en piscine. 4 à 6 séances environ.

Être capable de...

2/1 Gréer et dégréer son bloc.

2/2 S'équiper avec son matériel individuel, se déséquiper.

2/3 Se mettre à l'eau (d'un quai, d'un bateau...) et en sortir.

2/4 Se maintenir en surface (en palmant avec une bouée...).

2/5 Se déplacer avec et sans bloc.

2/6 Se déplacer en palanquée.

2/7 Respirer au moyen d'un tuba, d'un détendeur.

2/8 S'immerger et rejoindre le fond (espace proche).

2/9 Maîtriser son équilibre (poumon ballast avec ou sans bouée).

2/10 Contrôler son stock d'air.

2/11 Connaître et utiliser le code de communication.

2/12 Recevoir efficacement l'aide du moniteur.

2/13 S'intégrer dans une palanquée de 4 débutants avec moniteur.

2/14 Respecter la procédure de remontée fixée par le moniteur.

2/15 Maîtriser les éléments de sécurité (contrôle de l'expiration à la remontée, vidage du masque...)

2/16 Connaître des éléments de théorie : déroulement d'une plongée, principaux risques, notions de base sur le milieu et le matériel.

MODULE 3

Adaptation des techniques de base à l'espace médian

- Utilisation d'une bouée pour se stabiliser.
- Perfectionnement de la communication.
- Évolution en palanquée dans l'espace médian.

Validation en milieu naturel en 4 à 8 séances. Une partie de la formation peut être effectuée en fosses et en bassins dans l'espace médian.

Être capable de...

3/1 Utiliser toutes les techniques de base du module 2, dans l'espace médian.

3/2 Purger sa bouée en toute situation.

3/3 Maintenir un niveau d'immersion à l'aide de sa bouée.

3/4 Maîtriser l'utilisation du code de communication.

3/5 Participer à sa propre assistance.

3/6 Connaître son cadre réglementaire de pratique.

D'après le passeport de plongeur. Le guide de formation ANMP - Octobre 1996

PLONGEUR - NIVEAU 1 SNMP

Le **Niveau 1** est le premier niveau de technicité attribué au plongeur.

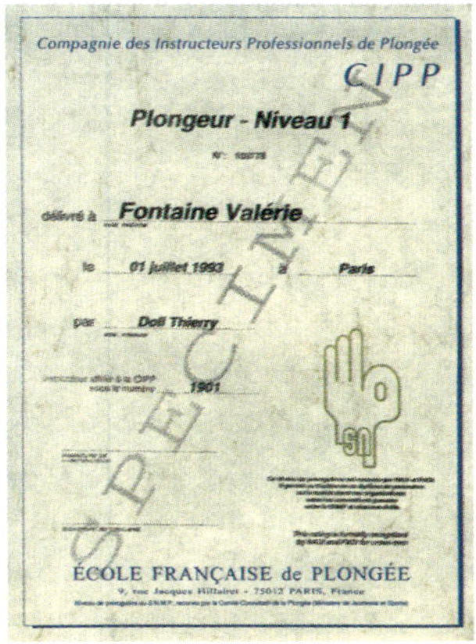

Compagnie des Instructeurs Professionnels de Plongée

CIPP

Plongeur - Niveau 1

délivré à Fontaine Valérie

le 01 juillet 1993 à Paris

par Doll Thierry

1901

SPECIMEN

ÉCOLE FRANÇAISE de PLONGÉE

PRÉROGATIVES

Un plongeur possédant ce niveau doit être capable d'évoluer en sécurité dans **l'espace médian** (zone comprise entre 0 et 20 mètres) au sein d'une palanquée **dirigée par un guide**.

La possession de ce premier niveau doit être le gage d'une technicité certaine et à ce titre, il doit être décerné avec mesure et discernement.

COMPÉTENCES

Pour parvenir à ce niveau, l'élève doit être capable de :

Se mettre à l'eau à partir d'un rivage ou d'une embarcation et y aborder en toute sécurité.

Ceci implique **qu'il sache** :

- vérifier son matériel et celui de ses co-équipiers
- s'équiper correctement

Qu'il sache réaliser :

- une mise à l'eau à partir d'un rivage et un retour au même endroit
- une mise à l'eau d'un bateau adaptée aux conditions de la plongée
- le décapelage en surface permettant soit de passer son matériel à une personne à bord d'une embarcation, soit de l'accrocher à un mousqueton, placé à cet effet à l'extérieur de l'embarcation.

Attendre en surface (exemple le retour du bateau, l'ordre de plonger).

Revenir à la palme soit au rivage, soit au bateau

Ceci implique **qu'il sache** :

- s'équilibrer en surface à l'aide d'une bouée de sustentation (gonflage buccal, et avec l'inflateur moyenne pression).

Qu'il sache réaliser :

- un palmage de sustentation
- un palmage de surface efficace et en particulier un parcours capelé sur embout, sur tuba, et sans embout ni tuba
- le passage embout-tuba et tuba-embout

S'immerger efficacement.

Se déplacer au fond correctement, suivre un moniteur et s'intégrer à une palanquée ;

S'intéresser au monde sous-marin ;

Réagir à un incident, et suivre les procédures de remontée ;

Faire surface en sécurité

Ceci implique **qu'il connaisse** :

- la signification du code de communication en plongée (signes) ;
- les notions de base de physique appliquées à la plongée ;
- les notions de base de physiologie et d'anatomie ;
- la nature des accidents encourus et les différents moyens de les prévenir ;
- des éléments de faune et flore ;
- les principales procédures de remontées ;
- les dangers de la surface et du fond.

Qu'il sache utiliser la réserve d'une bouteille et (ou) la jauge de pression.

Qu'il sache lire et interpréter les indications des instruments dont il dispose (montre, profondimètre, ordinateur de plongée...) et réagir en conséquence.

Qu'il sache réaliser :

- un canard, un phoque ;
- un palmage au fond en contrôlant sa flottabilité (poumon-ballast, bouée) ;
- les signes du code de communication et les gestes qui y répondent ;
- le vidage de masque ;
- l'échange d'embout en statique et en dynamique ;
- des déplacements horizontaux et verticaux en respirant à deux sur un embout et sur un détendeur de secours ;
- une remontée vers la surface avec et sans bouée ;
- la stabilisation au palier à 3 mètres, avec et sans bouée ;

Qu'il ait acquis l'automatisme de souffler en remontant avec et sans embout.

Ranger son matériel

Ceci implique **qu'il connaisse** :

- les principales procédures pour entretenir et remiser correctement son matériel après la plongée, l'entretenir et le stocker.

ÉVALUATION

L'évaluation de ce niveau s'effectuera en 2 stades :

- **une évaluation continue** permettant de vérifier que toutes les connaissances précédemment évoquées sont acquises par l'élève dans la zone des 5 mètres en milieu protégé.
- **la réalisation de 4 plongées** en milieu naturel dont la durée totale est au minimum de 2 heures. Une des plongées devra être réalisée entre 15 et 20 mètres de profondeur.

Pour les élèves ayant effectué leur formation en piscine, on s'assurera qu'ils maîtrisent, en milieu naturel, les techniques apprises en milieu protégé. On vérifiera également que les élèves possèdent un comportement adapté à un incident en situation.

CONDITIONS DE CANDIDATURE

Avoir plus de 12 ans

Posséder une autorisation parentale écrite pour les mineurs

Le moniteur devra vérifier que l'élève possède les connaissances de natation (sans matériel) indispensable pour assurer sa propre sécurité dans la pratique de l'activité plongée.

La maîtrise de la respiration, de la locomotion et l'aisance aquatique devront être des facteurs déterminants pour le jugement du moniteur.

Le moniteur s'assurera que l'élève possède une condition physique lui permettant de pratiquer l'activité.

JURY

Un instructeur de Niveau 3 d'encadrement (BEES 1°), à jour de cotisation pour l'année au SNMP pourra valablement attribuer ce diplôme.

Il n'est pas souhaitable que l'attribution du Niveau 1 de plongeur fasse l'objet d'épreuves particulières impliquant des distances et des temps précis.

Il sera en revanche vérifié par l'instructeur, au cours de la formation, que l'élève a pleinement assimilé la matière enseignée. Le diplôme sera attribué par l'instructeur.

D'après le cursus SNMP/CIPP - 1996

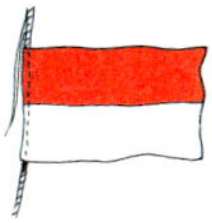

FMAS MONACO — FEDERATION MONEGASQUE DES ACTIVITES SUBAQUATIQUES

BREVET DE PLONGEUR ☆ FMAS

CONDITIONS DE CANDIDATURE

Être licencié à la FMAS.

Être âgé d'au moins 14 ans (12 ans avec autorisation d'un médecin et décision du Comité Technique National).

Être en possession d'un certificat médical de non contre-indication à la pratique de la plongée, de moins d'un an. Etre en possession d'une autorisation parentale pour les mineurs.

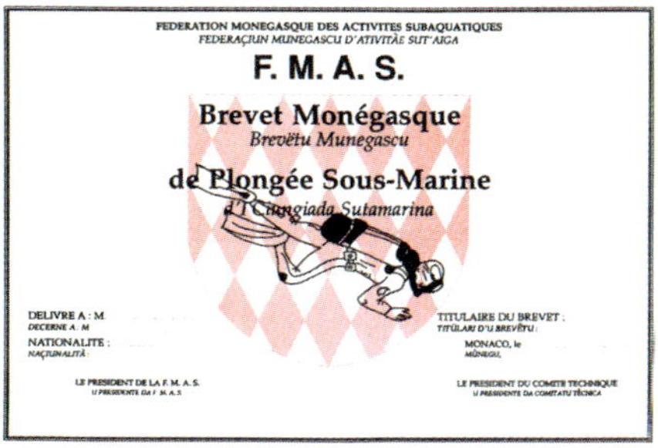

FEDERATION MONEGASQUE DES ACTIVITES SUBAQUATIQUES
FEDERAÇIUN MUNEGASCU D'ATIVITÀE SUT'AIGA

F. M. A. S.

Brevet Monégasque
Brevëtu Munegascu

de Plongée Sous-Marine
d'I Ciungiada Sutamarina

DELIVRE A : M
DECERNE A : M

NATIONALITE :
NAÇIUNALITÀ :

TITULAIRE DU BREVET :
TITÜLARI D'U BREVËTU :

MONACO, le
MÜNEGU,

LE PRESIDENT DE LA F. M. A. S.
U PRESIDENTE DA F. M. A. S.

LE PRESIDENT DU COMITE TECHNIQUE
U PRESIDENTE DA COMITATU TÈCNICA

ORGANISATION GÉNÉRALE

Les sessions de plongeur ☆ sont organisées à l'échelon du Club.

L'acquisition de ce brevet pourra se faire groupe par groupe.

Sous la forme d'un examen ponctuel, le jury devra être identique à celui habilité à juger les groupes d'exercices.

Chaque groupe d'exercices, lorsqu'il est jugé satisfaisant, doit être signé par un moniteur de la FMAS.

CONTRÔLE DES ACQUIS

Exercices pratiques

GROUPE 1

Maillot de bain. Si la température est inférieure à 18° C : avec veste isothermique (flottabilité annulée par lest).

a) effectuer 200 mètres nage libre sans limitation de temps

b) **avec palmes, masque, tuba**

- descendre en apnée à une profondeur de 3 à 5 m
- parcourir 200 mètres en nage ventrale avec utilisation des bras (non chronométré)

GROUPE 2

Avec le scaphandre autonome :

- s'équiper et se déséquiper
- se mettre à l'eau : à l'échelle, par saut droit
- à la suite d'une immersion, passer de l'embout au tuba, effectuer en surface un parcours de 100 mètres, repasser à l'embout, décapeler le scaphandre et le donner à un équipier (à quai ou sur embarcation).
- s'immerger en canard (ou) en phoque et effectuer un exercice de poumon ballast entre 3 et 5 mètres.
- enlever le masque et effectuer plusieurs cycles respiratoires, remettre le masque et le vider.
- échanger les signes de plongée nécessaires à sa propre sécurité.
- effectuer avec le moniteur un exercice de respiration à deux sur un embout en se déplaçant.
- nager 50 mètres en nage dorsale, capelé.

Connaissances théoriques

GROUPE 3

Questions orales portant sur :

- l'utilisation du matériel de plongée individuel (niveau débutant)
- la prévention des barotraumatismes
- les consignes de sécurité

Délivrance du brevet

Les brevets sont délivrés au Club par le Comité Technique de la FMAS.

Le jury est composé d'un moniteur ☆ FMAS au moins et d'un membre du Comité Technique.

Prérogatives

Plongées d'exploration encadrées par un plongeur ☆☆☆ minimum, limitées à la profondeur maximum de **20 mètres**.

D'après une communication personnelle de M. Eric Calbayrac, secrétaire général de la FMAS.

PLONGEUR ☆ LIFRAS

CONCEPTION

Brevet effectué en toutes eaux du monde et accordé par un moniteur LIFRAS.

DÉFINITION

Plongeur capable d'utiliser de façon correcte et en toute sécurité tout le matériel de plongée dans un plan d'eau abrité, et prêt à acquérir de l'expérience en eau libre avec des compagnons de plongée expérimentés.

Il devra avoir effectué **5 plongées** en eau libre.

EXIGENCES

Etre âgé de 14 ans au moins.

Etre membre d'un club ayant statut d'école et affilié à la LIFRAS.

Etre en possession d'un certificat médical de non contre-indication à la pratique de la plongée, valable pour l'année civile en cours.

CONDITIONS REQUISES AVANT TOUTE PLONGÉE EN EAU LIBRE

Avoir acquis la théorie.
Avoir acquis la pratique.

CONNAISSANCE DE LA THÉORIE

Administration (qui avec qui ?)
Code de communication
Prévention des accidents mécaniques
Prévention de l'essoufflement
Tables des plongées unitaires
Matériel individuel
Comportement et sécurité en plongée (binôme)
Notions de réanimation

La théorie sera « mesurée » en évaluation continue ou lors d'une interview selon les cas ou selon les clubs, en fonction des convenances de chacun.

PRATIQUE

Évaluation continue en toutes eaux claires (prof. max. 5 mètres) :

> Définition :
>
> Eaux claires : eaux dans lesquelles la visibilité est suffisante pour apercevoir l'ensemble de la palanquée et l'environnement immédiat.

Nager 100 m sans équipement.

Nager 100 m PMTC (palme, masque, tuba, ceinture).

10 m d'apnée à l'horizontale PMTC (Palmes - Masque - Tuba - Ceinture).

20 s d'apnée immobile.

Équipement du bloc.

Combiné : 25 m au tuba avec bloc, 25 m sur détendeur, 3 passages d'embout, 1 vidage de masque.

Parcourir 50 m sous l'eau en scaphandre.

Gilet : épreuve de stabilisation à l'insufflateur (ou à l'embout buccal), sans utilisation de la petite bouteille.

Se stabiliser 3 fois de suite entre deux eaux.

HOMOLOGATION

Avoir effectué cinq plongées à 15 mètres maximum, obligatoirement accompagné par un plongeur ☆☆☆☆ LIFRAS ou par un moniteur (ou par un plongeur étranger à la FEBRAS détendeur du plus haut brevet de plongeur délivré par sa propre fédération, si celle-ci est membre de la CMAS).

Au cours de ces 5 plongées, une attention particulière sera portée au contrôle du lestage.

LIMITATION

Après avoir obtenu la 1re étoile, le plongeur sera autorisé à plonger jusqu'à **20 mètres**.

Toutefois, il sera obligatoirement accompagné lors des 15 premières plongées par un moniteur ou par un plongeur ☆☆☆☆ LIFRAS (ou par un plongeur étranger à la FEBRAS détenteur du plus haut brevet de plongeur délivré par sa propre fédération, membre de la CMAS) ; ensuite, au minimum par un plongeur ☆☆☆.

D'après dossier Brevets de 1 à 4 étoiles - LIFRAS - 23 septembre 1996

QUALIFICATION DE PLONGEUR ☆ FSSS

OBJECTIF GÉNÉRAL ET QUALIFICATIONS

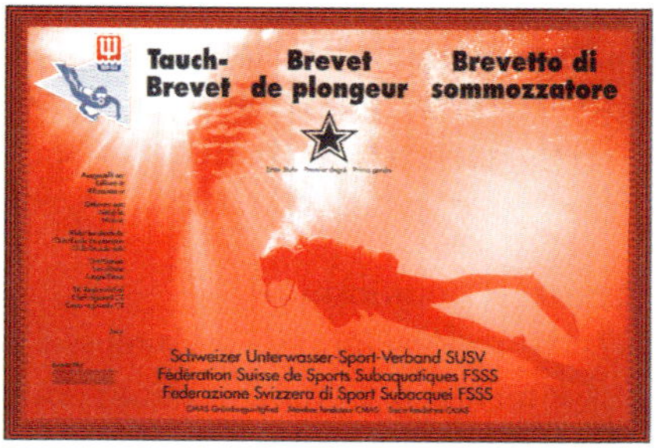

Le cours de plongeur ☆ (P☆) enseigne les connaissances théoriques et pratiques élémentaires nécessaires pour que les participants sachent utiliser correctement le matériel de plongée usuel et soient aptes à effectuer des plongées en toute sécurité en eaux libres mais abritées, jusqu'à une profondeur de 10 mètres et dans la courbe de sécurité. Il doit donner le goût de la plongée et la confiance dans le milieu subaquatique.

Le brevet de plongeur ☆ est le premier échelon dans la formation de plongée en eaux libres de la FSSS. Il est le préliminaire obligatoire au brevet de plongeur ☆☆ (P☆☆) et autorise la participation à l'ensemble des cours spéciaux de niveau Plongeur ☆ de la FSSS.

Reconnaissance CMAS : le brevet plongeur une étoile FSSS est reconnu par la CMAS comme certificat international "Plongeur ☆ CMAS" respectivement "One star diver CMAS".

CONDITIONS

Admission au cours

Age minimum : 14 ans. Pour les mineurs, la signature d'une personne détenant l'autorité parentale est nécessaire.

Attestation médicale d'aptitude à la plongée valable.

Dispositions particulières

a. Les disciplines d'aptitudes physiques : 8.1 "Nager 200 m en style libre" et 8.2 "Nager en PMT" peuvent être effectuées en piscine ou en eau libre.

b. En lieu et place de ces exercices, les exercices compris dans le cours de plongeur élémentaire (PE) peuvent aussi être exécutés.

c. Si le candidat est en possession du brevet de plongeur jeunesse ou de plongeur élémentaire, les exercices d'initiation à la plongée en scaphandre (baptême) et d'équilibrage au gilet peuvent être remplacés par une plongée d'exploration à 10 m d'au moins 25 minutes de durée.

Toutefois, pas plus de 12 mois ne doivent séparer l'obtention des brevets cités jusqu'au terme du cours Plongeur ☆.

Dispositions pour les exercices en scaphandre

a. Le moniteur qui effectue le premier exercice pratique en scaphandre, contrôle les conditions d'admission au cours (et les confirme, s'il y a lieu, dans son classeur de formation).

b. L'assortiment d'exercices de plongée est une proposition de la Commission Technique pour un cours Plongeur ☆. Elle peut être combinée différemment, modifiée, complétée par d'autres exercices ou ne pas être suivie du tout.

c. Le moniteur reste libre d'organiser son cours pour autant que les objectifs fixés pour l'obtention du brevet de plongeur Plongeur ☆ soient respectés.

d. Tant qu'un exercice de plongée n'est pas conforme aux objectifs escomptés, il sera repris et répété.

Clôture et certification

La formation Plongeur ☆ est réussie si l'élève a :

a. effectué 6 plongées minimum en eau libre d'une durée totale de 150 minutes au moins,

b. réussi l'examen théorique,

c. effectué les disciplines d'aptitudes pratiques : "Nager 200 m en style libre" et "Nager en PMT",

d. satisfaits aux exigences des objectifs de plongée en scaphandre autonome

dans un délai de 12 mois à compter de la première signature attestant la réussite d'un module, pratique ou théorique.

Après la réussite des exigences du cours Plongeur ☆, le chef-expert inscrit le brevet Plongeur ☆ dans le passeport de plongée FSSS/CMAS.

La réussite de la formation sera consacrée par la remise des attestations suivantes :

- passeport de plongée FSSS/CMAS
- Carte de brevet double face Plongeur ☆ FSSS/CMAS
- Diplôme Plongeur ☆
- Autocollant Plongeur ☆

Les participants au cours qui ne sont pas encore membres de la FSSS recevront automatiquement leur carte de membre, valable pour l'année courante.

OBJECTIFS ESCOMPTÉS (comportement final)

Sont décrits ici, les objectifs minimaux à atteindre au cours de la formation.

Connaissances théoriques

Le niveau des connaissances théoriques requises figure dans le manuel de théorie Plongeur ☆ de la FSSS. Il devrait permettre d'atteindre les objectifs théoriques fixés et il sert de manuel de référence aussi bien pour l'enseignant que pour l'élève.

Physique appliquée à la plongée

1.1 Définir la notion de pression et décrire les différentes pressions atmosphériques, hydrostatiques et absolues au niveau de la mer.

1.2 Décrire le comportement des gaz selon la loi de Boyle-Mariotte et l'appliquer à des exemples simples.

1.3 Décrire le principe des autres lois (Dalton et Henry) et leur application en plongée.

1.4 Décrire le principe d'Archimède et son application en plongée en eau douce et de mer (différence de lestage).

1.5 Décrire sommairement la différence de comportement des ondes sonores et lumineuses entre l'air et l'eau.

Anatomie / Physiologie

2.1 Décrire simplement le rôle et le fonctionnement de la respiration, connaître la composition de l'air inspiré et de l'air expiré.

2.2 Décrire simplement le rôle et le fonctionnement de la circulation sanguine.

2.3 Énumérer les cavités de l'organisme qui sont en communication avec les voies aériennes.

2.4 Décrire schématiquement l'oreille, les mécanismes et les méthodes de compensation.

Accidents de plongée et mesures de premiers secours

3.1 Expliquer et décrire les barotraumatismes des cavités de l'organisme et citer les moyens de les prévenir.

3.2 Décrire simplement les causes, les effets, le traitement et la prévention de la surpression pulmonaire, les risques liés à un essoufflement sous l'eau ainsi que les notions élémentaires se rapportant à la narcose à l'azote (l'ivresse des profondeurs) et de l'accident de décompression.

3.3 Expliquer la cause, les effets et la prévention de l'hyperventilation en plongée libre.

3.4 Juger l'état d'un patient selon le système RRSS et décrire les mesures immédiates pour sauver la vie (MISV).

3.5 Décrire les mesures à prendre en cas d'accidents de plongée.

Calcul de plongée

4.1 Connaître le principe des tables de plongée en vigueur dans la FSSS, leur manipulation pour des plongées singulières et successives dans la courbe de sécurité, ainsi que pour des vols en avion après une plongée.

4.2 Esquisser et calculer des profils de plongées simples et successives, dans la courbe de sécurité, entre 0 - 700 m d'altitude.

4.3 Calculer la consommation d'air, à partir de la consommation spécifique moyenne en surface.

Matériel de plongée

5.1 Énumérer les composants usuels d'un équipement de plongée actuel, décrire le principe de fonctionnement des principaux éléments et leur entretien.

5.2 Énumérer les critères de contrôle des éléments d'un équipement de plongée en scaphandre autonome.

5.3 Énumérer dans un ordre sensé les contrôles de fonctionnement des éléments de l'équipement à effectuer avant la plongée.

5.4 Décrire la signification de l'estampille frappée sur les bouteilles d'air comprimé, connaître les prescriptions légales quant à leur contrôle périodique et citer les règles de manipulations importantes.

5.5 Expliquer le principe de fonctionnement d'une réserve manuelle sur un mono-bouteille.

5.6 Expliquer le principe de fonctionnement d'un détendeur à deux étages.

5.7 Énumérer trois systèmes d'équilibrage à la disposition du plongeur.

5.8 Énumérer les instruments indispensables et expliquer leur utilité.

Pratique de la plongée adaptée au niveau de formation et respectueuse de l'environnement

6.1 Décrire la technique de la plongée : savoir s'équiper correctement, contrôler son partenaire, effectuer le contrôle à 3 m selon les règles du manuel Plongeur ☆ de la FSSS, s'équilibrer, savoir se lester, contrôler régulièrement le manomètre, effectuer toujours un palier de sécurité, remonter en surface, debriefing de la plongée.

6.2 Décrire la procédure pour effectuer une plongée adaptée à son niveau et avec un maximum de sécurité.

6.3 Décrire le maniement de la boussole (pour des trajets rectilignes).

6.4 Énumérer les principales particularités et les dangers de la plongée en lac, en mer et de nuit ainsi que les règles de comportement à respecter.

6.5 Énumérer les règles de sécurité applicables en plongée.

6.6 Citer les règles de comportement respectant la nature, la faune, la flore et autrui.

Environnement et photographie subaquatique (ces matières ne sont pas évaluées)

7.1 Etre informé sur les espaces vitaux d'un lac.

7.2 Connaître quelques animaux fréquents en lac.

7.3 Etre informé sur les composants de base d'un équipement de photographie subaquatique.

7.4 Connaître les possibilités offertes en biologie, environnement et photographie subaquatique par la FSSS.

Aptitudes pratiques

Natation et plongée en apnée

8.1 Nager 200 m en style libre sans limite de temps.

8.2 Natation en PMT (avec ou sans combinaison) :

8.2.1 Nager 200 mètres, puis

8.2.2 Sans interruption, descendre à une profondeur d'au moins 2 mètres en effectuant l'équilibrage des oreilles et

8.2.3 Remonter en surface un objet léger (assiette, gravier, etc...).

Plongée en scaphandre

9.1 Citer les mesures de sécurité à prendre sur le site de plongée.

9.2 S'équiper correctement en scaphandre autonome.

9.3 Effectuer le contrôle du partenaire à terre.

9.4 Sauter d'une faible hauteur en équipement de plongée complet.

9.5 A 3 mètres, effectuer le contrôle d'étanchéité et de fonctionnement des instruments.

9.6 Avoir des égards pour l'environnement aussi bien sur le site que durant la plongée.

9.7 Maîtriser l'équilibre hydrostatique pendant toute la plongée.

9.8 Etre capable de flotter librement à 50 cm au-dessus du fond, sans battements de palmes, en s'équilibrant au gilet et en jouant avec le poumon-ballast.

9.9 Utiliser correctement les instruments de plongée (indiquer la durée, la profondeur et annoncer la diminution de la réserve d'air).

9.10 Avoir des connaissances de base d'utilisation de la boussole.

9.11 Entre 8 et 10 mètres de profondeur, enlever le masque, le remettre, le vider et poursuivre la plongée.

9.12 Entre 8 et 10 mètres de profondeur, interpréter correctement 3 signes du code de communication de la CMAS.

9.13 Etre capable de lâcher et de reprendre son détendeur dans n'importe quelle situation.

9.14 Pouvoir donner de l'air et en recevoir puis, donner de l'air au moniteur avec son propre détendeur et faire surface en échange d'embout en respectant une vitesse de remontée correcte.

9.15 Respirer sur le deuxième détendeur du moniteur et faire surface ensemble en respectant une vitesse de remontée correcte.

9.16 Remonter directement à la surface depuis 5 mètres de profondeur en expirant continuellement (chanter une note), en gardant le détendeur en bouche ("idem remontée sans embout").

9.17 En surface, se rendre ou revenir du lieu de plongée, en palmant en équipement de plongée complet pendant 10 minutes.

9.18 En surface, enlever sans aide le scaphandre et le remettre au moniteur ("décapelage en surface").

9.19 Reconnaître et réagir lorsque son partenaire a besoin d'assistance (essoufflement, angoisse, crampe, vertige, etc...) et le ramener depuis une profondeur de 8 - 10 mètres à la surface, sans gérer les deux gilets.

9.20 Transporter un plongeur en difficulté à la surface de l'eau sur une distance de 25 mètres (nage de transport).

Extrait du plan de formation Plongeur ☆ FSSS de la Commission Technique de la FSSS - Janvier 1995

OPEN DIVER ☆ BTLV/UPMP

BTLV Berufstauchlehrer-Vereinigung Schweiz
UPMP Union professionelle des moniteurs de plongée suisse
UPIS Unione professionale di istruttori subaque svizzera

DIPLOM

PRENOM NOM

★

OPEN WATER DIVER

PLACE D'EXAMENS, DATE

PAUL BÜHLER

BTLV PRÄSIDENT

BUTS

Approfondir les connaissances basiques de la plongée en scaphandre.

Acquérir les réflexes nécessaires à la plongée et les exercer en milieu naturel.

Etre capable de reconnaître les difficultés de la plongée en milieu naturel.

CONDITIONS

Age minimum : 12 ans révolus avant le début de l'instruction.

Bonne santé : certificat médical constatant l'aptitude à la plongée et n'ayant pas plus d'une année.

Jusqu'à 18 ans, le consentement écrit du représentant légal est nécessaire.

Etre breveté Pool diver.

CONTENU DE FORMATION

Techniques de plongée

L'équipement pour la plongée en scaphandre en milieu naturel :

- le scaphandre
- les instruments de plongée
- le matériel de plongée accessoire

Théorie de la plongée sous-marine

- Les propriétés élémentaires du milieu subaquatique.
- Les trois niveaux de pression durant le processus de plongée.
- Les effets des variations de la pression lors de la plongée.
- Les incidences physiologiques au niveau du corps humain lors des variations de pression.
- Assimilation et élimination de l'azote lors de la plongée.
- Effet de l'eau sur nos sens.

- Plonger sans dépasser la limite de décompression.
- Le langage des signes sous l'eau.
- Consommation d'air en plongée.
- Navigation sous-marine avec la boussole.
- Plongée et environnement.

Activités de plongée

- Signes sous l'eau.
- Préparation du matériel de plongée.
- Contrôle du binôme.
- Possibilités de mise à l'eau.
- Contrôle de flottabilité
- Nager avec efficacité sous l'eau.
- L'engagement du matériel de plongée.
- Navigation sous-marine.
- Possibilités de sorties.
- Plongée et environnement.

Entraînements en milieu naturel

5 leçons reprenant les thèmes abordés en milieu artificiel.

Nombre de sessions

Au moins 10 à maximum 10 mètres de profondeur et au moins 200 minutes.

Brevetisation

Le savoir-faire acquis durant les exercices et les leçons apprises, doivent être reproduits et démontrés en situation d'examen, sans hésitation aucune.

Durant les exercices sous l'eau, on ne doit jamais remonter spontanément.

Confirmation :
- carte de brevet avec photo
- diplôme

Tous les exercices sont inscrits dans le carnet de plongée et confirmés par le tampon ou la signature de l'instructeur.

D'après Plongée sportive - Open Water Diver - Diver ☆ - UPMP - Février 1995

13 LA PRÉPARATION AU NIVEAU 2 / PLONGEUR ☆☆

Vous allez obtenir le niveau 1/plongeur ☆ et vous envisagez par la suite de poursuivre votre apprentissage de la plongée par une formation conduisant au niveau 2/plongeur ☆☆.

AVANT D'ENVISAGER LE NIVEAU 2/PLONGEUR ☆☆

Avant d'envisager le niveau 2/plongeur ☆☆, nous vous conseillons d'acquérir un certain vécu en plongée, que vous allez développer lors de vos plongées en milieu naturel.

Ce vécu en plongée renforcera vos acquis de Niveau 1/plongeur ☆ et développera votre aisance, vous permettant de vivre pleinement votre activité.

Nous pouvons considérer qu'une vingtaine de plongées en milieu naturel, dans l'espace médian, après le niveau 1/plongeur ☆, constitue un minimum de vécu appréciable.

Mais cette considération n'est qu'une indication relative qu'il faut nuancer en fonction de votre vitesse de progression.

Parlez-en à votre moniteur, celui-ci pourra vous donner des indications sur vos capacités actuelles et le chemin qu'il vous reste à parcourir avant d'envisager le niveau 2/plongeur ☆☆.

QU'EST-CE QU'UN PLONGEUR NIVEAU 2/PLONGEUR ☆☆

Assisté dans la zone des 40 mètres

C'est un plongeur assisté dans la zone des 40 mètres (voir tableaux pages 115 à 119) possédant les capacités suffisantes pour pouvoir s'intégrer à une palanquée.

Un guide ou chef de palanquée contrôle le déroulement de la plongée et assure la sécurité collective au sein du groupe.

Autonome dans la zone des 20 mètres, sous certaines conditions

Il peut être autorisé dans certaines conditions avec un ou deux équipiers de même niveau, à plonger entre 0 et 20 mètres en autonomie (voir pages 115 à 119).

La préparation au plongeur niveau 2/plongeur ☆☆ visera à atteindre deux objectifs :

- atteindre une maîtrise minimale de sa sécurité individuelle, permettant d'apprécier ses plongées dans la zone des 40 mètres.
- posséder un minimum de capacités et d'attitudes, permettant d'accéder à un début d'autonomie dans la zone des 20 mètres, entre plongeurs de même niveau.

LA PRÉPARATION AU NIVEAU 2/PLONGEUR ☆☆

Vous avez apprécié de suivre votre préparation au niveau 1/plongeur ☆ avec le Code Vagnon de la Plongée et les cassettes vidéo : "La plongée pour tous".

Nous vous proposons de préparer votre niveau 2/plongeur ☆☆ selon la même méthode progressive et active. Utilisez le Code Vagnon de la plongée et la cassette vidéo "la plongée pour tous" : préparation au niveau 2/plongeur ☆☆ et les "Tests Vagnon Plongée - Niveaux 1 et 2/plongeurs ☆ et ☆☆".

Vous y trouverez toutes les connaissances et savoir-faire indispensables pour acquérir un début d'autonomie en plongée.

14 SOLUTIONS DES TESTS

Cochez les bonnes réponses.

Toute réponse incomplète est considérée comme fausse

■ Questions éliminatoires

TESTS DAUPHIN 1

TESTS DES PAGES 213 ET 214

QUESTIONS	1	2	3	4	5	6	7	8	9	10	11	12	13	14	15	16	17
RÉPONSES	a	a	b	b	b	b	a b d	b	b	c	b f h	c d h	a	b	b	a b	b

Nombre de réponses justes :

TESTS DAUPHIN 2

TESTS DES PAGES 283 ET 284

QUESTIONS	1	2	3	4	5	6	7	8	9	10	11	12
RÉPONSES	b c	a c	b	a	b	voir pages 267 à 272	a	a	b	b	a - f et voir page 277	b

Nombre de réponses justes :

TESTS DAUPHIN 3

TESTS DES PAGES 326 ET 327

QUESTIONS	1	2	3	4	5	6	7	8	9	10
RÉPONSES	b	b	a	a	b	b	b c	b	voir pages 31 et 303 à 304	

Nombre de réponses justes :

MESUREZ VOTRE PROGRESSION

Il est essentiel de vous situer dans votre progression d'apprentissage. Nous vous proposons donc un outil qui vous permettra de constater le chemin parcouru.

Suivant le type d'enseignement suivi, les critères d'évaluation pris en compte différent comme précisé ci-après :

TYPE D'ENSEIGNEMENT	**Cours individuels**		**Cours collectifs**	
	En continu stage de 3 ou 4 jours (6 à 8 séances)	En discontinu une séance hebdomadaire	En continu une semaine de stage (14 séances)	En discontinu une séance hebdomadaire
L'évaluation porte sur :	Une même séance	2 séances	2 séances non consécutives	3 séances non consécutives

CAPACITÉS		**OBJECTIFS ATTEINTS EN PRATIQUE**
	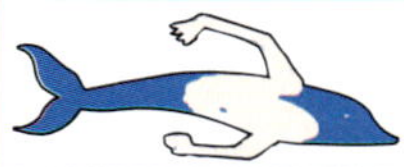	J'ai atteint l'objectif en réussissant aux "critères de réussite acceptables" au moins trois fois.
	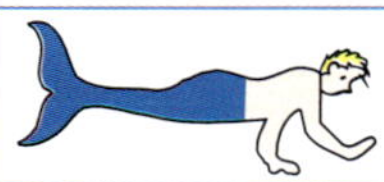	J'ai atteint l'objectif en réussissant aux "critères de réussite acceptables" au moins une fois, mais je suis dans l'incapacité de le réaliser à coup sûr.
		Je n'ai pas atteint l'objectif car je n'ai pas réussi aux "critères de réussite acceptables".

CAPACITÉS		**OBJECTIFS ATTEINTS EN THÉORIE**
	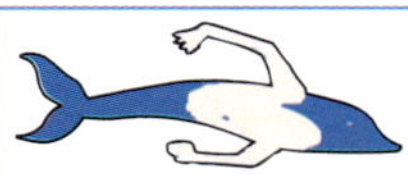	Moins de 3 réponses fausses au test *
	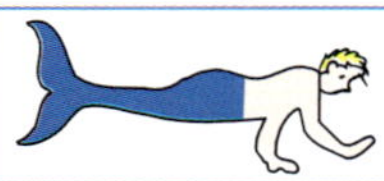	Entre 3 et 5 réponses fausses au test *
		Plus de 5 réponses fausses au test *

* Questions éliminatoires exclues

Si vous êtes  ou , votre moniteur vous proposera un test similaire lié aux objectifs lors d'une séance prochaine.

Un objectif est validé et acquis dans un niveau (dauphin) lorsqu'il est
Précisez vos capacités liées aux objectifs pratiques et théoriques en cochant la couleur vous caractérisant (●ou ●ou ●).

Numéro Objectif	Niveaux ▶ / Capacités liées à l'objectif ▼		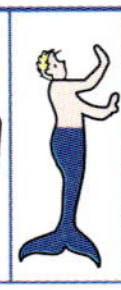			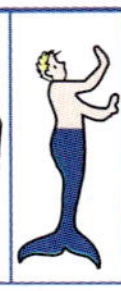	
		1			Perfectionnement niveau 4		
1	Vous devez être capable de préciser vos prérogatives de plongeur niveau 1/plongeur ☆ en fonction de votre pays et de les respecter dans le cadre de votre pratique.	●	●	●			
2	Vous devez être capable face à un matériel utilisé individuellement par le plongeur, de le nommer, de préciser son rôle, dans quel cadre il est utilisé et son entretien courant.	●	●	●			
3	Vous devez être capable de vous laisser glisser progressivement dans l'eau, sans lâcher le bord qui vous a servi de mise à l'eau.	●	●	●	●	●	●
4	Vous devez être capable de respirer normalement, sans sortir la tête de l'eau, à la suite du remplissage du tuba par immersion de la tête.	●	●	●	●	●	●
5	Vous devez être capable de réaliser un palmage ventral, costal puis dorsal, de 200 mètres chacun, sans prendre appui et un palmage de sustentation sans prendre appui sur le bord durant deux minutes, tête hors de l'eau.	●	●	●	●	●	●
6	Vous devez être capable de préciser ce qu'est la pression et de donner des exemples d'intervention de celle-ci dans notre activité.	●	●	●			
7	Vous devez être capable, face à un élément principal constituant le scaphandre autonome, de le nommer, d'en préciser le rôle.	●	●	●			
8	Vous devez être capable, face à un élément principal constituant le gilet de remontée, de le nommer, d'en préciser le rôle.	●	●	●			
9	Vous devez être capable de préparer votre scaphandre autonome et gilet afin de plonger, en assurant les vérifications nécessaires et de les ranger après démontage du détendeur en fin de plongée.	●	●	●	●	●	●
10	Vous devez être capable de descendre dans l'eau, de l'échelle d'un bateau sans tomber, l'embout en bouche.	●	●	●	●	●	●

Numéro Objectif	Niveaux ▶ **Capacités liées à l'objectif** ▼					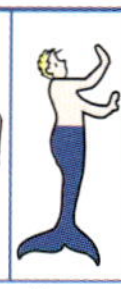	
		1			Perfectionnement niveau 4		
11	Vous devez être capable de remettre votre embout sans refaire surface, dans des contextes variés (déplacement horizontal, remontée...), après que votre moniteur vous l'ait enlevé sans vous prévenir	●	●	●	●	●	●
12	Vous devez être capable de préciser les différentes préventions des accidents barotraumatiques afin de les suivre dans votre pratique.	●	●	●	●	●	●
13	Vous devez être capable de remonter en contrôlant votre expiration, en conservant votre embout en main et en marquant au moins un arrêt durant lequel vous le remettrez en bouche pour effectuer un cycle ventilatoire complet avant de poursuivre votre remontée.	●	●	●	●	●	●
14	Vous devez être capable d'effectuer un parcours, en enchaînant un palmage ventral, costal, dorsal entre deux eaux, en ayant un trajet proche de celui de votre moniteur, qui effectuera des changements de direction.	●	●	●	●	●	●
		2			Perfectionnement niveau 4		
15	Vous devez être capable de gonfler et dégonfler votre gilet en surface, sur signal de votre moniteur, sans être prévenu au préalable, d'évoluer entre 0,5 et 1 mètre du fond, sans jamais utiliser le palmage, pour vous maintenir en profondeur, de stopper une remontée à 5 mètres du fond, provoquée par votre moniteur qui a actionné votre direct-sytem, sans vous prévenir au préalable.	●	●	●	●	●	●
16	Vous devez être capable de descendre au fond en apnée, d'effectuer le signe "OK tout va bien" à votre moniteur, de remonter tuba en bouche et de le vider en surface avant de reprendre votre ventilation.	●	●	●	●	●	●
17	Vous devez être capable de vous immerger en effectuant un phoque, en réalisant une descente verticale sans vous aider des mains pour descendre.	●	●	●	●	●	●
18	Vous devez être capable de vous immerger en effectuant un canard, en réalisant une descente verticale, à l'aplomb d'un repère, sans vous aider du palmage.	●	●	●	●	●	●

Numéro Objectif	Niveaux ▶ / Capacités liées à l'objectif ▼	2			Perfectionnement niveau 4		
19	Lors d'une remontée conduite par votre moniteur, vous devez être capable de réaliser un tour d'horizon à 3 mètres et en surface, sans être prévenu.	🟢	🟠	🔴	🟢	🟠	🔴
20	Vous devez être capable, lors d'un questionnaire, de préciser sans hésiter les différents signes de plongée élémentaires et de les utiliser à bon escient dans votre pratique.	🟢	🟠	🔴	🟢	🟠	🔴
21	Vous devez être capable de vider votre masque sans paniquer, après avoir réaliser au moins 3 cycles ventilatoires les yeux ouverts avant de le remettre et sans refaire surface, dans des contextes variés, après que votre moniteur vous l'ait enlevé, sans vous prévenir.	🟢	🟠	🔴	🟢	🟠	🔴
22	Vous devez être capable de sauter à l'eau, sans être déséquilibré, tout en conservant votre masque et votre embout en place.	🟢	🟠	🔴	🟢	🟠	🔴
23	Vous devez être capable de réaliser un passage tuba/embout et vice versa, sans utiliser votre gilet de remontée, ni un point d'appui pour vous maintenir en surface.	🟢	🟠	🔴	🟢	🟠	🔴
24	Vous devez être capable, sans être prévenu, sur le signe "je n'ai plus d'air", de respirer au fond sur le détendeur de secours de votre moniteur durant plusieurs cycles ventilatoires suite à un déplacement d'environ 5 mètres, de remonter en surface en respirant sur le détendeur de secours de votre moniteur, d'assister un coéquipier au fond avec votre détendeur de secours en attendant l'intervention de votre moniteur ; selon votre cursus de fonction, de simuler ou de réaliser un échange d'embout avec un coéquipier sur le fond en attendant l'intervention de votre moniteur.	🟢	🟠	🔴	🟢	🟠	🔴
25	Vous devez être capable de nager 100 mètres, la bouteille capelée, sur le ventre, tuba en bouche, sans vous arrêter ; de nager 50 mètres, la bouteille capelée, sur le dos, en respirant à l'air libre, sans vous arrêter.	🟢	🟠	🔴	🟢	🟠	🔴
26	Vous devez être capable de vous équiper dans l'eau, de votre gilet, sans utiliser un point d'appui, pour vous maintenir en surface ; de décapeler votre bouteille équipée d'un gilet et de la passer à un coéquipier situé sur le bord.	🟢	🟠	🔴	🟢	🟠	🔴

Numéro Objectif	Niveaux ▶ / Capacités liées à l'objectif ▼						
		niveau 2			Perfectionnement niveau 4		
27	Vous devez être capable de préciser les consignes individuelles de sécurité et de les suivre dans votre pratique.	●	●	●	●	●	●
		niveau 3			Perfectionnement niveau 4		
28	Vous devez être capable, lors d'une plongée, de rester entre 0,5 et 1,5 mètre d'un fond irrégulier, sans vous aider du palmage pour maintenir votre niveau d'évolution et après avoir rendu nulle votre flottabilité grâce à un gonflage unique de votre gilet de remontée.	●	●	●	●	●	●
29	Vous devez être capable de connaître la prévention et les moyens dont vous disposez pour enrayer le processus de l'essoufflement.	●	●	●			
30	Vous devez être capable de passer ou d'aider quelqu'un à passer sur réserve au moment opportun et de prévenir votre guide ou chef de palanquée.	●	●	●	●	●	●
31	Vous devez être capable, en fin de plongée, de vous maintenir entre deux eaux (4 m/3 m), sans palmer et sans vous aider de la flottabilité du gilet de remontée.	●	●	●	●	●	●
32	Vous devez être capable de préciser les aspects légaux de la protection de l'environnement et du patrimoine historique relatif à votre pays.	●	●	●			
33	Vous devez être capable de vous mettre à l'eau à partir d'une plage sans chuter.	●	●	●	●	●	●
34	Vous devez être capable de réaliser une plongée d'exploration encadrée.	●	●	●	●	●	●
35	Vous devez être capable de vous mettre à l'eau par bascule arrière, sans vriller, masque et embout conservés à poste.	●	●	●	●	●	●

Numéro Objectif	Niveaux ▶ Capacités liées à l'objectif ▼						
		3			Perfectionnement niveau 4		
36	Vouse devez être capable, sur signal de votre moniteur, de remonter à la bonne vitesse en surface, en vous aidant uniquement des plus petites bulles et d'effectuer la procédure à suivre en cas de perte de palanquée.	●	●	●	●	●	●
37	Vous devez être capable d'effectuer un palier de principe en contrôlant votre profondeur et en restant dans la fourchette des 4 à 3 mètres.	●	●	●	●	●	●

RÉCAPITULATIF DES DIFFÉRENTS ORGANISMES DE FORMATION EN PLONGÉE

FÉDÉRATIONS D'ASSOCIATIONS OU GROUPEMENTS FÉDÉRATIFS

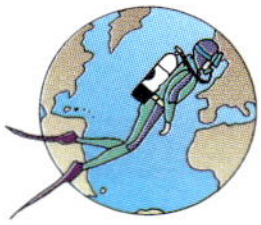

CMAS (Confédération Mondiale des Activités Subaquatiques)
Viale Tiziano, 74 - 00196 Roma - Italie
Tel. +39 6 36 85 84 80 - Fax +39 6 36 85 84 90
Internet : http : // www.cmas.org

▶ Présentation pages 40 à 43

FFESSM (Fédération Française d'Études et des Sports Sous-Marins)
24, quai de Rive Neuve - 13007 Marseille - France
Tel. 04 91 33 99 31 - Fax 04 91 54 77 43 - Minitel 36.15 FFESSM

▶ Présentation pages 44 à 47

UCPA (Union des Centres de Plein Air)
62, rue de la Glacière - 75040 Paris Cedex 13 - France
Tel. 01 45 87 45 87 - Fax : 01 45 87 45 88 - Minitel 36.15 UCPA

▶ Présentation pages 48 à 49

FSGT (Fédération Sportive et Gymnique du Travail)
14-16, rue Scandicci - 93508 Pantin Cedex - France
Tel. 01 49 42 23 19 - Fax 01 49 42 23 60

▶ Présentation pages 50 à 51

FFH (Fédération Française Handisport)
42, rue Louis Lumière - 75020 Paris - France
Tel. 01 40 31 45 00 - Fax 01 40 31 45 42 - Minitel 36.15 HANDISPORT

▶ Présentation page 52

FEBRAS (Fédération Belge de Recherche et d'Activités Subaquatiques)
LIFRAS (Ligue Francophone de Recherches et d'Activités Sous-Marines)
Rue Jules Broeren, 40/42 - 1070 Bruxelles - Belgique
Tel. 02 521 70 21 - Fax 02 521 25 67
Internet : http://titan.glo.be/˜gi 30835/index.htm

▶ Présentation pages 53 à 55

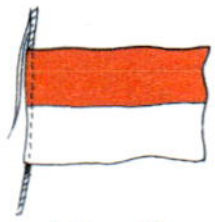

FMAS (Fédération Monégasque des Activités Subaquatiques)
14, avenue des Castelans - 98000 Monaco
Principauté de Monaco
Tel. 92 05 91 78

▶ Présentation pages 56 à 57

FQAS (Fédération Québécoise des Activités Subaquatiques)
4545, avenue Pierre de Coubertin - C.P. 1000 - Succursale M
Montréal H1V 3R2 - Québec
Tel. 514 252 30 09 - Fax 514 254 13 63

▶ Présentation pages 58 à 60

FSSS (Fédération Suisse des Sports Subaquatiques)
Pavillonweg, 3 - 3012 Bern - Suisse
Tel. 031 301 43 43 - Fax 031 301 43 93
Internet : http://www.fsss.ch.

▶ Présentation pages 61 à 63

CEDIP (European Comittee of professional diving instructors)
62, avenue des Pins du Cap - 06160 Antibes / Juan les Pins - France
Tel. 04 93 61 45 45 - Fax 04 93 67 34 93
siège social : Beatrijslaan, 25 - 2050 Antwerpen - Belgique
Tel. 032 19 69 67 - Fax 032 19 77 00

► Présentation page 65

ANMP "Guide de la Mer"
(Association Nationale des Moniteurs de Plongée)
62, avenue des Pins du Cap - 06160 Antibes / Juan les Pins - France
Tel. 04 93 61 45 45 - Fax 04 93 67 34 93 - Minitel 36.15 DIVE code ANMP

► Présentation pages 66 à 67

SNMP (Syndicat National des Moniteurs de Plongée)
CIPP (Compagnie des Instructeurs Professionnels de Plongée)
Centre Commercial 2002
45100 Orléans - France
Tel. 02 38 56 16 88 - Fax 02 38 56 16 99

► Présentation pages 68 à 70

VVW (Vlaamse Vereniging Voor Watersport /
Association flamande des sports de l'eau réunis)
Beatrijslaan, 25 - 2050 Antwerpen - Belgique
Tel. 032 19 69 67 - Fax 032 19 77 00

► Présentation page 70

BTLV/UPMP (Union Professionnelle des Moniteurs de Plongée Suisse)
Bifangstrasse, 67 - 4663 Aarburg - Suisse
Tel. 062 791 67 31 ou 022 340 40 58 - Fax 062 79167 31

► Présentation pages 71 à 72

RÉCAPITULATIF DES BREVETS DE PLONGÉE

RÉCAPITULATIF DES BREVETS DÉLIVRÉS PAR LES DIFFÉRENTS ORGANISMES FRANÇAIS ET LEURS CORRESPONDANCES

Niveau des prérogatives des plongeurs	Brevets CMAS	Brevets FFESSM	Brevets FSGT	Brevets FFH	Brevets ANMP (Guide de la Mer)	Brevets SNMP CIPP	Brevets CEDIP
NIVEAU 1	Plongeur ☆	Brevet élémentaire niveau 1	Brevet élémentaire niveau 1	Brevet élémentaire	Niveau 1	Niveau 1 Plongeur certifié/ Plongeur équipier	Plongeur ☆
NIVEAU 2	Plongeur ☆☆	Plongeur autonome niveau 2	1er échelon niveau 2	1er degré autonome	Niveau 2	Niveau 2 Plongeur confirmé	Plongeur ☆☆
NIVEAU 3	Plongeur ☆☆☆	Plongeur autonome niveau 3	Plongeur autonome niveau 3	—	Niveau 3	Niveau 3 Plongeur Autonome	Plongeur ☆☆☆
NIVEAU 4	Plongeur ☆☆☆	Capacitaire niveau 4	2e échelon Chef de palanquée niveau 4	2e degré autonome	Niveau 4	Niveau 4 Plongeur capacitaire	Plongeur ☆☆☆☆
NIVEAU 5	—	Directeur de plongée niveau 5	Directeur de plongée d'Exploration niveau 5	—	—	Directeur de plongée en exploration	—

Brevets CMAS	Brevets LIFRAS	Brevets FMAS	Brevets FSSS	Brevets FQAS	Brevets BTLV	Brevets CEDIP
Plongeur ☆	Plongeur ☆	Plongeur ☆	Plongeur ☆	Elémentaire	Open diver	Plongeur ☆
Plongeur ☆☆	Plongeur ☆☆	Plongeur ☆☆	Plongeur ☆☆	Intermédiaire	Advanced open diver	Plongeur ☆☆
Plongeur ☆☆☆	Plongeur ☆☆☆	Plongeur ☆☆☆	Plongeur ☆☆☆	Supérieur	Special diver — Special guide diver	Plongeur ☆☆☆ — Plongeur ☆☆☆☆
Plongeur ☆☆☆☆	Plongeur ☆☆☆☆	—	—	—	—	—

MAGAZINES DE PLONGÉE

Pour vous informer sur la pratique et le monde de la plongée, lisez les magazines :

APNEA (mensuel)
Parc de la Plaine - 12, impasse Couzinet - BP 5043 - 31033 Toulouse Cedex 5 - France
Tél. 05 61 80 84 26 - Fax 05 61 80 84 62 - Internet : http : // www.apnea.fr

MER & OCÉAN (mensuel)
19, rue Ernest Laval - 92170 Vanves - France
Tél. 01 41 08 05 05 - Fax 01 41 08 08 50

OCÉANS (bimensuel)
Parc de la Plaine - 12, impasse Couzinet - BP 5043 - 31033 Toulouse Cedex 5 - France
Tél. 05 61 80 84 26 - Fax 05 61 80 84 62 - Internet : http : // www.apnea.fr

PLONGÉE Magazine (bimensuel)
BP 5043 - 31033 Toulouse Cedex 5 - France
Tél. 05 61 80 84 26 - Fax 05 61 80 84 62

PLONGEURS International (bimensuel)
35, avenue de Lugo - 94600 Choisy-le-Roi - France
Tél. 01 43 91 18 01 / 01 43 91 18 05 - Fax 01 43 91 18 10
Internet : http : // www.plongeurs.com/

OCTOPUS (bimensuel)
25, rue de Falkirk - 94000 Créteil - France
Tél. 01 49 80 39 25 - Fax 01 49 56 15 22
Internet : http : // octopus.fr.eu.org

SUBAQUA (bimensuel)
24, quai de Rive-Neuve - 13007 Marseille - France
Tél. 04 91 54 92 23 - Fax 04 91 54 77 43

FUN PLONGÉE (bimensuel)
Rue du Pinson, 32 - 1170 Bruxelles - Belgique
Tél./Fax 02 660 02 95
Internet : http : // users.skynet.be/sky 67227/

HIPPOCAMPE (bimensuel)
Rue Jules Broeren, 40-42 - Boite 10 - 1070 Bruxelles - Belgique
Tél. 02 521 70 21 - Fax 02 521 25 67

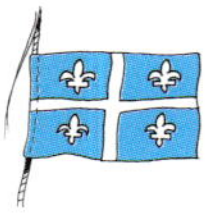

EN PROFONDEUR (trimestriel)
FQAS - 4545, avenue Pierre de Coubertin - CP 1000 - Succ. M - Montréal (Québec)
Canada H1V 3R2 - Tél. 514 252 3009 - Fax 514 254 1363

DIVER Magazine (bimensuel)
P.O. Box 1312, Delta - BC V4M 3Y8 Québec
Tél. 514 699 6606 - Fax 514 692 8630 - e-mail : stjosef@total.

L'ESCALE NAUTIQUE (bimensuel)
175, rue Saint-Paul - Québec (Québec) - Canada G1K 3W2
Tél. 418 692 3779 - Fax 418 692 5198 - e-mail : maritime@magatoon.com

NEREUS (mensuel)
SUSV - Pavillonweg, 3 - 3012 Bern - Suisse
Tél. 031 301 43 43 - Fax 031 301 43 93

AQUANAUT (mensuel)
Dillier & Co - VIP media verlag - Alte Landstr., 19 - 8596 Scherzingen - Suisse
Tél. 072 75 65 75 - Fax 072 75 64 40

PRINCIPALES AGENCES DE VOYAGES SPÉCIALISÉES EN PLONGÉE

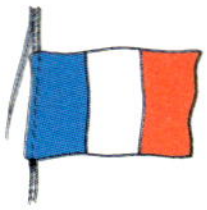

Aéro Marine
22, rue Roger Collard - 75005 Paris - France
Tél. 01 43 29 30 22 - Fax 01 46 34 16 97

AMV Voyages
Parc de la Plaine - 12, impasse Couzinet - BP 5043
31033 Toulouse Cedex - France
Tél. 05 61 80 84 08 - Fax 05 61 80 84 58

Aquarev
52, bd Sébastopol - 75003 Paris - France
Tél. 01 48 87 55 78 - Fax 01 48 87 50 81

Astra Marine
203, route de Lyon - 67400 Illkirch Graffenstaden - France
Tél. 03 88 66 67 32 - Fax 03 88 67 40 70

Australie Tours
129, rue Lauriston - 75116 Paris - France
Tél. 01 45 53 58 39

Blue Lagon
26, rue de Maubeuge - 75009 Paris - France
Tél. 01 42 82 95 40 - Fax 01 40 23 01 43

Club Med
11, rue de Cambrai - 75019 Paris - France
Tél. 01 53 35 35 53

Cocktail Sports Evasion
10, allées des Tanneurs - Cours des 50 otages - 44000 Nantes - France
Tél. 02 40 35 22 00 - Fax 02 40 20 16 77

Force 4
16, rue d'Argenteuil - 75001 Paris - France
Tél. 01 42 97 51 53

Fun and Fly
55, bd de l'Embouchure - 31200 Toulouse - France
Tél. 005 61 13 00 07 - Fax 05 61 13 00 03

Médoc Voyages
BP 23 - 33320 Eysins - France
Tél. 05 56 28 09 55 - Fax 05 56 28 72 62

Nouvelles Frontières
87, bd de Grenelle - 75015 Paris - France
Tél. 01 47 83 73 84 - Fax 01 45 68 73 30

Plongescape
82, rue Balard - 75015 Paris - France
Tél. 01 45 54 47 47 - Fax 01 45 57 27 08

Red Sea Sport Club
30, rue Marbeuf - 75008 Paris - France
Tél. 01 45 62 04 04 - Fax 01 45 61 20 15

Subexplor
50, passage des Panoramas - 75002 Paris - France
Tél. 01 40 39 99 33 - Fax 01 40 39 93 36

Ultra Marina
4, place du Langoustier - 44000 Nantes - France
Tél. 02 40 89 34 44 - Fax 02 40 89 74 89
et
25, rue Thiboumery - 75015 Paris - France
Tél. 0800 04 06 63

DMS Travel
Rue Georges Rayemaekers, 47 - 1030 Bruxelles - Belgique
Tél. 02 215 89 98 - Fax 02 245 04 34

Blue escape team
Square des Combattants, 5 - 1020 Bruxelles - Belgique
Tél. 02 427 99 43 - Fax 02 425 21 61

Océan Passion
Guillemins, 107 - 4000 Liège - Belgique
Tél. 041 54 20 40 - Fax 041 54 20 59

Destination Corail
Tél. 514 593 1973 - Fax 514 374 9297

Subex
Balestrasse, 180 - 4123 Allschwil - Suisse
Tél. 061 481 07 82 - Fax 061 481 46 92

Scuba Shop Travel service
Grande rue, 3 - 1844 Villeneuve - Suisse
Tél. 021 968 18 26 - Fax 021 968 18 30

Scuba Tours
Hasel, 3 - 8634 Hombrechtikon - Suisse
Tél./Fax 055 244 38 37

Tropic Tours
Dorfstrasse - 8914 Aeugst - Suisse

Manta Reisen AG
Treichlerstr., 10 - 8032 Zürich - Suisse
Tél. 01 268 24 24 - Fax 01 268 24 74

Happy Diver
Leonard Strell str., 7 - 8013 Gronsdorf - Suisse
Tél. 041 740 3242 - Fax 041 740 3244

Atlantis Tauch
Schulhanstrasse, 87 - 6312 Steinhausen - Suisse
Tél. 041 740 3242 - Fax 041 740 3244

PRINCIPALES MANIFESTATIONS

Janvier

TAUCHEN à Bern
BEAbem expo

FESPO de Zürich
Zuspa-Hallen

Février

Euronautics de Gand

Biennale Internationale de l'image sous-marine de Lugano
Palais des Congrès

Mars

Fête de l'image sous-marine d'Illkirch Graffenstaden

Festival subaquatique de Taverny

Sportaventures de Liège Coronmeuse
Halle des Foires

Avril

Salon Mer et Découverte - Saint-Malo

Aquafête des rapides de Chambly

Underwater Canada
Torento (Ontario)

Juin

Objectif Atlantide - Chasse au Trésor

Festival du film sous-marin de Saint-Cloud

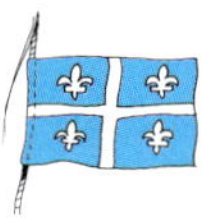

Ontario Underwater Council Treasure Hunt
Brighton (Ontario)

Festival Mondial de l'Image sous-marine de Montréal
Université de Québec

Septembre

Rencontres Européennes de la plongée sous-marine d'Ajaccio
organisées par l'ACOMOSOMA

Octobre

Festival mondial de l'image sous-marine d'Antibes
Palais des Congrès

Novembre

Festival du film maritime et d'exploration de Toulon

Décembre

Salon Nautique International de Paris
Porte de Versailles

Code Vagnon Plongée - Niveau 1/Plongeur☆ - 5e édition
Imprimerie de Champagne - 52000 Langres
Dépôt légal : octobre 1997
ISBN 2-85725-196-3